Économie de la santé

Ariel Beresniak
Docteur en médecine
Spécialiste en santé publique et médecine sociale
Docteur en sciences économiques
Habilitation à diriger des recherches

Gérard Duru
Docteur en mathématiques
Docteur ès sciences
Professeur à l'université Lyon-I
Directeur de recherche au CNRS
Directeur de la formation doctorale
« Méthodes d'analyse des systèmes de santé »

avec la collaboration de
Jean-Paul Auray
Robert Fonteneau
Michel Lamure
Marie-Pascal Pomey
Roland Sambuc

Préfaces de
Pierre Pene
Roland Sambuc

5e édition

MASSON

Maquette intérieure : Christian Blangez

ISBN : 2-294-00455-8

MASSON S.A. — 120, bd Saint-Germain, 75280 Paris Cedex 06

Préface à la 5e édition

Le médecin, comme l'économiste de la santé, négocie avec le souhaitable et le possible. En matière de santé publique, le souhait est universel et s'énonce simplement : le bien-être pour tous. Le possible dépend de la technique, qui accomplit les promesses du savoir, et trouve ses limites dans les ressources que chaque société accorde à sa santé, au travers d'un ensemble complexe de phénomènes que l'on nomme « économie ». L'œuvre d'Emile Dürkheim, puis les travaux plus récents de Marcel Mauss, invitent les économistes à relier les phénomènes qu'ils ont appris à isoler, aux autres aspects de la vie en société. Les problèmes qui entrent dans le champ de la santé publique sont chaque jour plus nombreux, plus diversifiés et plus urgents. C'est pourquoi ce livre se devait d'être régulièrement revu et augmenté pour procurer des repères méthodologiques et pratiques. Cette 5e édition de l'abrégé d'*Économie de la santé* d'Ariel Beresniak et Gérard Duru approche de nombreux problèmes concrets, ceux que le praticien ou le décideur public rencontrera sûrement, et à la solution desquels sa formation ne l'aura pas obligatoirement préparé.

Pour la première fois depuis la 1re édition, une partie pratique composée d'études de cas concrets d'évaluation économique en santé est proposée. Le cas comporte une grande valeur pédagogique, et contribue toujours à la construction d'une théorie qui généralise. Et les généralisations, autour desquelles s'articulent les théories, doivent être confrontées aux cas et aux contre-exemples pour être remises en question, réaccordées et revivifiées. Ce livre doit son succès et sa durée à sa clarté, permise par la parfaite complémentarité disciplinaire de ses auteurs. Cette nouvelle édition tient compte de la demande des acteurs de santé, qui jouent leur rôle sur une scène mouvante et instable, dans un système en risque constant de déséquilibre. Les grands problèmes de santé publique demeurent dans cette perspective sûrement les mêmes, mais se posent autrement, dans un contexte d'évolution accélérée des techniques et des organisations, où des questions inédites surgissent chaque jour.

Cet ouvrage permet au lecteur de mieux comprendre l'organisation et les équilibres des systèmes de santé, mais lui procure aussi et surtout les outils d'aide à la décision qui vont lui permettre de contribuer à faire évoluer son propre système.

Roland Sambuc
Professeur d'épidémiologie-économie de la santé
à la Faculté de médecine de Marseille
Responsable du Haut Comité de la santé publique

Préface à la 1re édition

Depuis ces trente dernières années, l'économie de la santé s'est imposée comme une discipline essentielle en médecine.

De très importants travaux de recherche, de nombreux articles parus dans des revues spécialisées ou non, des actes de colloque, des conférences, des séminaires, des programmes d'enseignement aux étudiants en médecine ou même organisés dans le cadre de la formation médicale continue ont donné à l'économie de la santé la place qu'elle doit avoir dans la formation du médecin et des professionnels de la santé.

L'augmentation des coûts de la santé, en raison des immenses progrès technologiques, mais aussi de l'élargissement des champs, des actions et des politiques de santé, ne pouvait être que prévisible et conduit à s'interroger sur les limites du financement de la santé.

Ce sont donc tout naturellement des économistes, habitués à étudier le problème des besoins illimités face à des ressources limitées qui, aidés de quelques médecins, ont développé les premiers cette discipline en publiant de nombreux travaux et en développant de nombreuses méthodes d'étude.

Ces travaux sont cependant difficilement accessibles à tous les professionnels de la santé qui ne sont pas familiers avec des domaines tels que la microéconomie ou les mathématiques appliquées. Nombreux sont ceux qui ont l'impression de subir ces phénomènes et leurs conséquences, sans en comprendre réellement les mécanismes, alors qu'ils représentent en fait les principaux acteurs du système de santé.

Pour pallier ces difficultés et pour répondre aux besoins et aux enseignements de plus en plus nombreux dans ce domaine, il était souhaitable qu'il existât en langue française un ouvrage didactique exposant de façon simple le vocabulaire, les mécanismes en jeu et les outils méthodologiques en économie de la santé.

Exposer l'économie de la santé dans la collection des abrégés de médecine permet de contribuer à faire acquérir aux étudiants en médecine, aux médecins, aux professionnels de la santé et même aux politiques, une compétence nouvelle qui contribuera à faire évoluer favorablement les systèmes de santé.

C'est la tâche dont se sont acquittés Ariel Beresniak et Gérard Duru. Il convient de féliciter les auteurs de ce livre remarquable, écrit simplement et qui pose le problème de l'avenir de nos systèmes de santé face à des coûts de plus en plus élevés pour nos sociétés.

Professeur Pierre Pene
Membre de l'Académie nationale de médecine

Table des matières

Préface à la 5e édition V

Préface à la 1re édition VI

Connaissances

Économie de la santé

Les systèmes de santé dans la Communauté européenne 3

Le système allemand (6). Le système autrichien (9). Le système belge (11). Le système britannique (14). Le système danois (17) Le système espagnol (19). Le système finlandais (22). Le système français (23). Le système grec (28). Le système irlandais (30). Le système italien (35). Le système luxembourgeois (35). Le système néerlandais (37). Le système portugais (41). Le système suédois (43). Comparer des systèmes de santé (44).

La planification de la santé 49

Buts de la planification (49). Détermination des besoins de santé (51). Détermination des priorités sanitaires (52). Choix décisionnel et mise en œuvre des programmes de santé (56). Évaluation des plans sanitaires (57).

Étude de l'offre et de la demande de santé 59

Influence du système de financement (59). Influence des facteurs démographiques (62). Influence des facteurs culturels (64). Influence de l'offre sur la demande : rôle de la demande induite (65).

Les dépenses de santé 69

Principales méthodes d'analyse des coûts (69). Évolution générale des dépenses de santé (70). Le problème des tarifications (72). Intérêt des systèmes d'information : exemple du PMSI (75). Approche des coûts par maladie (78). Approche du prix de la vie humaine (80).

Le contrôle des coûts 85

Solutions coercitives (86). Solutions incitatives (95). Difficultés à l'utilisation efficace des moyens (110). L'audit médical (113).

Les méthodes et les outils de l'évaluation médico-économique 117

Choix de l'instrument de comparaison (117). La dimension temporelle : l'actualisation (120). La dimension qualitative : études de qualité de vie (122). Préférence et utilité (123). Les dimensions temporelles et qualitatives : les QALYs (126). Les études coût-avantage (133). Modélisation (137). L'approche économétrique (145). L'approche statistique (151). L'approche épidémiologique (167). L'approche organisationnelle (171).

L'environnement idéologique **175**

Importance des idéologies dans l'évolution des systèmes de santé (175). Économie de la santé et questions éthiques (178).

Pratique

Économie de la santé

Problèmes corrigés **185**

Index **209**

Connaissances

Économie de la santé

1

Les systèmes de santé dans la Communauté européenne

- LE SYSTÈME ALLEMAND
- LE SYSTÈME AUTRICHIEN
- LE SYSTÈME BELGE
- LE SYSTÈME BRITANNIQUE
- LE SYSTÈME DANOIS
- LE SYSTÈME ESPAGNOL
- LE SYSTÈME FINLANDAIS
- LE SYSTÈME FRANÇAIS
- LE SYSTÈME GREC
- LE SYSTÈME IRLANDAIS
- LE SYSTÈME ITALIEN
- LE SYSTÈME LUXEMBOURGEOIS
- LE SYSTÈME NÉERLANDAIS
- LE SYSTÈME PORTUGAIS
- LE SYSTÈME SUÉDOIS
- COMPARER DES SYSTÈMES DE SANTÉ

Toute population aspirant à la santé, chaque pays dispose d'un certain mode d'organisation chargé de répondre à cette demande. Cette organisation coordonne l'activité des professions de santé avec celle des différents partenaires contribuant au financement des soins. Cet agencement complexe, appelé système de santé, doit essayer de concilier liberté et solidarité. Chaque pays a donc organisé son propre système de santé selon ses aspirations historiques, politiques et morales. Comme aucune organisation ne peut être parfaite, une étude comparative des systèmes est précieuse dans le cadre de l'étude préliminaire de l'économie de la santé. Elle permet en effet une approche transversale des problèmes, ce qui cultive l'esprit critique vis-à-vis de la vision de son propre système.

C'est pourquoi, ce chapitre est consacré à une présentation descriptive succincte des systèmes de santé des quinze pays de la Communauté européenne.

En simplifiant à l'extrême, on pourrait considérer que l'organisation d'un système de santé peut s'apparenter à un jeu de construction du type Lego qui comporterait quatre boîtes de pièces.

Nous appellerons **« Offre de soins »** la première boîte. Elle contient un certain nombre de pièces pouvant se combiner entre elles et représentées par les figures suivantes :

MÉDECINS GÉNÉRALISTES	MÉDECINS SPÉCIALISTES	PHARMACIENS
HÔPITAUX	SECTEUR PUBLIC	SECTEUR PRIVÉ

La seconde boîte est la boîte **« Financement »**. Elle contient, elle aussi, un certain nombre de pièces :

ÉTAT | RÉGIONS | CAISSES D'ASSURANCE MALADIE PUBLIQUES

MUTUELLES | ASSURANCES PRIVÉES | AGENCES PUBLIQUES INTERFACES

ASSOCIATIONS DE MÉDECINS | SYNDICATS

etc.

La troisième boîte est nommée **« Demande de soins »**. Elle contient les pièces suivantes :

POPULATION | ENTREPRISE | SALARIÉS

TRAVAILLEURS INDÉPENDANTS | PERSONNES ÂGÉES | POPULATION À BAS REVENUS

La quatrième et dernière boîte contient les **pièces de liaison** permettant de relier les pièces des trois boîtes précédentes.

Ces pièces de liaison sont :

– **Des flux de monnaie,**

→ COTISATION | → PRIME | → IMPÔT | → REMBOURSEMENT

→ TICKET MODÉRATEUR | → SUBVENTION | → SALAIRE | → HONORAIRE

→ CAPITATION | → PAIEMENT DIRECT | → BUDGET GLOBAL

– **Des flux de personnes** vers l'offre de soins, ou vers les structures de financement,

→ LIBRE CHOIX | → PASSAGE OBLIGAT. | → INSCRIPTION SUR LISTE ANNUELLE

→ INSCRIPTION SUR LISTE TRIMESTRIELLE

– **Des flux d'information.**

→ NÉGOCIATION NOMENCLATURE | → NÉGOCIATION TARIF | → NIVEAU DES ACTIVITÉS

→ PUBLICITÉ | → INFORMATIONS SUR LA SANTÉ DES INDIVIDUS | → ÉPIDÉMIOLOGIE

Mettre en place un système de santé, c'est réaliser un « montage » avec les pièces contenues dans chacune de ces boîtes. Ce « montage » doit respecter un certain nombre de conditions définies par la société : satisfaction des besoins, accessibilité du plus grand nombre aux soins, solidarité, respect des équilibres financiers, équité, règles éthiques… La définition d'un système de santé est donc toujours un choix de société.

Une caricature d'un **système de santé planifié** pourrait être la suivante :

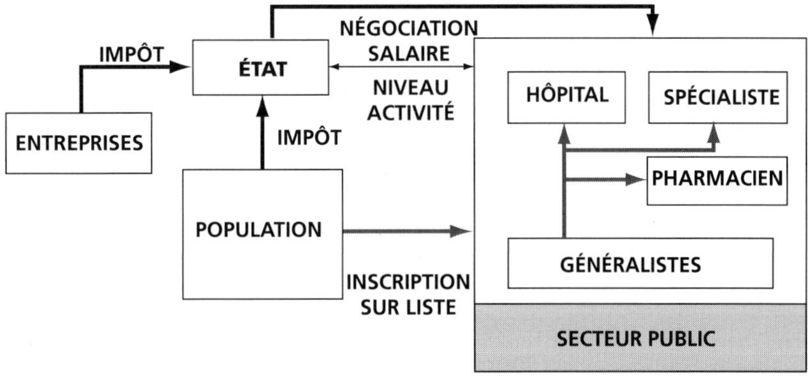

Celle d'un **système de santé totalement libéral** pourrait être la suivante :

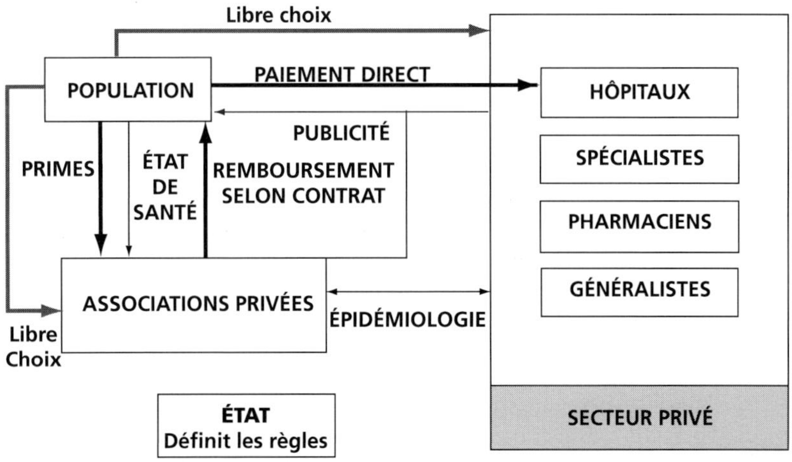

L'étude des propriétés de tels systèmes est délicate. Elle fait appel aux développements les plus récents de la théorie économique comme la théorie des incitations qui s'intéresse aux problèmes d'échange d'informations entre les agents économiques, la théorie des contrats, la théorie des jeux, etc.

Les systèmes de santé sont souvent classés à partir d'une typologie des régimes de couverture sociale européenne selon que la protection maladie est liée à l'origine au travail, financée par cotisations et gérée par les partenaires sociaux (régimes « Bismarckiens » Allemagne, Autriche, Belgique, France, Luxembourg, Pays Bas, Japon, Corée...) ou est une garantie universelle de l'État, gérée par ses représentants locaux et financée par l'impôt (régimes « Béveridgiens » d'Europe du Nord : Danemark, Grande Bretagne, Finlande, Irlande, Suède, des pays sous influence soviétique ou du Commonwealth comme l'Australie et la Nouvelle Zélande).

Les caractéristiques des modèles de protection sociale peuvent alors être décrites selon différents critères dont les principaux sont :

– situation géographique (systèmes continentaux, anglo-saxons, scandinaves et issus du système soviétique) ;

– financement (cotisations, impôt, contribution volontaire) ;

– objectifs sanitaires (maximalistes, minimalistes, solidaristes) ;

– instrument technique (assurance sociale, ciblage, péréquation) ;

– accessibilité aux soins (selon le statut social, l'urgence sanitaire, la citoyenneté) ;

– mode de remboursement (proportionnel, sous condition de ressources, forfaitaire) ;

– mode de gestion (co-gestion médicale, para-étatisme par partenaires sociaux, tiers payant ou remboursement, décentralisation).

En fonction de ces critères, les systèmes sociaux peuvent être présentés en corporatistes, libéraux ou sociaux-démocrates, reflétant les compromis historiques issus des luttes politiques du XIXe siècle.

C'est surtout à partir des années 1970 que la couverture maladie s'est étendue à pratiquement tous les résidents de l'Union Européenne. Cette extension de la demande solvable a beaucoup contribué à développer l'offre de soins et la dépense de santé selon un taux de croissance supérieur à celui des richesses nationales. De grandes réformes à vocation structurelle ont été introduites ou tentées au début des années 90 dans un contexte de stagnation et de déficits des budgets publics et sociaux, non sans réaction de la part des acteurs et plus particulièrement des professions de santé. Si les résultats de ces réformes sont souvent restés modestes, ils ont en fait surtout contribués à complexifier encore la compréhension du système.

Les considérations électorales font qu'aucun gouvernement européen n'a pu se permettre de reconstruire totalement le système. Tout système de santé engendre en effet avec le temps sa propre légitimation par la consolidation d'une multitude d'avantages acquis et par une grande inertie institutionnelle.

LE SYSTÈME ALLEMAND

Le système de santé allemand a connu des adaptations suite à la réunification de l'Allemagne. L'alignement en 10 ans du système de santé de l'ex RDA sur celui de l'ex RFA a créé de fortes tensions financières sur le système de santé qui sont encore loin en 2001 d'être résorbés. La « transition » a en effet été très coûteuse en investissements et en dépenses de fonctionnement.

L'Allemagne en quelques chiffres

L'Allemagne a une superficie de 357 325 km^2. Sa population s'élève à 82,9 millions d'habitants (1999) soit une densité de 232 habitants par km^2.
21,5 % de la population a moins de 20 ans et 15,4 % plus de 65 ans (1997). Le taux de natalité est de 9,9 pour 1 000 habitants (1997), celui de mortalité de 7,24 pour 1 000 habitants (1997) et le taux de mortalité infantile s'élevait à 4,7 pour 1 000 naissances vivantes (1998). L'espérance de vie à la naissance est estimée à 74,5 ans pour les hommes (1998) et à 80,5 ans pour les femmes (1998).
Le PIB s'élève à 2 118,6 milliards de dollars US (1999) et le PIB par habitants à 25 810 dollars US (1999). La dépense nationale de santé est égale à 7,9 du PIB (1999).
On recense 762 596 lits d'hôpitaux (1998) soit 9,3 lits pour 1 000 habitants et 287 032 médecins (1998) soit 3,5 médecins pour 1 000 habitants.

L'Allemagne fut le premier pays à instituer dès 1883, à l'initiative de Bismark, un système de protection sociale pour les travailleurs.
Ce système s'est développé et est de nos jours, placé sous la responsabilité des ministères de la Santé, du Travail et des Affaires sociales. Ces ministères définissent les règles de fonctionnement mais délèguent le pouvoir exécutif au niveau des états fédéraux, tout particulièrement en ce qui concerne la planification hospitalière.
Le financement des soins de santé est assuré par un réseau d'environ 1 200 caisses-maladie publiques et par des assurances privées.
En 1987, 93 % de la population était couverte par les caisses-maladie publiques tandis que 8 % de la population était à la fois couverte par l'une de ces caisses et une assurance privée complémentaire. L'affiliation à une caisse-maladie publique est obligatoire pour les personnes ayant un revenu inférieur à un seuil défini par l'État. Les autres personnes sont libres ou non d'adhérer à ces caisses.
Les caisses publiques tirent leurs ressources des cotisations de leurs adhérents. Elles sont fonction du niveau du revenu ; les taux différant d'une caisse à l'autre. Les entreprises financent la moitié de la cotisation de leurs employés.
Au niveau de chaque région, les caisses négocient avec les offreurs de soins le tarif des prestations offertes à leurs membres sur la base d'une nomenclature établie au plan national.
Les adhérents d'une caisse participent directement à une partie des frais pharmaceutiques, d'hospitalisation et des soins dentaires.
L'une des particularités de ce système de santé est la très nette séparation entre le système hospitalier et le secteur ambulatoire.
Le système hospitalier est composé d'hôpitaux publics (52 % des lits), d'hôpitaux locaux privés à but non lucratif (35 % des lits) et d'hôpitaux privés à but lucratif (13 % des lits). Les hôpitaux sont soumis à la règle du budget global et les médecins qui travaillent dans ce secteur sont en très grande majorité salariés.
Le secteur ambulatoire est par contre entièrement privé. Les médecins sont regroupés en associations de médecins de caisse qui négocient avec les caisses-maladie une enveloppe globale et le montant des honoraires pour chaque acte. Ce sont ces associations qui paient les médecins en fonction de leur activité.
Cependant cette activité est particulièrement surveillée par les associations de médecins de caisse.

➤ **Fig. 1.1.** Le système de santé allemand. ➤

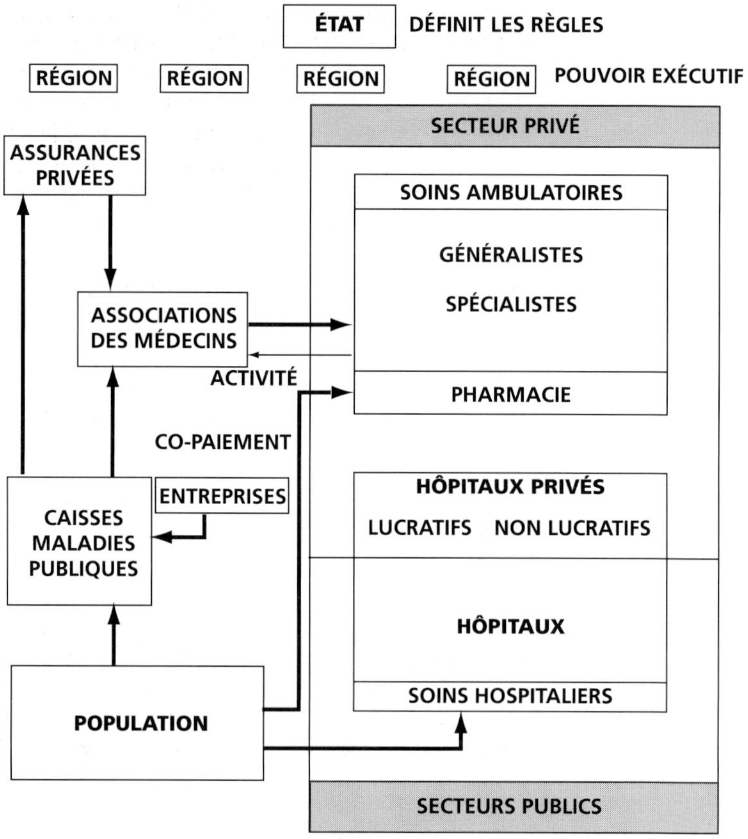

En effet, l'enveloppe globale ayant été négociée, tout dérapage sur ce volume ou sur la qualité des prescriptions d'une partie des médecins de l'association conduit à une baisse des rémunérations de l'ensemble.
30 % des médecins exercent leur activité en groupe ; la possibilité d'effectuer eux-mêmes un certain nombre d'analyses biologiques incite à de tels regroupements.
Le 3 octobre 1990 l'Allemagne est réunifiée. L'ex-RDA est divisée en cinq régions. Le rattrapage des rémunérations des professions de santé n'a pu avoir lieu sans transferts de fonds des assurances maladies de l'Ouest vers celles de l'Est selon un triple mécanisme emboîté de compensation (intra-oriental, intra-occidental, fédéral).
Les assurances sociales reconstruites dans l'Est de l'Allemagne demeurent encore précaires du fait de la faiblesse des rémunérations et du chômage persistant, suite au tarissement des creusets traditionnels d'emplois et de la migration à l'Ouest des plus jeunes individus en meilleure santé. Il en résulte un impact négatif sur l'assiette des cotisations sociales et un surcoût de dépenses pour les maladies chroniques longues et coûteuses.
Pendant toute cette décennie de transition, la puissance des assurances sociales s'est renforcée, notamment par rapport aux *Landers* (responsables des hôpitaux et de leurs investissements) du fait de la multiplication du principe des « enveloppes » plus ou moins globales

dans tous les secteurs. Cette multiplication correspond à un véritable pacte national de financement à moyen terme, rivé sur la stabilisation du niveau des cotisations. Dans le même temps, cela a entraîné une dynamique de centralisation des moyens financiers des *Landers*, évoluant vers des fermetures de lits tant à l'Ouest qu'à l'Est et réduisant l'impact des législations hospitalières régionales. Celles-ci évoluent rapidement vers l'accréditation des établissements et des personnels.
Les relations entre Assurances sociales et *Landers* se fixent au Sénat où les représentants des *Landers* ont largement disposé jusqu'à présent de leur droit de veto.
La concurrence des assurances maladies a conduit à une diminution du nombre des caisses et au développement de règles de surveillance des modalités déloyales de concurrence. À ce titre l'Allemagne est le premier pays européen a avoir adopté une législation interdisant l'accès aux assureurs des résultats des tests génétiques.
92,5 % de la population adhèrent au panier public de base et 7,5 % au privé complémentaire. 7,4 % de la population est couverte entièrement par l'assurance privée. Les fonctionnaires sont tenus depuis 1989 de contracter une assurance complémentaire sachant que l'État prend en charge les prestations d'assurance maladie entre 50 % et 90 % selon le revenu et la situation familiale de l'assuré.
De nombreux assurés du privé passent vers le public lorsque les dépenses de soins deviennent trop importantes. Le gouvernement tente d'empêcher ce type de concurrence déloyale de la part de l'assurance privée par une plus grande standardisation des tarifs.
Le choix du médecin s'est considérablement élargi avec l'instauration de la carte magnétique et la procédure de contingentement des feuilles de soins. Ceci explique la volonté d'autoriser la consultation externe publique (la consultation privée est déjà autorisée) à l'hôpital public pour concurrencer la médecine ambulatoire.
La libre installation du médecin demeure (elle est d'ordre constitutionnel comme condition de l'économie de marché) et le flux de médecins formés continue à croître, ce qui ouvre la voie à une accréditation des médecins conventionnés par les caisses.
Les hôpitaux disposent d'un budget global, calculé sur la base d'un prix de journée moyen et de prix de journées différenciés.

LE SYSTÈME AUTRICHIEN

L'Autriche en quelques chiffres

L'Autriche a une superficie de 83 850 km^2. Sa population s'élève à 8,11 millions d'habitants (1999) soit une densité de 96,7 habitants par km^2.
23,6 % de la population a moins de 20 ans et 14,6 % plus de 65 ans (1997). Le taux de natalité est de 10,1 pour 1 000 habitants (1998), celui de mortalité de 6,9 pour 1 000 habitants (1998) et le taux de mortalité infantile s'élevait à 4,9 pour 1 000 naissances vivantes (1998). L'espérance de vie à la naissance est estimée à 74,7 ans pour les hommes (1998) et à 80,9 ans pour les femmes (1998).
Le PIB s'élève à 209,7 milliards de dollars US (1999) et le PIB par habitant à 25 853 dollars US (1999).
La dépense nationale de santé est égale à 8,3 % du PIB (1991).
On recense 72 078 lits d'hôpitaux (1998) soit 8,9 lits pour 1 000 habitants et 24 368 médecins (1998) soit 3 médecins pour 1 000 habitants.

➤ **Fig. 1.2.** Le système de santé autrichien. ➤

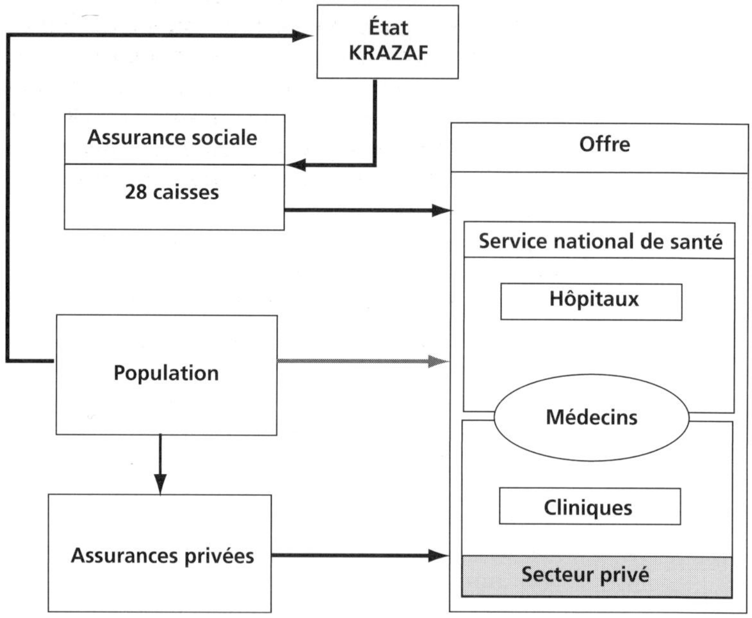

Le système de santé autrichien est fondé sur la loi 189 du *Journal officiel* paru le 9 septembre 1955. Cette loi reconnaît les soins de santé comme un droit légal pour la population. En 1992 ce texte a été complété par la reconnaissance du droit aux soins préventifs.

Système public et système privé cohabitent. Un service national de santé est à la disposition de la population. Il est alimenté financièrement par une taxe de 7 %, imposée à tous les Autrichiens, et versée au fond d'assurance sociale. La *Hauptverband der socialversicherungsträger* (fédération d'assurance sociale) coordonne les 28 caisses qui gèrent l'offre de soins dans les 9 régions qui composent l'Autriche. Cette fédération émet des recommandations, négocie des contrats avec les offreurs de soins et rembourse les frais pharmaceutiques. Les dépenses de soins des travailleurs libéraux engagés dans le système national de santé sont couverts à 80 %, alors que pour les autres catégories de travailleurs les frais de soins hospitaliers et les visites chez le médecin sont totalement pris en charge (seul un faible ticket modérateur est appliqué aux médicaments). Un organisme appartenant au ministère de la Santé, le KRAZAF est chargé de mettre en œuvre les moyens visant à réguler les dépenses de santé (contrôle les achats de nouvelles technologies, réduction du nombre de lits de court séjour, mise en place d'un système de tarification par groupe de malades homogènes).

À côté du système public, il existe un système privé composé de médecins qui exercent généralement dans le système public (leur rémunération est alors mixte : salaire et honoraires), et de cliniques. Les Autrichiens ont la possibilité de souscrire des contrats auprès d'assurances privées. Trois types de contrat leur sont offerts : le premier type leur assure une couverture complète des frais de soins

hospitaliers dans les structures de leur choix et dans des conditions hôtelières supérieures à celles offertes par le service national de santé. 14,4 % d'Autrichiens ont souscrit ce type de contrat en 1990. Le deuxième type propose une indemnité journalière pendant la durée d'une hospitalisation ; 22,8 % d'Autrichiens ont souscrit ce type de contrat en 1990. Le dernier type de contrat propose une couverture pour les soins ambulatoires ; il concerne, en 1990, 1,2 % des Autrichiens.
L'accès direct aux spécialistes et le changement de médecin peut se faire à volonté pour les assurés bénéficiant d'une assurance complémentaire privée (20 % environ). Le prix de ces assurances reste assez élevé, en particulier pour les contrats de troisième type (médecine ambulatoire) car ils doivent couvrir des dépenses trois fois plus élevées.
Les médecins conventionnés sont soumis à certaines contraintes :

– ils sont soumis à des quotas d'heures de consultation (15 heures par semaine minimum, 5 jours sur 7, et 3 heures par jour minimum) : libre à eux ensuite de travailler plus en s'adonnant à l'exercice privé avec des horaires et honoraires spéciaux ;
– ils doivent adresser un décompte trimestriel qui est payé de manière uniforme pour chaque patient quelque soit le nombre de consultations nécessaires et les modes de traitement (tarif forfaitaire appellé *Krankenstein*). Les visites et les prestations spéciales triplent en fait la facture trimestrielle par tête.

Depuis ces dix dernières années, l'absence de véritables cartes sanitaires a créé un déséquilibre entre la capitale Vienne et la province. La centralisation de la construction des hôpitaux, aux capacités et qualités techniques variables, a entraîné une augmentation continuelle de spécialistes jusqu'en 1994 et une pléthore de diplômés en stage à l'hôpital (malgré la mise en place d'un numerus clausus fixé en fonction des besoins des professions médicales).
Durant la même période, le déséquilibre entre spécialistes et généralistes s'est accentué.

LE SYSTÈME BELGE

La Belgique en quelques chiffres

La Belgique a une superficie de 30 514 km². Sa population s'élève à 10,21 millions d'habitants (1999) soit une densité de 334,6 habitants par km².
23,6 % de la population a moins de 20 ans et 16,1 % plus de 65 ans (1997). Le taux de natalité est de 11,5 pour 1 000 habitants (1994), celui de mortalité de 7,49 pour 1 000 habitants (1994) et le taux de mortalité infantile s'élevait à 6 pour 1 000 naissances vivantes (1996). L'espérance de vie à la naissance est estimée à 74,8 ans pour les hommes (1998) et à 81,1 ans pour les femmes (1998).
Le PIB s'élève à 247,2 milliards de dollars US (1999) et le PIB par habitant à 24 200 dollars US (1999).
La dépense nationale de santé est égale à 8,8 % du PIB (1998).
On recense 73 130 lits d'hôpitaux (1996) soit 7,2 lits pour 1 000 habitants et 34 294 médecins (1995) soit 3,4 médecins pour 1 000 habitants.

Le système de santé belge est caractérisé par un secteur libéral dominant. L'offre de soins ambulatoires appartient entièrement au domaine privé tandis que le secteur hospitalier est mixte.

Peu de choses séparent cependant hôpitaux publics et cliniques privées, que ce soit au niveau de leur mode de gestion ou de financement.

La compétition est toutefois âpre entre médecins généralistes, spécialistes et hôpitaux. Le patient a en effet le libre choix de son médecin, qu'il soit généraliste ou spécialiste, et peut accéder directement au spécialiste.

Les médecins sont nombreux car il n'y a pas de numerus clausus en raison des contentieux communautaires. Sa mise en place est prévue pour 2002. Le débat sur la cohésion sociale et la fédéralisation de la sécurité sociale entre les 3 communautés (wallone, flamande et mixte) est toujours d'actualité.

L'État intervient sur ce marché comme simple régulateur à travers une agence, l'INAMI (Institut national d'assurance contre la maladie et l'invalidité) où sont représentés les travailleurs salariés et indépendants, les professions de santé, les hôpitaux et les mutuelles.

L'INAMI dispose d'un contrôle médical disposant d'un pouvoir disciplinaire vis à vis des praticiens et présidé par un magistrat. Cet institut impose dès 1996 des enveloppes globales aux différents secteurs de soins (médicaments, hôpitaux, biologie, clinique, radiologie, rééducation). Son financement provient surtout des cotisations.

Cet organisme a deux missions principales :

– La première consiste à distribuer aux mutuelles qui couvrent le risque santé les fonds nécessaires à leurs activités. Ces fonds sont recueillis par un Office national de Sécurité sociale (ONSS) auprès des salariés et de leurs employeurs, des travailleurs indépendants et de l'État (pour certains groupes de la population).

– La seconde mission a pour objet de superviser les négociations qui s'établissent entre les mutuelles et les professionnels de santé. Elle joue un rôle considérable dans l'établissement de la nomenclature des activités de ces derniers et la détermination d'un prix plancher pour celles-ci. Ces prix serviront alors de référence pour les remboursements effectués par les mutuelles auprès de leurs adhérents. Ce ne sont cependant pas des prix plafonds et les médecins sont libres de fixer leurs honoraires au-dessus de ces prix. Le patient devra alors acquitter la différence.

De plus, bien que les mutuelles proposent les mêmes taux de cotisation, elles appliquent aux patients un système de bonus/malus.

La règle est différente pour l'hospitalisation, qu'elle soit publique ou privée. Le patient paie un faible ticket modérateur et le solde de ses dépenses est financé par sa mutuelle et par l'État.

La mutuelle couvre les dépenses constituées des honoraires des spécialistes, des frais de laboratoire et de radiologie. Le reste est financé par l'État qui a substitué au système du prix de journée un système de budget prévisionnel (1982). Celui-ci est fondé sur le taux d'occupation des lits et la durée des séjours définis dans des groupes « d'hôpitaux homogènes ».

Les investissements hospitaliers publics ou privés sont largement subventionnés par l'État. La seule différence réside dans l'intensité respective des subventions. L'État finance 70 % des investissements hospitaliers publics et 60 % des investissements privés.

En Belgique, il est obligatoire de s'assurer pour couvrir ses dépenses de santé. La population a, en revanche, le choix de l'organisme d'assurance (ce choix n'est pas définitif).

Il pourra s'agir, soit d'une assurance privée (ce qui n'est pas encore très fréquent), soit d'une des six grandes mutuelles qui forment une union de mutuelles qui est représentée au sein de l'INAMI (75 % de la population dispose d'une assurance complémentaire).

L'originalité historique de ces mutuelles réside dans les liens qui les unissent avec un parti politique ou un mouvement religieux.

Ainsi le consommateur fonde son choix à la fois sur des critères de qualité de services rendus par la mutuelle et sur des considérations idéologiques. Il se crée donc une compétition entre les mutuelles qui se joue sur le marché « économique » mais également sur le marché « politique » et « moral ».

➤ **Fig. 1.3.** Le système de santé belge. ➤

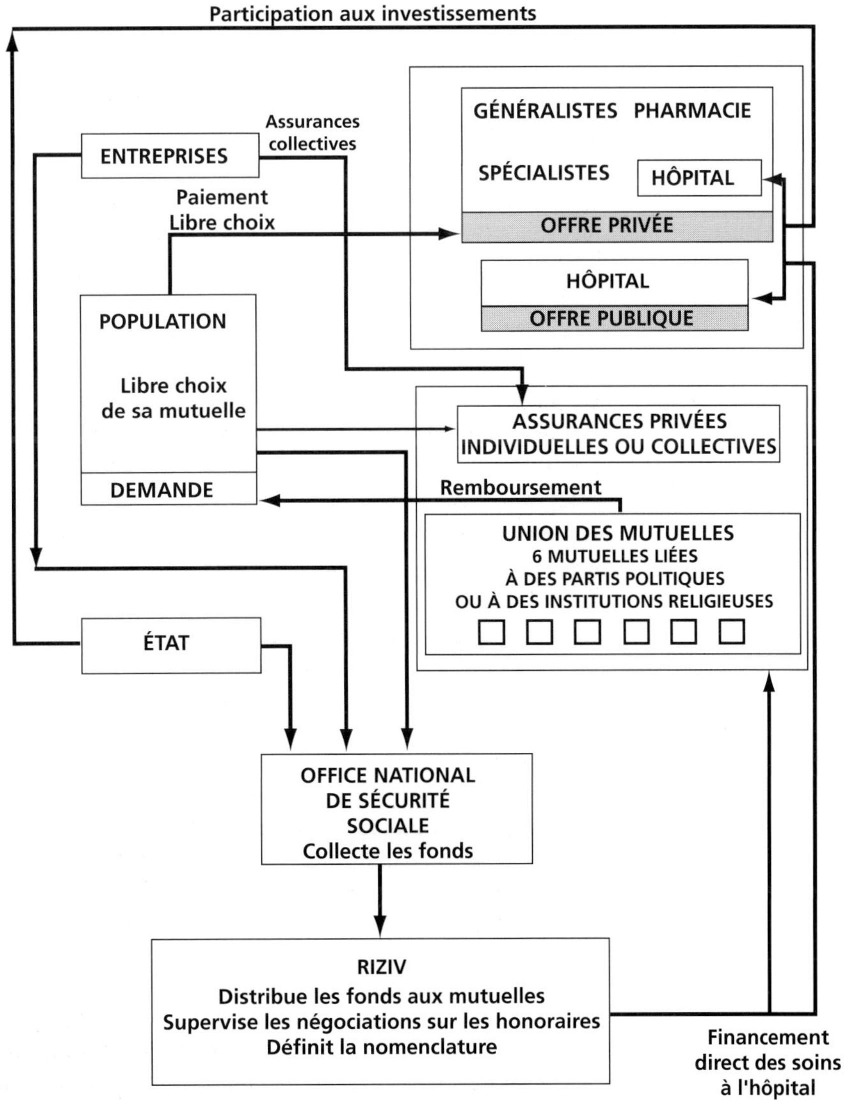

L'assurance obligatoire concerne un contrat de base. Celui-ci peut être souscrit soit par le consommateur lui-même auprès d'une mutuelle ou d'une assurance privée, soit par l'entreprise pour ses employés lorsqu'elle souscrit un contrat collectif auprès d'un organisme privé.
Tous les résidents en situation régulière de plus de 6 mois sont en principe couverts. Il existe une caisse auxilliaire accueillant les non assurés sociaux (les étudiants, handicapés et chômeurs sont couverts automatiquement). 2 % de la population reste en fait non couverte à l'hôpital et 7 % en ambulatoire. Les professions indépendantes ne sont couvertes que pour le gros risque.

LE SYSTÈME BRITANNIQUE

Le Royaume-Uni en quelques chiffres

Le Royaume-Uni a une superficie de 244 046 km^2. Sa population s'élève à 59,33 millions d'habitants (1999) soit une densité de 243,1 habitants par km^2.
25,3 % de la population a moins de 20 ans et 15,8 % plus de 65 ans (1997). Le taux de natalité est de 12,3 pour 1 000 habitants (1997), celui de mortalité de 7,37 pour 1 000 habitants (1997) et le taux de mortalité infantile s'élevait à 5,7 pour 1 000 naissances (1998). L'espérance de vie à la naissance est estimée à 74,6 ans pour les hommes et à 79,7 ans pour les femmes (1997).
Le PIB s'élève à 1 418,5 milliards de dollars US (1999) et le PIB par habitant à 23 908 dollars US (1999). La dépense nationale de santé est égale à 7 % du PIB (1999).
On recense 249 800 lits d'hôpitaux (1998) soit 4,2 lits pour 1 000 habitants et 101 732 médecins (1998) soit 1,7 médecin pour 1 000 habitants (1998).

En 1948, le système de santé britannique repose sur le Service national de santé *(National Health Service)* qui prend la relève du système d'assurance sociale *(Social Insurance System)* en vigueur depuis 1911. Cette nouvelle organisation est fondée sur les principes suivants :

– L'État offre des soins gratuits à l'ensemble des personnes en situation régulière et qui en exprime le besoin.

– Le financement est assuré par l'impôt et est proportionnel au revenu.

– Les prestataires de soins sont autonomes ; ils ont une liberté d'installation et de prescription. Ils ont la possibilité d'exercer dans le privé, le public ou les deux. Pour exercer dans le public, ils passent un contrat avec le Service national de santé.

Le Service national de santé a connu des réformes en 1974, 1982 et en 1991. Le financement de ce système est principalement assuré par l'État par le biais de l'impôt ; le solde étant à la charge d'un Fonds national de solidarité alimenté par des cotisations salariales et des ménages. C'était jusqu'en 1991, le système de santé le plus centralisé des pays de l'OCDE.
Ces réformes institutionnelles ont toute eu pour objet de déléguer davantage de pouvoir aux autorités de proximité et de favoriser la confrontation acheteurs-fournisseurs de soins. Les ressources du ministère de la Santé ont été largement redéployés aujourd'hui autour de 8 autorités régionales et de comités locaux de médecine familiale dont les pouvoirs n'ont cessé de s'étendre afin de faire contrepoids aux

hôpitaux eux mêmes autonomisés (*trusts*). La fonction du ministère de la Santé se concentre (avec ses agences) sur une fonction de garant (définition de standards de soins, information sur les centres d'excellence, évaluation, inspection, soutien des expériences de centres communautaires, intervention dans les zones déficientes et sanctions). Les autorités régionales procèdent à une politique de sous-traitance des activités auxilliaires des soins mise en oeuvre par des managers issus du secteur commercial qui développent les appels d'offre.

➤ **Fig. 1.4.** Le système de santé britannique. ➤

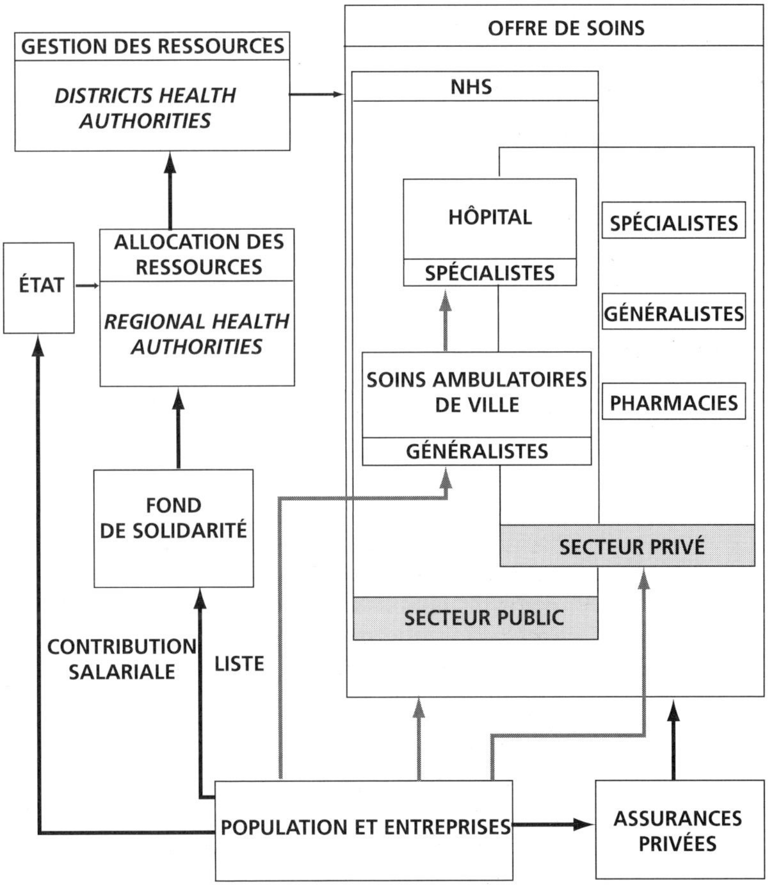

En 1993, le financement du système de santé est assuré à 82 % par l'impôt, 13 % par des taxes et 4 % par les ménages. Les coûts de gestion du système représentent 7 % du budget.

Les soins primaires sont assurés par les médecins généralistes (*General Practionner* ou *GP*) qui sont le point d'entrée dans le système de santé, en dehors de l'urgence. Les médecins généralistes sont libres d'adhérer au Service national de santé ou non. En fonction du contrat qu'ils passeront avec le Service national de santé, les types de soins et les rémunérations pourront être variables. La rémunération est composée d'une allocation de base couvrant les frais fixes, de diverses indemnités

(incitations à s'installer dans des régions à faible densité médicale, incitations au regroupement, à la formation continue...), de subventions (emploi de personnel auxiliaire ou administratif) et d'une somme forfaitaire pour chaque personne inscrite auprès de lui (rémunération à la capitation). Cette somme est calculée en fonction de l'âge et représente environ 50 % des revenus. Un paiement à l'acte complète la rémunération des médecins et porte sur des prestations spécifiques comme la vaccination, le dépistage de cancers, la prescription de contraceptifs ou les consultations de nuit. Grâce à cette rémunération à l'acte, l'administration de la santé peut orienter les priorités de santé publique. En dehors du temps qu'il s'est engagé à consacrer au NHS, le médecin a la possibilité de pratiquer la médecine libérale.
La part de la capitation sur les autres revenus, qui était de 60/40 % dans les années 80, s'est vingt ans après inversée. Cette tendance se poursuit grâce à des primes obtenues sur les éventuels excédents obtenus par le système de budget holder (enveloppe « globale » accordée au médecin) et par les primes attribuées pour la réduction des listes d'attente hospitalière.
À la suite de la réforme de 1991, les médecins généralistes à forte clientèle (supérieure à 11 000 personnes) se sont vu confier des budgets pour l'achat de soins secondaires ou tertiaires. Ces médecins généralistes, appelés *GP fundholders*, étaient alors chargés de l'achat de consultations, de tests diagnostiques, d'hospitalisations de jour et de certains traitements non urgents. Progressivement, cette mesure a été étendue aux GP ayant des clientèles de 5 000 personnes et à presque toutes les prestations hospitalières. En 1996, 41 % de l'ensemble des médecins généralistes gèrent ces budgets. Cette mesure a créé un « marché interne » au sein des professionnels de santé.
De 1991 à 1995, les hôpitaux du Service national de santé ont été transformés en structures publiques indépendantes appelées *trusts*. Ces trusts, indépendants et non gouvernementaux, assurent des soins secondaires et tertiaires. Ils passent des contrats avec les acheteurs de soins (médecins généralistes et autorités locales du NHS) pour l'ensemble de leurs prestations. Cette mise en compétition entre les trusts sur les prestations doit les inciter à réduire leurs coûts. Les trusts sont libres de déterminer leur taille, le prix de leurs prestations, et les conditions de travail de leurs personnels. L'ensemble de leurs fonds est contrôlé par le ministère de la Santé auquel ils doivent rétrocéder 6 % de leur budget.
Le consommateur, lorsqu'il utilise le Service national de santé, n'a à effectuer aucun débours (sauf pour l'octroi de médicaments pour lequel il doit acquitter une somme fixe par ligne de prescription, pour l'ophtalmologie et la chirurgie dentaire). En contrepartie de cette gratuité (partielle), le consommateur doit s'inscrire sur la liste d'un médecin généraliste (le choix est libre mais le changement demeure difficile). En 1999, un nouveau comité, le *National Institute of Clinical Excellence* (NICE) a été crée pour évaluer l'éventuelle prise en charge par le Service national de santé des produits de santé innovants sur la base de leur valeur clinique et économique.
Le consommateur peut également bénéficier de soins privés, encouragés par des listes d'attente importantes en cas de soins non urgents. Ces soins couvrent les soins primaires (pratique mixte publique/privée des médecins généralistes) et les soins hospitaliers grâce à la présence de lits privés dans des hôpitaux publics et de cliniques strictement pri-

vées. Pour couvrir ces frais, 11 % de la population a contracté une assurance privée. Les possibilités de déductions fiscales ont favorisés le développement des assurances privées en faveur des personnes âgées.

LE SYSTÈME DANOIS

Le Danemark en quelques chiffres

Le Danemark a une superficie de 43 070 km^2. Sa population s'élève à 5,32 millions d'habitants (1999) soit une densité de 123,5 habitants par km^2.
23,7 % de la population a moins de 20 ans et 14,9 % plus de 65 ans (1997). Le taux de natalité est de 12,9 pour 1 000 habitants (1996), celui de mortalité de 8,4 pour 1 000 habitants (1996) et le taux de mortalité infantile s'élevait à 4,7 pour 1 000 naissances vivantes (1998). L'espérance de vie à la naissance est estimée à 73,7 ans pour les hommes (1998) et à 78,6 ans pour les femmes (1998).
Le PIB s'élève à 173,4 milliards de dollars US (1999) et le PIB par habitant à 32 606 dollars US (1999).
La dépense nationale de santé est égale à 8,3 % du PIB (1999).
On recense 24 538 lits d'hôpitaux (1997) soit 4,6 pour 1 000 habitants et 15 192 médecins (1996) soit 2,9 médecins pour 1 000 habitants.

Le système de santé danois est caractérisé par un secteur public très développé et par l'absence d'organisme de Sécurité sociale.
La santé de la population est l'affaire de l'État et, en théorie, chacun doit recevoir les soins dont il a besoin sans rétribution de sa part des professionnels de la santé.
Le Danemark est divisé en 16 provinces gouvernées par des conseils régionaux élus tous les 4 ans, plus 2 villes autonomes (Copenhague et Fredireksberg). Les décisions centrales sont appliquées librement. Ces provinces ont la charge des programmes de santé qui concernent leur population et de leur financement à partir des impôts qu'elles prélèvent. Afin d'atténuer les disparités résultant des différences démographiques ou économiques des régions, des redistributions entre provinces sont effectuées (les dépenses de santé représentent environ 70 % de leur budget).
Chaque région possède ses hôpitaux, un ensemble de médecins généralistes, spécialistes et d'infirmières pouvant se déplacer à domicile. Les médicaments (dont les prix sont contrôlés) sont distribués par un réseau d'officines à travers le pays. Le pharmacien a un droit de substitution.
Il n'est pas interdit à un médecin d'exercer entièrement son activité en secteur privé, mais, en général, les médecins généralistes appartiennent tous au système national de santé où ils sont rémunérés selon le système de capitation (indemnité par tête d'habitant). Ils ne consacrent au système privé qu'une partie seulement de leur temps (honoraires). Aux revenus de la capitation s'ajoutent des honoraires par consultation ainsi que le produit des actes d'un petit plateau technique de cabinets fonctionnant en association. Au sein de ces équipes figurent parfois des spécialistes payés à l'acte selon une nomenclature nationale. Les visites à domicile sont rares car leur fréquence est contrôlée. Les consultations téléphoniques sont très utilisées et remboursées dans la plage horaire de 8-9 heures. Les médecins sont incités financièrement à prendre des congés et à se faire remplacer.

Les Danois ont le choix depuis 1976 entre deux types de couverture sociale. Ils peuvent ainsi choisir d'appartenir au groupe I ou au groupe II.
S'ils ont opté pour le **groupe I**, leurs dépenses de santé (hors soins dentaires), les médicaments et certaines prothèses sont entièrement gratuits. Le principe de non-transaction monétaire est ainsi respecté. En revanche, ils doivent s'inscrire sur la liste d'un médecin généraliste de leur région et n'ont le droit d'en changer qu'une fois par an seulement. Ils ne peuvent accéder directement au médecin spécialiste ou à l'hôpital (sauf urgence). En général, ils n'ont accès qu'aux hôpitaux de leur région, sauf si leur état nécessite des soins spécialisés qui ne peuvent être effectués que dans un hôpital situé dans une autre région. Dans ce cas, la région dont le malade est originaire remboursera la région de l'hôpital qui l'accueille. Les danois ont librement et massivement choisi le groupe I dont la couverture est passée en 20 ans de 60 % à 97 %. En 1992, une grève dure des médecins a conduit à un déconventionnement massif et à un recours substitutif au secteur des assurances privées. C'est à cette occasion que s'est développé une assurance privée remboursant les soins restant à la charge des patients comme certains médicaments, les frais dentaires, les soins ORL et ophtalmologiques, ainsi que les kinésithérapeuthes et les dentistes dont seuls une visite annuelle est remboursée et dont le ticket modérateur est autour de 50 %. Près de 30 % de la population ont une assurance volontaire complémentaire.

➤ **Fig. 1.5.** Le système de santé dans une province danoise. ➤

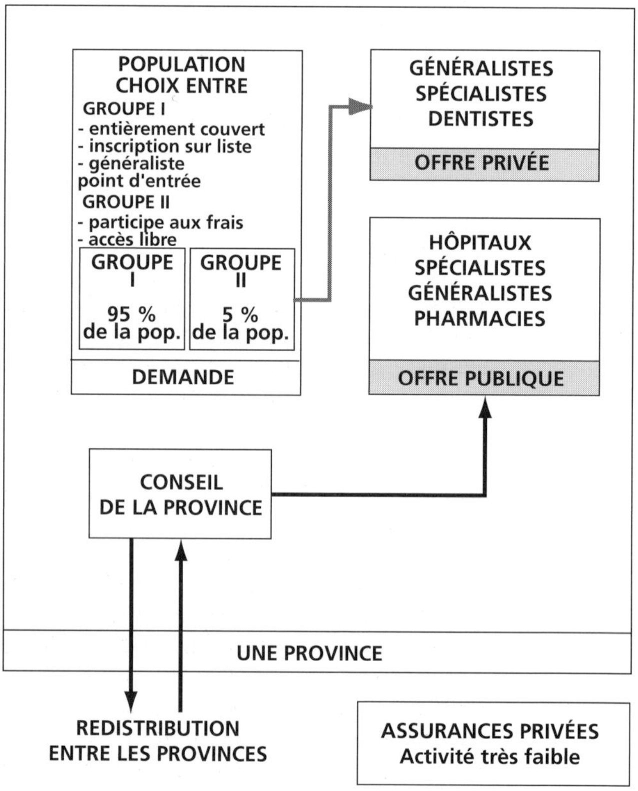

S'ils ont choisi le **groupe II** (entre 2 et 5 % de la population), ils participent en partie au financement des soins dont ils ont besoin, mais ils auront le libre choix de leur médecin et pourront accéder directement au spécialiste.

LE SYSTÈME ESPAGNOL

L'Espagne en quelques chiffres

L'Espagne a une superficie de 504 782 km^2. Sa population s'élève à 39,42 millions d'habitants (1999) soit une densité de 78,1 habitants par km^2.
23,1 % de la population a moins de 20 ans et 15,7 % plus de 65 ans (1997). Le taux de natalité est de 9,3 pour 1 000 habitants (1994), celui de mortalité de 6,74 pour 1 000 habitants (1995) et le taux de mortalité infantile s'élevait à 5 pour 1 000 naissances vivantes (1997). L'espérance de vie à la naissance est estimée à 74,9 ans pour les hommes (1999) et à 82,4 ans pour les femmes (1999).
Le PIB s'élève à 596,2 milliards de dollars US (1999) et le PIB par habitant à 15 126 dollars US (1999).
La dépense nationale de santé est égale à 7,1 % du PIB (1998).
On recense 153 433 lits d'hôpitaux (1996) soit 3,9 lits pour 1 000 habitants et 171 494 médecins (1998) soit 4,4 médecins pour 1 000 habitants.

Le système de santé espagnol est actuellement en pleine évolution. Celle-ci s'accomplit selon les principes contenus dans la *« Ley General de Sanidad »* votée en avril 1986. Cette loi a pour objectif l'harmonisation du système de santé au niveau des compétences institutionnelles, des sources de financement et des modes de dispensation des soins.
Trois ministères ont compétence sur les problèmes de santé :

– le ministère de la Santé et de la Consommation ;

– le ministère de l'Éducation nationale (gestion des hôpitaux universitaires) ;

– le ministère de la Défense.

Par ailleurs, les gouvernements des provinces ont compétence sur le secteur psychiatrique et la prise en charge des personnes déshéritées tandis que les gouvernements municipaux ont la charge des programmes de santé publique et de prévention à l'échelon local (vaccination, hygiène…).
Le système de santé espagnol est caractérisé par l'existence de deux secteurs : un secteur public et un secteur privé.
Le secteur public est financé par l'intermédiaire de la Sécurité sociale (INSALUD) qui reçoit ses moyens de l'État (80 % en 1989), des salariés et des entreprises. L'Etat recueille les fonds des cotisations représentant de 17 à 20 % des salaires dont 80 % pour la part patronale et 20 % pour la part salariale. L'INSALUD répartit ce budget dans les différentes régions. Les dépenses de santé sont financées à 80 % par les cotisations et à 16 % par l'État.
L'originalité administrative de l'Espagne est celui de la dévolution progressive de l'autonomie aux régions en ordre dispersé (Constitution de

1976). Aujourd'hui sept régions sur 17, couvrant 62 % de la population (Catalogne, Andalousie, Pays basque, Valence, Navarre, Galicie et Canaries) ont pleines compétences en matière de santé. Les établissements gérés par l'INSALUD (37 % des lits en 1993) sont progressivement transférés aux régions autonomes. Les régions sont encouragées à tester dans les hôpitaux de nouvelles conditions de travail et de rémunération des médecins, à introduire des budgets incitatifs et à utiliser les cliniques privées pour diminuer les files d'attente qui demeurent la préoccupation principale. Ce sont ces listes d'attente qui ont permis le développement des régimes privés d'assurance qui couvrent actuellement 14 % de la population espagnole.

Secteur public

Le financement des activités de ce secteur est assuré par l'INSALUD qui couvre maintenant environ 99 % de la population.

Le secteur public de la santé en Espagne est constitué par des médecins généralistes, des spécialistes et des hôpitaux.

Le médecin généraliste est le point d'entrée obligatoire du patient dans le système de santé publique. Il doit alors être inscrit auprès d'un médecin généraliste et ne peut en changer que sous certaines conditions.

Actuellement, les médecins généralistes du secteur public travaillent en équipe avec des infirmières et des pédiatres sur un secteur géographique déterminé durant 6 heures par jour. Ils sont salariés et leur salaire est fonction de l'aire géographique et des caractéristiques de la population desservie. Ils peuvent exercer une activité privée en dehors de leurs heures d'activité pour le secteur public.

Quinze spécialités en médecine sont officiellement reconnues. Chaque médecin généraliste possède un correspondant dans chacune de ces spécialités auquel il peut adresser son patient. Il peut également décider d'une éventuelle hospitalisation.

Le salaire des médecins est constitué sur une base associant forfait et capitation. Ils exercent dans des cabinets de consultation multidisciplinaire appelés *ambulatorios*. Les médecins y consultent plusieurs dizaines de malades par jour sans rendez-vous. Les assurés qui recourent au système national de santé bénéficient d'une couverture totale des soins ambulatoires comme des soins hospitaliers (sauf en psychiatrie) : le tiers payant est généralisé et il n'existe pas de ticket modérateur, sauf pour les médicaments (40 %).

L'entrée du médecin généraliste dans un *ambulatorio* fait l'objet d'une liste d'attente fonction des titres et de la formation. À la suite de la reconnaissance des diplômes européens (1993), l'Espagne a été amené à modifier les statuts du corps médical en créant une spécialisation en médecine générale.

Les pharmaciens et les dentistes sont absents du secteur public espagnol.

L'INSALUD prend totalement en charge les frais de consultations et d'hospitalisation préconisés par les médecins généralistes. Ainsi, le secteur public occupe 35 % du marché des soins ambulatoires et 77 % du marché des soins hospitaliers.

➤ **Fig. 1.6.** Le système de santé espagnol. ➤

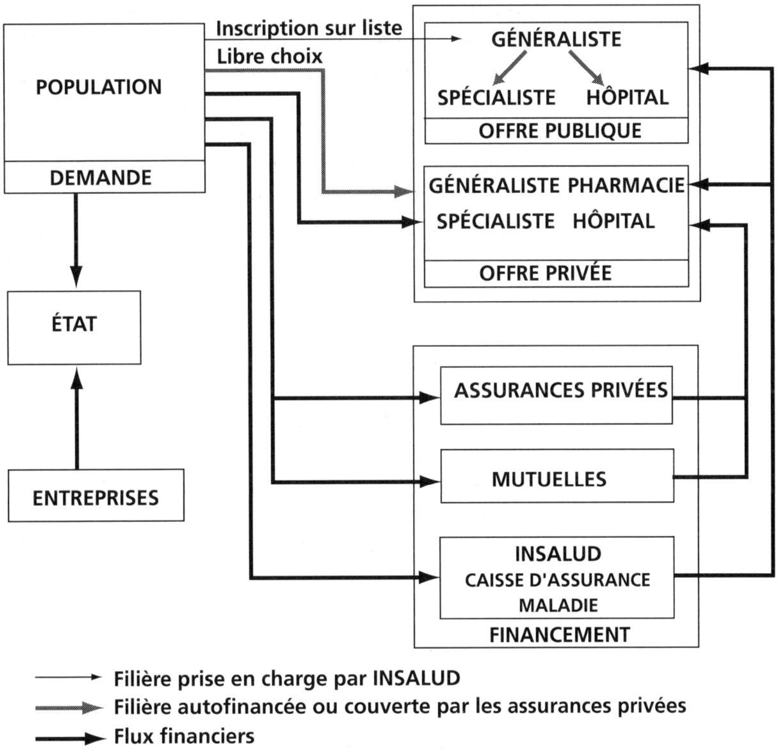

Secteur privé

Le secteur privé est financé soit directement par le patient, soit par des mutuelles, des compagnies d'assurance ou l'INSALUD.
Comme dans le secteur public, ce secteur comprend des médecins généralistes et des spécialistes. Par contre, les cliniques, les pharmaciens et les dentistes appartiennent tous au secteur privé.
L'INSALUD passe des accords avec des cliniques qui s'engagent à respecter certaines normes et finance les soins qui y sont prodigués.
La liberté d'exercer une médecine libérale est garantie par la *« Ley General de Sanitad »* qui autorise également la publicité faite par les professionnels.

En 1994, 99 % de la population est prise en charge par l'INSALUD, contre 73,1 % en 1981. Mais devant les dysfonctionnements importants du secteur public (files d'attente importantes, durée moyenne de la consultation de trois minutes chez le généraliste, de sept minutes chez le spécialiste...), 70 % de la population a recours à une assurance complémentaire (privée, ou mutuelle). Les compagnies d'assurances volontaires créent actuellement leurs propres réseaux de soins et augmentent leurs primes, mettant ainsi en place une médecine à deux vitesses.

LE SYSTÈME FINLANDAIS

La Finlande en quelques chiffres

La Finlande a une superficie de 337 010 km^2. Sa population s'élève à 5,17 millions d'habitants (1999) soit une densité de 15,34 habitants par km^2.
25,2 % de la population a moins de 20 ans et 14,3 % plus de 65 ans (1997). Le taux de natalité est de 11,8 pour 1 000 habitants (1996), celui de mortalité de 7,5 pour 1 000 habitants (1996) et le taux de mortalité infantile s'élevait à 4,2 pour 1 000 naissances vivantes (1998). L'espérance de vie à la naissance est estimée à 73,5 ans pour les hommes (1998) et à 80,8 ans pour les femmes (1998).
Le PIB s'élève à 128,7 milliards de dollars US (1999) et le PIB par habitant à 24 891 dollars US (1999).
La dépense nationale de santé est égale à 6,9 % du PIB (1998).
On recense 40 096 lits d'hôpitaux (1998) soit 7,8 lits pour 1 000 habitants et 15 436 médecins (1998) soit 3 médecins pour 1 000 habitants.

Le 6 septembre 1993, le conseil d'État finlandais a approuvé un plan d'organisation du système de santé pour la période 1994-1997. Ce système est construit sur la base des systèmes nationaux de santé. Le secteur public est prédominant, le secteur privé étant réduit à sept cliniques et à une pratique privée de la médecine dans les grandes villes du Sud. Ce système est très largement décentralisé. Un bon tiers des médecins travaillant à l'hôpital ont une activité privée. Les cabinets libéraux sont occupés par des spécialistes à temps partiel tandis que la médecine générale est cantonnée dans les centres de santé. Le système de santé nationalisé cohabite ainsi avec un secteur à honoraires libres remboursé à 60 % par l'assurance maladie (400 caisses). La Finlande compte 455 municipalités, dont 260 de moins de 6 000 habitants. Ce sont ces municipalités qui sont responsables des centres de santé, où les soins primaires sont dispensés, et des centres hospitaliers. Selon leur taille, elles gèrent elles-mêmes les structures qui appartiennent à leur territoire ou se groupent en fédérations. On dénombrait en 1991, 225 centres de santé, 64 hôpitaux généraux, 20 hôpitaux centraux, 35 hôpitaux municipaux, 43 hôpitaux psychiatriques, 5 hôpitaux universitaires. Le financement des hôpitaux publics est assuré par les municipalités (56 %), par l'État (36 %), les usagers (8 %), alors que celui des hôpitaux privés est assuré par les municipalités (60 %) et les usagers (40 %). Compte tenu de leur mission de formation et de recherche les hôpitaux universitaires touchent de l'État une dotation supplémentaire égale à 12 % de leur budget courant.
Les ressources financières sont obtenues par le biais d'impôts collectés au plan national et au plan municipal (taxe de 17 %). L'État répartit entre les municipalités les sommes qu'il a collectées à partir d'un ensemble de règles prenant en compte : la structure d'âge de la population de la municipalité, le taux de mortalité, la densité de population, sa surface et ses capacités de financement. Le pays ayant développé une industrie de télécommunication très avancée, la télémédecine, expérimentée depuis 1989 pour désenclaver les régions du Nord, a été étendue en 1997 au plus grand nombre.
Les médecins du secteur public sont salariés. Leur salaire dépend de leur grade, de leur ancienneté, et de primes diverses.

➤ **Fig. 1.7.** Le système finlandais.

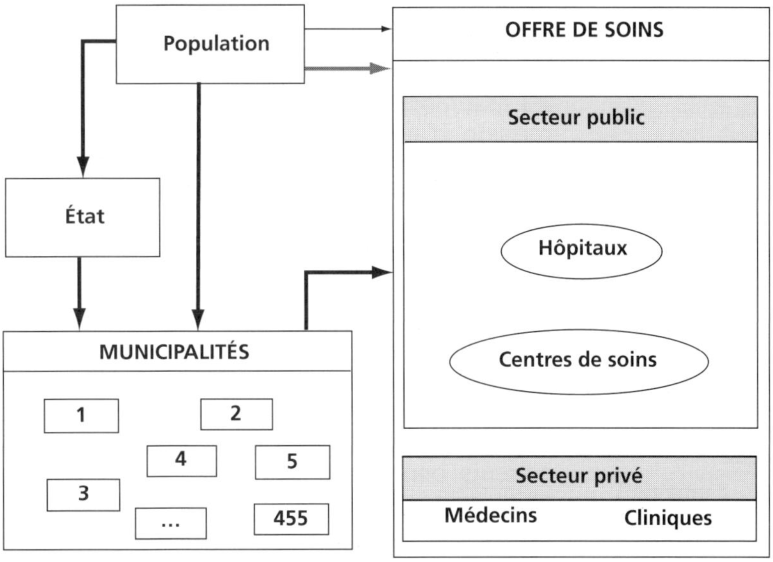

Les centres de santé, aux attributions très anciennes, sont efficaces en matières de protection maternelle et infantile ainsi que de soins dentaires. Depuis 1993, le financement des hôpitaux est assuré par les municipalités sur la base de tarifs fixés localement en fonction des besoins.

LE SYSTÈME FRANÇAIS

La France en quelques chiffres

La France a une superficie de 547 026 km^2. Sa population s'élève à 59,1 millions d'habitants (1999) soit une densité de 108 habitants par km^2.
25,6 % de la population a moins de 20 ans et 15,7 % plus de 65 ans (1997). Le taux de natalité est de 12,4 pour 1 000 habitants (1997), celui de mortalité de 6,3 pour 1 000 habitants (1996) et le taux de mortalité infantile s'élevait à 4,7 pour 1 000 naissances vivantes (1997). L'espérance de vie à la naissance est estimée à 74,6 ans pour les hommes (1998) et à 82,2 ans pour les femmes (1998).
Le PIB s'élève à 1 435,6 milliards de dollars US (1999) et le PIB par habitant à 24 292 dollars US (1999).
La dépense nationale de santé est égale à 9,6 % du PIB (1998).
On recense 498 929 lits d'hôpitaux (1998) soit 8,5 lits pour 1 000 habitants et 175 431 médecins (1998) soit 3 médecins pour 1 000 habitants.

Le système de santé français tente de concilier les principes du libéralisme et ceux de la solidarité à travers un système de financement socialisé.
Le financement du système de santé est assuré pour sa plus grande part par la Sécurité sociale, organisme « privé » créé en 1945, mais en réalité quasi-public puisque encadré par le ministère de la Santé. Des

assurances complémentaires (assurances privées, mutuelles, institutions de prévoyance), l'État et les ménages participent également au financement du système.
En 1997 la Sécurité sociale a couvert 73,5 % des dépenses nationales de santé courantes, les mutuelles 6,6 %, l'État 3,6 %, les ménages et les assurances privées 17,6 %. La Sécurité sociale a repris en 2000 la mission d'aide médicale aux plus pauvres, dévolus auparavant aux départements (Couverture médicale universelle).
La partie non prise en charge par l'Assurance maladie est de l'ordre de 30 % pour les soins de médecins, 40 % pour les soins auxiliaires et 25 % pour les soins hospitaliers (surtout privés lucratifs). Depuis l'an 2000, toutes les personnes résidentes depuis plus de 3 mois et en dessous d'un seuil de revenu bénéficient de la prise en charge gratuite d'une assurance complémentaire de leur choix (mutuelles, compagnies d'assurance et institutions de prévoyance). Dans le cas d'une prise en charge lourde (affections de longue durée, interventions chirurgicales importantes, séjours hospitaliers de plus de 1 mois), les patients bénéficient de l'absence de co-paiements ou d'avances de frais.
Les recettes de la Sécurité sociale proviennent essentiellement des employeurs et des assurés, et pour une partie plus faible (10 %) des subventions de l'État. L'adhésion au système d'assurance maladie est soumise à des conditions de montant de contribution et d'heures de travail effectuées. Elle couvre la quasi-totalité de la population française (99 %). L'assurance maladie constitue une des branches de la Sécurité sociale qui en comporte quatre : maladie, famille, vieillesse et accident du travail qui du point de vue financier ne sont pas cloisonnées.
L'assurance maladie est constituée de différentes *caisses* ou *régimes* caractérisées par l'activité professionnelle de leurs adhérents : salariés (Caisse nationale d'assurance maladie des travailleurs salariés ou CNAMTS, appelée encore « régime général »), travailleurs agricoles (Mutualité sociale agricole ou MSA), travailleurs indépendants et artisans, mineurs, fonctionnaires, etc.
Les services offerts sont différents d'une caisse à l'autre ; en revanche, le principe de compensation des ressources entre les caisses (sous la responsabilité de la CNAMTS) est acquis.
L'offre de soins est caractérisée par la coexistence d'un secteur public et d'un secteur privé.
En 1992, parmi les 155 896 médecins pratiquant en France, 70,8 % ont une activité libérale. Parmi ceux-ci on distingue 53,7 % de médecins généralistes. La médecine de groupe se développe considérablement.
La rémunération des praticiens libéraux est fondée sur le paiement à l'acte. Les médecins ont la possibilité soit d'adhérer à une convention passée entre les représentants syndicaux de la profession et l'assurance maladie qui fixe le montant du paiement à l'acte (médecins conventionnés), soit de fixer librement le montant de leurs honoraires (médecins non conventionnés). Les médecins conventionnés peuvent pratiquer dans le cadre de deux secteurs différents :

– le **secteur 1** impose la pratique du montant de l'acte fixé par la convention. Tous les patients bénéficient d'un même tarif et d'un taux de remboursement de l'ordre de 70 %. En échange, les cotisations sociales personnelles du médecin sont prises en partie en charge par la Sécurité sociale ;

– le **secteur 2** permet un dépassement d'honoraires avec « tact et modération » pour une partie de leur clientèle. Les patients sont alors remboursés sur le montant du tarif du secteur 1, le dépassement d'honoraire étant à leur charge. En contrepartie, le médecin devra participer pour une plus grande part à ses propres cotisations sociales.

L'afflux de plus en plus important des médecins vers ce secteur dit « à honoraires libres » a contraint les pouvoirs publics à « geler » son accès en 1990 (l'admission au secteur 2 nécessite désormais certains titres hospitaliers ou une certaine ancienneté...).

En 1992, environ 28 % de médecins libéraux exerçaient en secteur 2.

Les médecins qui exercent hors convention ne représentent que 0,4 % de l'ensemble des médecins libéraux. Les patients qui les consultent sont remboursés de manière très symbolique. Ils ont à leur charge l'ensemble de leurs cotisations sociales.

Les médecins ont le libre choix de leur lieu d'installation et sont libres de leurs prescriptions. Une information concernant leur activité est délivrée par l'assurance maladie sous la forme de Relevé individuel d'activité des praticiens (anciennement appelé TSAP). Depuis 1994, la convention des médecins a instauré une régulation dite « médicalisée » des dépenses de soins basée entre autres sur des références médicales opposables (RMO). Ces références, établies par des comités d'experts, indiquent aux médecins ce qui ne doit pas être prescrit dans des cas précis, sauf exception dûment motivée.

Le non respect des RMO fait l'objet d'une pénalisation financière.

Le nombre de médecins formés chaque année est contrôlé par un *numerus clausus* fixé annuellement conjointement entre le ministère de la Santé et le ministère de l'Enseignement supérieur. Il était de l'ordre de 4 000 en 1995. De même, le nombre de médecins admis à faire une spécialité par un internat accessible par concours est fixé dans les mêmes conditions et est de l'ordre de 2 000 par an.

En matière d'urgence hospitalière, il est fréquemment fait recours à des médecins étrangers non ressortissants de l'Union Européenne qui acceptent des salaires modestes pendant un cycle d'étude de spécialités qui leur est réservé (Diplôme interuniversitaire de spécialité). Les hôpitaux français ont longtemps eu tendance à abuser de cette main d'œuvre médicale à bon marché car beaucoup acceptent des postes de « faisant fonction d'internes » afin de continuer à exercer en France, ce qui n'est pas sans créer une certaine rivalité de la part des médecins ayant suivi le cursus classique d'acquisition d'une spécialité par la voie du concours de l'internat des hôpitaux.

Le secteur hospitalier est constitué par des hôpitaux publics (1 077 établissements comprenant 363 115 lits en 1990, non compris les places d'hospitalisation partielles et l'hébergement pour les personnes âgées) et par des établissements privés (2 390 établissements comprenant 195 578 lits en 1990, non compris les places d'hospitalisation partielles et l'hébergement pour les personnes âgées). Ces derniers se répartissent en hôpitaux privés à but non lucratif (environ 1/3) et en hôpitaux privés à but lucratif. Hôpitaux publics et hôpitaux privés à but non lucratif sont soumis à un budget annuel global. Les cliniques privées à but lucratif sont quant à elles rémunérées aux prix de journées et aux forfaits.

La rémunération des médecins hospitaliers dépend du statut de l'hôpital :

– hôpital public : statut proche des fonctionnaires territoriaux ;

– hôpital privé non lucratif : contractuel, généralement salarié, selon une convention collective du secteur ;

– hôpital privé lucratif : médecin conventionné avec l'assurance maladie payé à l'acte.

Le secteur pharmaceutique est un secteur particulièrement encadré. Les prix des spécialités sont contrôlés et constituent un des index de prix les plus bas d'Europe. Un accord État-Syndicat national de l'industrie pharmaceutique (SNIP) a été signé en 1994 et consiste à libérer les prix de certains médicaments contre un engagement à promouvoir un « bon usage du médicament ». La distribution est également soumise à un contrôle, tant en ce qui concerne les autorisations d'ouverture d'une officine que les marges accordées sur la vente des médicaments par les pharmaciens.

Le consommateur possède un droit de libre accès aux structures de soins. Il choisit à son gré tel médecin généraliste ou tel médecin

➤ **Fig. 1.8.** Le système de santé français. ➤

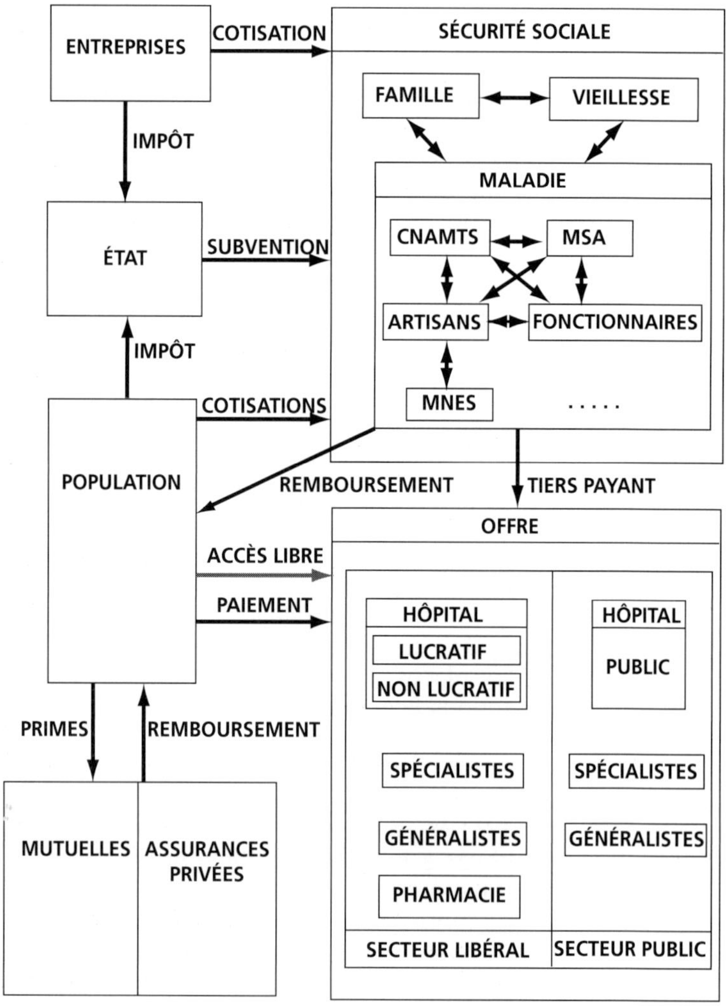

spécialiste et il consulte aussi souvent qu'il le souhaite. Il paie directement son médecin et est remboursé sur la base des tarifs conventionnels, moins un ticket modérateur variable selon les régimes. En outre, le solde ou une partie de celui-ci lui est remboursée s'il a souscrit une assurance complémentaire auprès d'une mutuelle ou d'une assurance privée.

Les médicaments prescrits font également l'objet de remboursement s'ils appartiennent à la liste des spécialités remboursées par la caisse maladie. Le taux de remboursement varie (35 % – 65 % – 100 %) en fonction de la spécialité et de la maladie dont est atteint le patient.

La pratique du tiers-payant se généralise actuellement : le patient a, dans ce cas, la possibilité de ne payer au pharmacien que la partie à sa charge, l'autre partie étant directement payée au pharmacien par la caisse.

Cette pratique du tiers-payant est très largement utilisée pour les soins hospitaliers.

Si le patient utilise une structure publique, il ne reste à sa charge qu'un ticket modérateur et, depuis 1983, un forfait hospitalier de soins qui est une participation journalière forfaitaire aux frais d'hébergement.

Si le patient utilise une structure privée, elle possède généralement un agrément avec la sécurité sociale, ce qui lui évite d'avoir à sa charge l'ensemble des dépenses.

En 1996, trois *ordonnances* concernant la Sécurité sociale, la médecine hospitalière et la médecine ambulatoire ont introduit des modifications dans l'organisation et la régulation du système de santé français. Tout d'abord, le Parlement va devoir chaque année déterminer le montant des ressources financières allouées au système de soins en votant la loi de financement de la Sécurité sociale qui prendra compte des objectifs de santé déterminés par un comité nommé au sein d'une « Conférence nationale de la santé ». L'enveloppe sera répartie d'une part en fonction du secteur hospitalier et ambulatoire, et d'autre part en fonction des régions. En ce qui concerne la médecine ambulatoire, les médecins seront tenus de respecter le montant qui leur sera alloué, sinon ils devront rembourser le dépassement. Tous les médecins seront obligés de suivre une formation médicale continue à partir de 1999. Des agences régionales de l'hospitalisation sont créées pour le secteur hospitalier. Elles doivent déterminer la planification hospitalière publique et privée de la région et répartir l'enveloppe budgétaire qui leur sera confiée entre les différentes structures de soins. Les hôpitaux devront se soumettre à une démarche d'*accréditation* réalisée par un nouvel organisme, l'Agence nationale d'accréditation et d'évaluation des soins (ANAES).

L'intérêt des réseaux et filières de soins permettant une prise en charge plus efficace et moins onéreuse a été confirmé officiellement dès la fin des années 90 mais s'est heurté à une mise en œuvre difficile, de part la disparité des financements classiques des acteurs de santé : budgets globaux, budgets éclatés de l'hospitalisation privée, paiements à l'acte de la médecine ambulatoire.

L'assurance maladie connaît un début de décentralisation avec la création des Unions régionales des caisses d'assurances maladie (URCAM) destinées à favoriser les expériences de filières et réseaux et de promouvoir l'abonnement volontaire des patients à un médecin généraliste unique de leur choix appelé médecin « référent ».

LE SYSTÈME GREC

La Grèce en quelques chiffres

La Grèce a une superficie de 131 944 km². Sa population s'élève à 10,55 millions d'habitants (1999) soit une densité de 80 habitants par km².
23,1 % de la population a moins de 20 ans et 16,8 % plus de 65 ans (1997). Le taux de natalité est de 9,7 pour 1 000 habitants (1997), celui de mortalité de 6,7 pour 1 000 habitants (1997) et le taux de mortalité infantile s'élevait à 6,7 pour 1 000 naissances vivantes (1998). L'espérance de vie à la naissance est estimée à 75,3 ans pour les hommes (1998) et à 80,5 ans pour les femmes (1998).
Le PIB s'élève à 124,7 milliards de dollars US (1999) et le PIB par habitant à 11 822 dollars US (1999).
La dépense nationale de santé est égale à 8,3 % du PIB (1998).
On recense 52 474 lits d'hôpitaux (1997) soit 5 lits pour 1 000 habitants et 43 030 médecins (1997) soit 4,1 médecins pour 1 000 habitants.

En 1983, la Grèce a décidé de mettre en place un Service national de santé. Jusqu'à cette date le système de santé grec était caractérisé par son extrême diversité dans les types d'offres de soins et les modes de couverture des dépenses de santé. Cela avait conduit à une distribution de l'offre de soins très inégale entre les zones urbaines et rurales, à une surproduction de diplômes de médecins, une sous-production de diplômes d'infirmières et un coût élevé de l'hospitalisation et des médicaments.
Un secteur public faible côtoyait un secteur privé fort. Le financement des dépenses de santé était alors assuré par trois sources :

– L'État pour le développement et le fonctionnement des hôpitaux publics, ainsi que pour les programmes de santé publique.

– Les caisses de Sécurité sociale qui étaient environ 380. Les plus importantes étaient l'IKA (Caisse des travailleurs et employés du privé), l'OGA (Caisse des agriculteurs) et la Caisse des fonctionnaires. Leurs ressources provenaient des cotisations des adhérents et des employeurs.

– La population qui acquittait, soit une partie des frais non couverts par leur caisse, soit l'intégralité de ceux-ci lorsque les services du secteur privé étaient utilisés.

Le secteur public était avant tout constitué par les hôpitaux publics qui représentaient, en 1980, 58 % des lits.
En ce qui concernait le secteur ambulatoire, seules les caisses IKA et OGA employaient des médecins salariés. Ceux-ci avaient par ailleurs la possibilité d'exercer sur le marché privé. Les caisses de Sécurité sociale négociaient avec le secteur privé les conditions de leurs services, le plus souvent sur la base d'honoraires mais aussi parfois sur la base de la capitation. Le nombre élevé de caisses explique la grande disparité dans les services qu'elles offraient à leurs adhérents ; beaucoup étaient trop petites pour offrir des services de grande qualité.
Depuis 1983, un Service national de santé a été mis en place.

➤ **Fig. 1.9.** Le système de santé grec. ➤

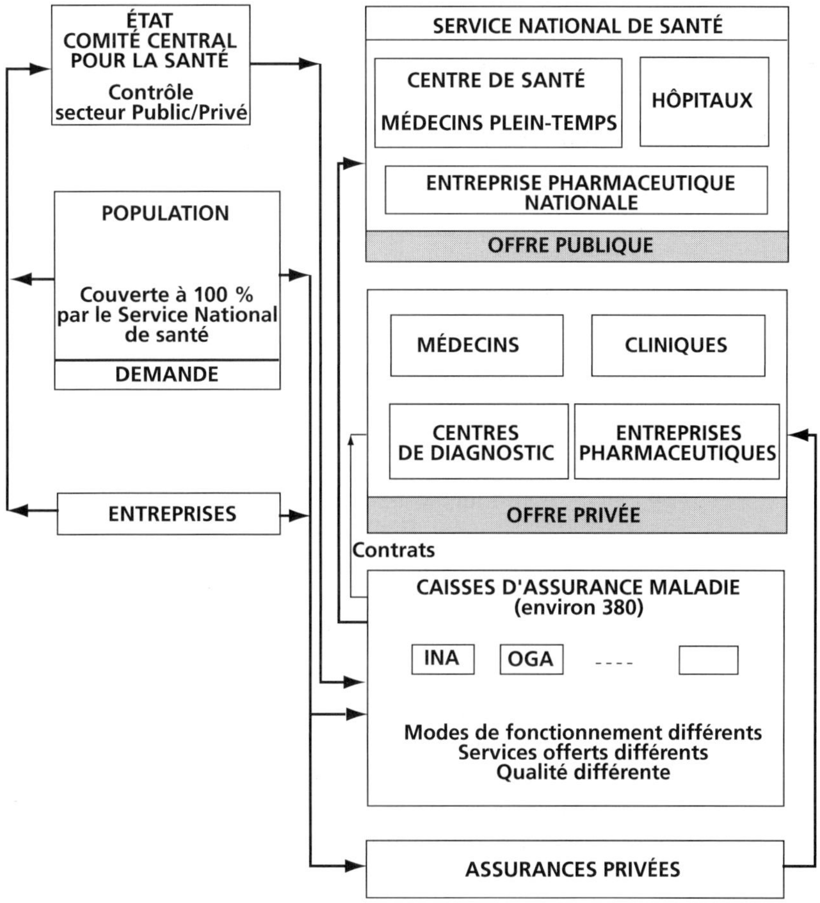

Au niveau institutionnel, un Comité central de la Santé a été créé et est chargé de conseiller le gouvernement sur la politique nationale de santé. Il est assisté par des comités régionaux de la santé.

L'objectif de cette réforme est de créer un secteur public fort afin de remédier aux inégalités géographiques et financières d'accès aux soins de la population grecque.

La réforme, actuellement toujours en cours, propose :

– l'unification des services rendus par les diverses caisses de Sécurité sociale,

– la prise de contrôle de tout le secteur hospitalier.

La réforme s'est traduite par la création de 10 000 lits publics (+ 25 %) et prévoyait la création de 500 centres de santé en province pour compenser la faiblesse de la médecine générale dans le pays. En fait, seuls 150 centres ont été créés et manquent de personnels compte tenu du faible niveau de rémunération. L'IKA continue de gérer des cliniques et polycliniques ambulatoires non incluses dans le système national de santé.

– la création de réseaux de centres de santé pour les soins primaires (où pourrait se développer la médecine générale). Ces centres emploieraient des médecins salariés à plein-temps (et ne pouvant exercer dans le privé),

– la création d'une entreprise pharmaceutique nationale produisant principalement des antibiotiques.

Dans le cadre du secteur privé, la loi interdit la création, le développement (en terme de lits) ou la transformation de cliniques privées. En 1982, le secteur privé possédait 42 % des lits d'hôpitaux ; il n'en possède déjà plus que 34 % en 1986 ; la capacité d'accueil ayant chuté en 3 ans de 24 % !
En 1990 le secteur privé possédait 30 % des lits.
Bien qu'illégale, la pratique des dessous de table est largement tolérée, même à l'hôpital public. De plus en plus de citoyens grecs vont se faire soigner à l'étranger.
La loi n'interdit pas :

– la création d'entreprises privées offrant des services de diagnostic utilisant des technologies de pointe. Elle autorise même la publicité pour de tels centres,

– la médecine libérale,

– la production de médicaments par des firmes privées. La publicité pour les médicaments est autorisée mais les prix sont contrôlés,

– La mise en place d'un secteur d'assurances privées.

Elle permet aux caisses de Sécurité sociale, après autorisation gouvernementale, de passer des contrats avec des cliniques et des médecins privés. Depuis 1997, la réforme s'oriente vers :

– une introduction des techniques de gestion dans les hôpitaux publics, un plafonnement de leurs budgets pour faire face aux déficits,
– la création par les caisses de réseaux de soins en matière de prévention en instaurant une médecine de famille et un contrôle plus strict des dépenses pharmaceutiques.

LE SYSTÈME IRLANDAIS

L'Irlande en quelques chiffres

L'Irlande a une superficie de 70 280 km². Sa population s'élève à 3,74 millions d'habitants (1999) soit une densité de 53,3 habitants par km².
32,3 % de la population a moins de 20 ans et 11,3 % plus de 65 ans (1997). Le taux de natalité est de 14 pour 1 000 habitants (1996), celui de mortalité de 8,5 pour 1 000 habitants (1996) et le taux de mortalité infantile s'élevait à 6,2 pour 1 000 naissances vivantes (1998). L'espérance de vie à la naissance est estimée à 73,2 ans pour les hommes (1996) et à 78,5 ans pour les femmes (1996).
Le PIB s'élève à 89 milliards de dollars US (1999) et le PIB par habitant à 23 765 dollars US (1999). La dépense nationale de santé est égale à 6,1 % du PIB (1999).
On recense 13 526 lits d'hôpitaux (1997) soit 3,7 lits pour 1 000 habitants et 8 104 médecins (1998) soit 2,2 médecin pour 1 000 habitants.

Malgré la proximité du Royaume-Uni, l'offre de soins du système de santé irlandais est largement privatisée. L'étendue de la prise en charge est fondée avant tout sur le niveau de ressources des personnes.

La plupart des médecins ont une double pratique publique et privée. L'originalité réside dans le fait que l'État intervient très fortement sur les modes de financement des soins. Il définit des groupes de population ayant droit à des types différents de couverture de leurs dépenses de santé et une agence publique a le monopole de l'assurance volontaire. Cette originalité est également marquée par l'offre de soins qui est très fortement privatrice.

➤ **Fig. 1.10.** Le système de santé irlandais. ➤

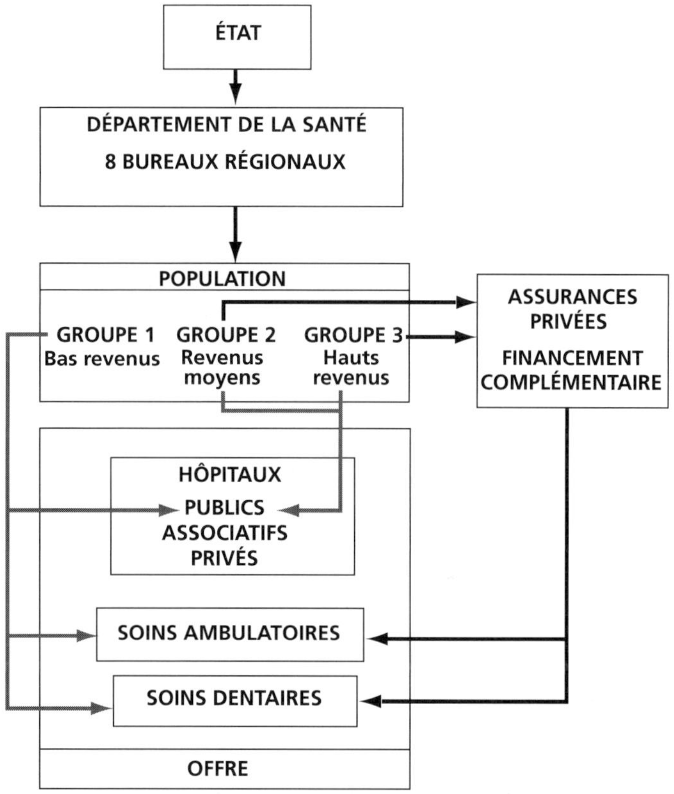

En Irlande, la santé est administrée par un département de la Santé (fortement dépendant du Département des finances) qui gère la prévention, les soins ambulatoires et hospitaliers ainsi que les soins dentaires. Ce département est organisé en huit bureaux régionaux.
L'offre de soins ambulatoires est proposée par des médecins généralistes de plus en plus groupés en association rémunérés par un système de capitation.
Trois formes d'organisations participent à l'offre de soins hospitaliers :

– les hôpitaux qui sont contrôlés et financés entièrement par les bureaux régionaux du département de la santé,

– les hôpitaux participant au service public *(Voluntary Public Hospital)* et qui sont souvent gérés par des associations religieuses, en partie financées par le département de la santé,

– les hôpitaux privés qui vivent sur des fonds uniquement privés.

Sauf pour leurs lits privés (20 %), les hôpitaux publics ou volontaires sont payés par mensualités globales par l'État depuis la création du système national de santé en 1970. Les contributions des régions ont été supprimées en 1977. L'État, par l'intermédiaire du Conseil des hôpitaux, contrôle toutes leurs attributions en emplois médicaux.
La crise économique des années 1980 a favorisé la fermeture des lits et l'essor d'une médecine privée.
Quant au financement des dépenses de santé, l'État établit les règles qui permettent de définir une répartition en trois groupes de la population irlandaise. Ces règles font un large usage de la notion de revenu individuel.

– Le **groupe I** est constitué par les personnes à « bas revenus ». Leurs dépenses de santé sont intégralement prises en charge par le bureau régional dont ils dépendent. Ils doivent utiliser les structures publiques pour les soins hospitaliers et dentaires. Les capitations des généralistes sont payés directement par le bureau régional pour les soins ambulatoires.

– Le **groupe II** est constitué par les personnes à « revenus moyens ». Leur couverture est la même que celle du groupe I, exceptées les dépenses concernant les soins ambulatoires et les soins dentaires qu'elles doivent elles-mêmes financer. Elles peuvent s'assurer auprès d'une assurance de leur choix (la concurrence a été ouverte récemment) qui offre divers niveaux de contrats.

– Le **groupe III** est celui des personnes à « hauts revenus ». Les bureaux régionaux ne financent alors que les soins hospitaliers publics et les soins donnés pour une maladie infectieuse ou pour certaines maladies chroniques.

38 % de la population appartiennent au groupe I, 47 % au groupe II et 15 % au groupe III.

LE SYSTÈME ITALIEN

L'Italie en quelques chiffres

L'Italie a une superficie de 301 225 km^2. Sa population s'élève à 56,95 millions d'habitants (1999) soit une densité de 189,1 habitants par km^2.
20,5 % de la population a moins de 20 ans et 16,7 % plus de 65 ans (1997). Le taux de natalité est de 9,3 pour 1 000 habitants (1995), celui de mortalité de 6,7 pour 1 000 habitants (1995) et le taux de mortalité infantile s'élevait à 6,2 pour 1 000 naissances vivantes (1996). L'espérance de vie à la naissance est estimée à 75,3 ans pour les hommes (1997) et à 81,6 ans pour les femmes (1997).
Le PIB s'élève à 1 148,5 milliards de dollars US (1999) et le PIB par habitant à 20 166 dollars US (1999).
La dépense nationale de santé est égale à 8,4 % du PIB (1999).
On recense 334 613 lits d'hôpitaux (1997) soit 5,9 lits pour 1 000 habitants et 335 786 médecins (1998) soit 5,9 médecin pour 1 000 habitants.

Depuis 1978, l'Italie possède un Service national de santé constitué par des « unités sanitaires locales » *(Unità Sanitarie Locale)* dotées d'une large autonomie pour organiser et gérer les divers services de santé appartenant aux territoires qu'elles recouvrent (20 régions). Parallèlement à ce service public existe un secteur privé important.

Le Service national de santé a pour vocation d'offrir à la population italienne l'ensemble des soins dont elle a besoin. Il est financé par :

– une participation des salariés, de leurs employeurs et des travailleurs indépendants,

– une taxe spéciale acquittée par les travailleurs indépendants,

– une somme variable versée par l'État.

La Caisse nationale de santé reçoit ces divers financements et les répartit entre les régions. Celles-ci les redistribuent à leurs unités sanitaires locales sur la base des dépenses engagées antérieurement.

La population a le choix pour résoudre ses problèmes de santé entre le Service national de santé et le secteur privé.

Si le Service national de santé est adopté, les dépenses engagées pour les soins primaires et secondaires seront pratiquement entièrement prises en charge par le Service national de santé ; le ticket modérateur (là où il existe) reste très faible, sauf pour les médicaments dont les prix sont contrôlés et pour lesquels il varie entre 9 % et 25 % selon le gouvernement en place.

Il existe toutefois une possibilité d'exemption de ce ticket modérateur pour les « bas revenus ». Seuls les médicaments inscrits sur une liste définie au plan national peuvent bénéficier d'un remboursement.

L'offre de soins dans le secteur public est constituée par un réseau de médecins généralistes qui ont choisi de rejoindre le Service national de santé, d'hôpitaux publics possédant des secteurs spécialisés et d'hôpitaux privés agréés par le Service national de santé.. Les médecins généralistes du Service national de santé sont rémunérés selon le système de la capitation et ne peuvent avoir sur leur liste plus de 1 500 patients. Ces derniers sont libres de choisir leur praticien dans leur unité sanitaire.

Les patients doivent en revanche utiliser les services publics pour les soins hospitaliers. Ils ne peuvent se présenter à des hôpitaux privés agréés qu'après une entente préalable avec le Service national de santé ; cette autorisation n'est alors donnée que pour un nombre de jours limité. En revanche, si dans les quatre jours, le service public n'a pu répondre à la demande d'un patient (problèmes des files d'attente), celui-ci utilise les services privés qui seront remboursés par le Service national de santé. Le patient a également la possibilité de demander à être traité dans un hôpital public situé en dehors de son unité sanitaire locale ; celle-ci devra alors rembourser les frais engagés pour soigner le patient à l'unité qui l'a accueilli.

Si le patient choisit de s'adresser directement au secteur privé, il devra acquitter l'ensemble des frais relatifs aux soins qui lui ont été prodigués, à moins qu'il ait souscrit une assurance auprès d'un organisme privé qui couvre ceux-ci. Le secteur privé occupe une place non négligeable en Italie. En 1990, il y avait 8 008 structures sous contrôle du Service national de santé, 7 995 structures privées, 365 761 lits d'hôpitaux publics et 69 319 lits de cliniques privées.

En fait, les hôpitaux publics ont la possibilité de développer un secteur privé et les médecins qu'ils emploient peuvent opter pour un temps partiel dans le public. Ils peuvent avoir ainsi également une activité libérale.

➤ **Fig. 1.11.** Le système de santé italien. ➤

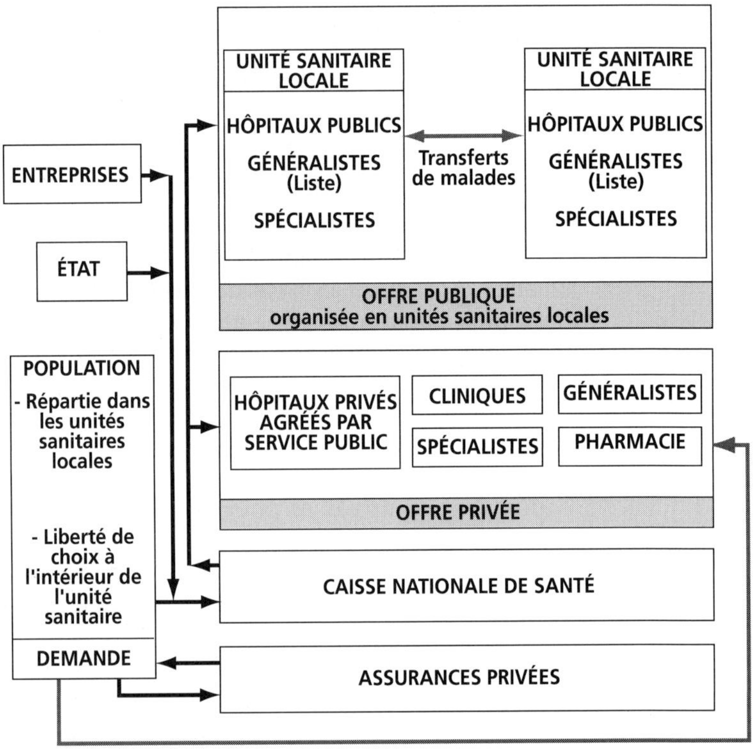

Le 1er janvier 1995 entre en application la réforme de 1992 des unités sanitaires locales. Leur nombre passe de 659 à 225. Leurs directeurs seront nommés par la région sur la base de leurs compétences à administrer une entreprise privée. Les régions collectent désormais directement les cotisations obligatoires et peuvent fixer des taux de cotisations et des tickets modérateurs plus élevés que ceux prévus (dans les limites imposées par la législation).
Une surveillance des résultats et des activités des USL est organisée par un corps d'inspection tant au niveau des régions que du Ministère. À la même époque, de nouvelles règles concernant la participation des usagers au financement entrent en application : exemption partielle du ticket modérateur pour les enfants de moins de six ans et pour les personnes de plus de 65 ans selon le montant du revenu. Les personnes invalides sont classées en trois groupes selon le degré de gravité de leur handicap qui définit leur niveau d'exemption. Les médicaments sont répartis en trois classes A, B, C. La classe A comprend les médicaments de première nécessité, le ticket modérateur est constant (entre 3 000 et 6 000 lires). Les médicaments de la classe B supportent un ticket modérateur égal à 50 % du prix public. Quant aux médicaments de la classe C, ils ne bénéficient d'aucune prise en charge.
La réforme de 1992 autorise les régions à créer des mutuelles et le malade à s'adresser à la structure de son choix. Le nombre de certificats *(bollini)* permettant aux plus démunis d'accéder aux soins gratuits est augmenté.

LE SYSTÈME LUXEMBOURGEOIS

Le Luxembourg en quelques chiffres

Le Luxembourg a une superficie de 2 586 km^2. Sa population s'élève à 0,431 million d'habitants (1999) soit une densité de 166,7 habitants par km^2.
23,7 % de la population a moins de 20 ans et 14,1 % plus de 65 ans (1997). Le taux de natalité est de 13,1 pour 1 000 habitants (1997), celui de mortalité de 7 pour 1 000 habitants (1997) et le taux de mortalité infantile s'élevait à 5 pour 1 000 naissances vivantes (1998). L'espérance de vie à la naissance est estimée à 73 ans pour les hommes (1996) et à 80 ans pour les femmes (1996).
Le PIB s'élève à 17,46 milliards de dollars US (1997) et le PIB par habitant à 41 475 dollars US (1997).
La dépense nationale de santé est égale à 5,9 % du PIB (1998).
On recense 3 405 lits d'hôpitaux (1998) soit 8 lits pour 1 000 habitants et 1 342 médecins (1999) soit 3,1 médecins pour 1 000 habitants.

Le système de santé luxembourgeois est caractérisé par :
- un quasi-monopole de la couverture des dépenses de santé de la population pour la Sécurité sociale,
- les douze Caisses d'assurance maladie dont elles dépendent,
- une offre de soins organisée selon le mode libéral.

L'assurance maladie est obligatoire et est gérée par la Sécurité sociale, qui a également en charge les retraites.
Chaque individu est inscrit dans l'une des douze Caisses d'assurance maladie en fonction de la nature de ses activités.
Leur financement est assuré par des contributions fixées par l'État qui sont versées à part égale entre les employés et leurs employeurs (en totalité pour les travailleurs indépendants). L'État prend à sa charge la contribution de certaines catégories de personnes et les dépenses concernant certaines « longues » maladies (tuberculose, cancer, poliomyélite...). Les assurances privées proposent seulement quelques couvertures complémentaires qui concernent principalement des contrats couvrant le risque maladie à l'étranger (les mutuelles couvrent 4/5e de la population).
De par sa petite échelle, le système de santé Luxembourgeois bénéficie du recrutement de médecins dans les pays voisins et autorise les soins effectués dans ces mêmes pays. Les médecins des hôpitaux sont fonctionnaires mais payés par répartition des masses d'honoraires.
Les soins ambulatoires sont assurés par des médecins généralistes ou spécialistes dont l'activité est privée. Si la publicité est interdite, la liberté d'établissement pour tout médecin est en revanche totale et il n'existe pas de *numerus clausus*. Les honoraires pratiqués sont négociés avec la Sécurité sociale et les instances représentatives des médecins ; ils sont impérativement respectés par la profession.
Sur les 26 hôpitaux existant actuellement, un seul est privé à but lucratif, plus de la moitié des autres sont privés à but non lucratif (institutions religieuses), le reste étant géré par les communes. Leurs tarifs sont négociés avec la Sécurité sociale et l'État peut participer aux investissements qu'ils engagent. Les patients hospitalisés paient un forfait fixe

➤ **Fig. 1.12.** Le système de santé luxembourgeois. ➤

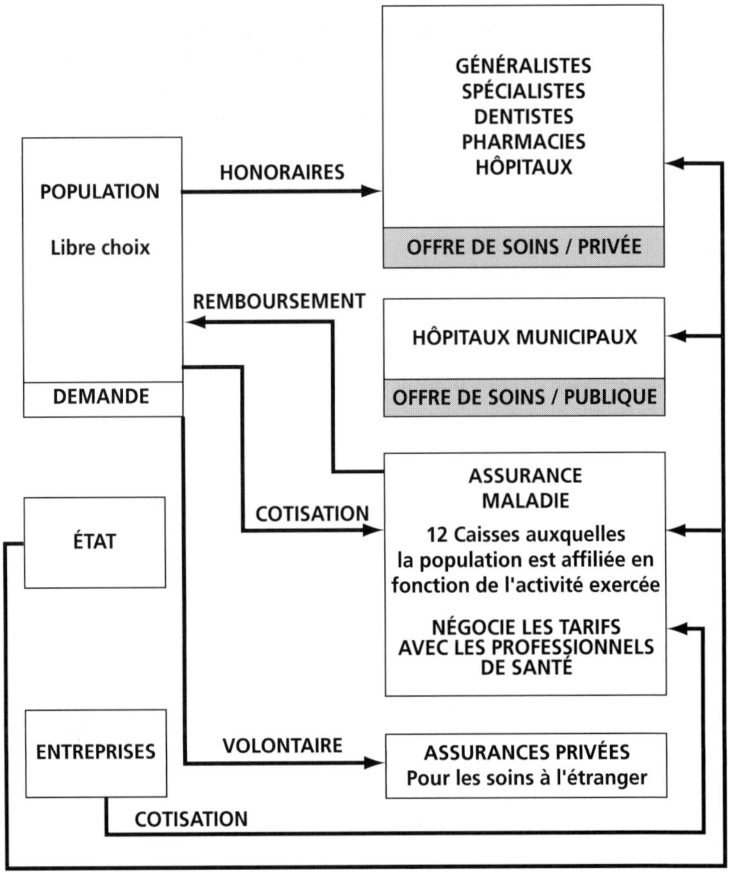

journalier mais le reste des dépenses est pris en charge par la Sécurité sociale.

La distribution des médicaments est assurée par des pharmacies privées dont la création est soumise à autorisation de l'État. Un ticket modérateur de 20 % du prix des médicaments a été institué. En fait, certaines spécialités sont remboursées à 100 % tandis que d'autres, faisant l'objet de publicité auprès du public, sont complètement exclues du remboursement.

La population a le libre choix de son médecin ou de son hôpital.

L'État contrôle étroitement l'offre de soins. Depuis 1982, le ministère de la Santé a en charge la planification hospitalière avec la collaboration des hôpitaux. Toute création d'établissements ou développement de ceux déjà existants doit recevoir son agrément (il en est de même pour les pharmacies).

Quant aux soins ambulatoires, l'État exerce un contrôle sur les médecins généralistes et spécialistes par le biais de listes d'appareils médicaux non autorisés aux généralistes et permis aux seuls spécialistes.

LE SYSTÈME NÉERLANDAIS

Le système de santé néerlandais est encore en cours de transformation en 1995. Nous le décrirons tout d'abord tel qu'il était en 1988, puis nous donnerons les grandes lignes de la réforme proposée par la commission dite Dekker qui a été mise en place en mars 1987 par le gouvernement néerlandais.

Les Pays-Bas en quelques chiffres

Les Pays-Bas ont une superficie de 40 844 km². Leur population s'élève à 15,75 millions d'habitants (1999) soit une densité de 385,7 habitants par km².

24,1 % de la population a moins de 20 ans et 13,3 % plus de 65 ans (1997). Le taux de natalité est de 12,3 pour 1 000 habitants (1997), celui de mortalité de 7 pour 1 000 habitants (1997) et le taux de mortalité infantile s'élevait à 5,2 pour 1 000 naissances vivantes (1998). L'espérance de vie à la naissance est estimée à 75,2 ans pour les hommes (1998) et à 80,7 ans pour les femmes (1998).

Le PIB s'élève à 394,48 milliards de dollars US (1999) et le PIB par habitant à 25 040 dollars US (1999).

La dépense nationale de santé est égale à 8,6 % du PIB (1998).

On recense 176 763 lits d'hôpitaux (1998) soit 15,3 lits pour 1 000 habitants et 39 069 médecins (1991) soit 2,6 médecins pour 1 000 habitants.

L'organisation de la protection sociale aux Pays-Bas est définie par un ensemble de décrets qui concernent soit l'ensemble de la population, soit seulement les salariés.

Quatre décrets s'appliquent à l'ensemble de la population :

Les trois premiers garantissent un revenu minimum aux personnes âgées (AOW), aux veuves et orphelins (AWW) et aux personnes indigentes (ABW).

Le quatrième décret (AWBZ) garantit à tout Néerlandais la couverture des dépenses médicales exceptionnelles engagées pour eux.

Trois autres décrets ne concernent que la population des salariés :

– Les deux premiers (ZW et WAO) sont destinés à protéger les salariés en cas d'une perte de revenus due à une incapacité de travail, courte ou longue.

– Le troisième (ZFW) assure la couverture des coûts des soins médicaux, hospitaliers et de pharmacie à tout salarié (et à sa famille) dont le revenu annuel est inférieur à 50 150 florins.

À partir de ces décrets, il est possible de distinguer les différentes façons dont sont prises en charge les dépenses de santé des Néerlandais.

Les dépenses dites exceptionnelles de tout Néerlandais (séjour à l'hôpital dépassant une année, placement dans des hôpitaux psychiatriques, dans des institutions pour attardés mentaux ou pour handicapés, maintien à domicile…) sont payées par l'assurance sociale grâce à des « Caisses d'assurance maladie » publiques qui dépendent d'une « Caisse nationale ».

Les autres dépenses de soins et de pharmacie sont payées, soit par les Caisses d'assurance maladie publiques, soit par des assurances privées, ou enfin par les patients eux-mêmes. Les salariés recevant un

revenu annuel inférieur à 50 150 florins sont obligatoirement affiliés à une Caisse d'assurance maladie publique.
Le reste de la population a le choix entre :

– adhérer à une caisse d'assurance maladie publique,

– souscrire un contrat d'assurance maladie auprès d'une compagnie privée d'assurance,

– financer elle-même ses dépenses.

Assurances publiques et assurances privées sont donc en concurrence sur une partie du marché. Cette concurrence est en partie biaisée par la possibilité pour les assurances privées de sélectionner les risques en choisissant leurs assurés, ce que ne peuvent pratiquer les caisses publiques.
Les Caisses d'assurance maladie publiques sont financées par l'État et par leurs adhérents, tandis que les caisses privées ne le sont évidemment que par les primes payées par leurs clients. L'activité des caisses de maladie publiques est supervisée par un organisme qui contrôle les fonds de l'assurance obligatoire et ceux destinés à couvrir les dépenses exceptionnelles.
Pour définir sa politique en matière de santé, l'État prend des avis auprès de différents comités.
Il consulte en particulier :

– le *Gezondheidsraad* pour les problèmes scientifiques et éthiques,

– le *Nationale Raad voor de Volksgezondheid* pour la définition des programmes de santé publique,

– le *Collège voor Ziekenhuisvoorzieningen* pour la planification hospitalière,.

– le *Centraal Overlegorgaan Turieven Gezondheidszorg* pour la fixation des tarifs hospitaliers, des honoraires des médecins et autres professionnels de la santé.

➤ **Fig. 1.13.** Le système de santé néerlandais. ➤

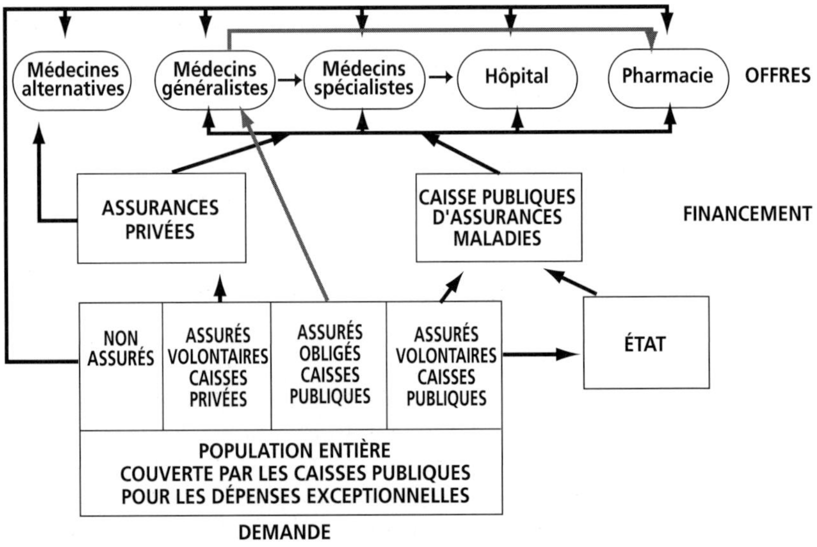

Le système d'offre de soins est essentiellement organisé autour du médecin généraliste. Chaque Néerlandais s'inscrit sur la liste d'un médecin généraliste qui recevra ses honoraires directement de la caisse à laquelle appartient son patient.
L'accès au médecin spécialiste et à l'hôpital (soumis depuis 1983 au budget global) n'est possible qu'après consultation et accord du médecin généraliste.
Parallèlement à ce système, un secteur des médecines alternatives s'est mis en place et certaines sont remboursées par des contrats souscrits auprès d'assurances privées.
L'organisation des urgences est limitée du fait de la proximité des hôpitaux partout dans le pays. Chaque habitant se trouvant à moins d'une demi-heure d'un hôpital, il n'existe pas de services ambulatoires consacrés à la médecine d'urgence. Les demandes d'admission à l'hôpital doivent être justifiées auprès des caisses, *a priori* ou *a posteriori*.
Les soins dentaires sont pris en charge à 100 % pour les patients inscrits sur des listes annuelles, directement par tiers payant, sauf pour les prothèses des adultes (plus de 19 ans) qui supportent un ticket modérateur de 50 % (éventuellement couvert par une assurance complémentaire). Le chirurgien dentaire est assisté d'un « hygiéniste » qu'il rémunère et qui a pour fonction d'effectuer les soins courants tels que : détartrages, applications fluorées, scellement de sillons, conseils d'hygiène.
La distribution des médicaments est assurée par des pharmacies. Les pharmaciens sont rémunérés à l'acte et disposent du droit de substitution. Ils sont fortement incités à délivrer les produits les moins chers dans l'indication donnée.

Le plan Dekker

Le plan proposé par la commission dite Dekker vise à améliorer l'efficience du système néerlandais en homogénéisant le système de financement et en mettant en place un système où la concurrence entre ses acteurs pourrait se développer tout en garantissant à tous l'accès aux soins.
Le rôle de l'État se limiterait alors à contrôler le respect des règles du système et la qualité des soins qui sont délivrés.
Le plan proposé est schématiquement le suivant :

– L'ensemble de la population doit obligatoirement souscrire auprès d'une Caisse d'assurance maladie publique ou privée une assurance (dite de base) couvrant environ 85 % des dépenses médicales.

– La prime d'assurance de base comprend deux parties : l'une (la plus importante) est calculée en fonction du seul revenu de l'adhérent qui la verse à un fonds central d'assurance.

L'autre partie, qui s'élève au maximum à environ 20 % de la première, est versée directement à la caisse d'assurance choisie.

– Chaque caisse négocie avec les professionnels de santé les conditions dans lesquelles seraient délivrés les soins à leurs adhérents et les niveaux des tarifs qui seraient appliqués.

– Le Fonds central d'assurance reverse à chaque caisse maladie, qu'elle soit publique ou privée, une somme pour chacun de ses adhérents. Celle-ci est calculée en fonction des risques que ses caractéristiques (âge, sexe, état de santé...) permettent d'évaluer.

– Les assurés peuvent également souscrire des assurances complémentaires directement auprès des caisses.

– L'État a la charge de faire respecter des lois anti-cartels entre caisses ou producteurs de soins et de contrôler la qualité des soins.

Toutes ces dispositions peuvent être résumées par la figure 1.14.

➤ **Fig. 1.14.** Le plan Dekker. ➤

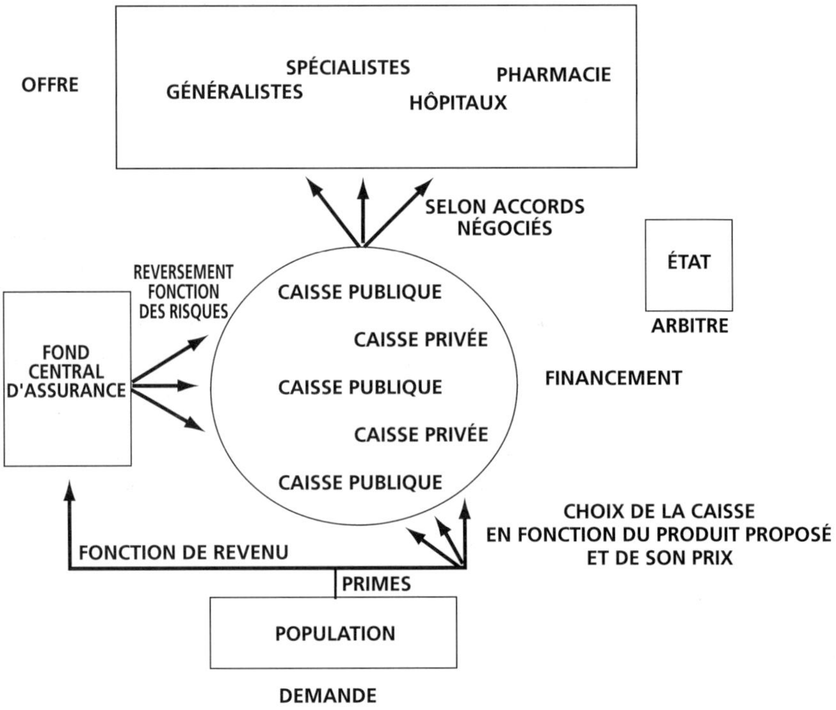

Les avantages espérés d'un tel plan sont les suivants :

– Respect du principe de solidarité par la fixation de la prime en fonction du seul critère « revenu » et la redistribution des sommes collectées par le Fonds central d'assurance en fonction des risques couverts par les caisses.

– Mise en concurrence des caisses publiques et privées sur la base de la qualité du « produit » proposé au client pour la prise en charge de sa santé et du prix de ce produit.

– Mise en concurrence par les Caisses d'assurance des professionnels de la santé pour la définition de leurs prestations et des rémunérations afférentes.

– Désengagement de l'État qui retrouve un rôle d'arbitre.

Ce plan, fondé sur les bienfaits de la concurrence pour assurer l'efficacité d'une économie, met en place deux marchés.

– **Le premier marché** fait intervenir assureurs et consommateurs. Le consommateur est libre de choisir la caisse qu'il préfère. Ses préférences dépendent de la façon dont ses problèmes de santé seront traités en fonction des moyens réunis par la Caisse d'assurance maladie. Les assureurs ne peuvent refuser l'adhésion d'un individu. De plus, un consommateur est libre de changer de caisse s'il n'est pas satisfait des prestations.

– **Le second marché** fait intervenir les assureurs et les professionnels de santé qui se rencontrent pour définir les conditions dans lesquelles ils prendront en charge les problèmes de santé des adhérents. Les caisses maladies disposent d'une meilleure information que la population sur les activités réelles des producteurs de soins. Ce marché a donc toutes les chances d'être plus concurrentiel qu'un autre où se rencontreraient directement consommateurs et producteurs de soins.

Le plan Simons

En 1989 une nouvelle majorité arrive au pouvoir aux Pays-Bas. M. Simons, secrétaire d'État à la santé, modifie le plan Dekker sur les points suivants : l'assurance de base couvre 96 à 98 % des dépenses médicales (au lieu de 85 %) ; le financement est assuré par trois sources : l'assurance obligatoire (14,55 %), la contribution sociale généralisée (82,45 %) et l'assurance facultative ou les ménages (3 %) ; les assurances privées à but lucratif sont exclues du marché de la santé.
Les Pays-Bas vivent donc une politique de réforme continue de l'organisation de la sécurité sociale, conduisant à un système complexe et fragmenté.

LE SYSTÈME PORTUGAIS

Le Portugal en quelques chiffres

Le Portugal a une superficie de 92 080 km^2. Sa population s'élève à 9,98 millions d'habitants (1999) soit une densité de 108,4 habitants par km^2.
24,6 % de la population a moins de 20 ans et 15,2 % plus de 65 ans (1997). Le taux de natalité est de 11,4 pour 1 000 habitants (1998), celui de mortalité de 8,7 pour 1 000 habitants (1998) et le taux de mortalité infantile s'élevait à 6 pour 1 000 naissances vivantes (1998). L'espérance de vie à la naissance est estimée à 71,7 ans pour les hommes (1998) et à 78,8 ans pour les femmes (1998).
Le PIB s'élève à 110,77 milliards de dollars US (1999) et le PIB par habitant à 11 096 dollars US (1999).
La dépense nationale de santé est égale à 7,8 % du PIB (1998).
On recense 39 936 lits d'hôpitaux (1998) soit 4 lits pour 1 000 habitants et 31 087 médecins (1998) soit 3,1 médecins pour 1 000 habitants.

L'État portugais, à travers un système de santé national dont les dépenses sont socialisées, garantit à toute sa population le droit aux soins, quelle que soit sa situation économique et géographique. Il s'appuie également sur un secteur privé dont il contrôle les prix. Ce secteur possède un rôle complémentaire et couvrait, en 1984, 8 % des soins hospitaliers et 80 % des soins ambulatoires.

Le système de santé national assure principalement les soins primaires et les soins hospitaliers. La médecine spécialisée dépendant en grande partie du secteur privé.

La part de dépenses privées est déductible des impôts. Elle représente pour moitié la pharmacie (sauf pour les malades chroniques), l'octroi de chambres individuelles à l'hôpital, les tests et diagnostics, un tiers des consultations (surtout spécialisées et d'urgence), une grande partie de la rééducation et des frais dentaires, les soins à domicile et les transports.

Les médecins exercent à la fois en secteur public et en secteur privé. Dans ce dernier secteur, ils sont rémunérés sur la base d'honoraires acquittés par le patient. Ces derniers sont, dans certains cas et sous certaines modalités, remboursés par le Service national de santé. Ils ont également la possibilité de souscrire une assurance auprès des compagnies privées.

Le financement du réseau de soins primaires et du système hospitalier public est assuré par un budget global pour chacun d'eux.

Les autorités régionales ont initiés en 1999 un processus de contractualisation du budget global sur la base de la méthode des Groupes Homogènes de malades tout en commençant à favoriser le financement d'actions de prévention.

Fig. 1.15. Le système de santé portugais.

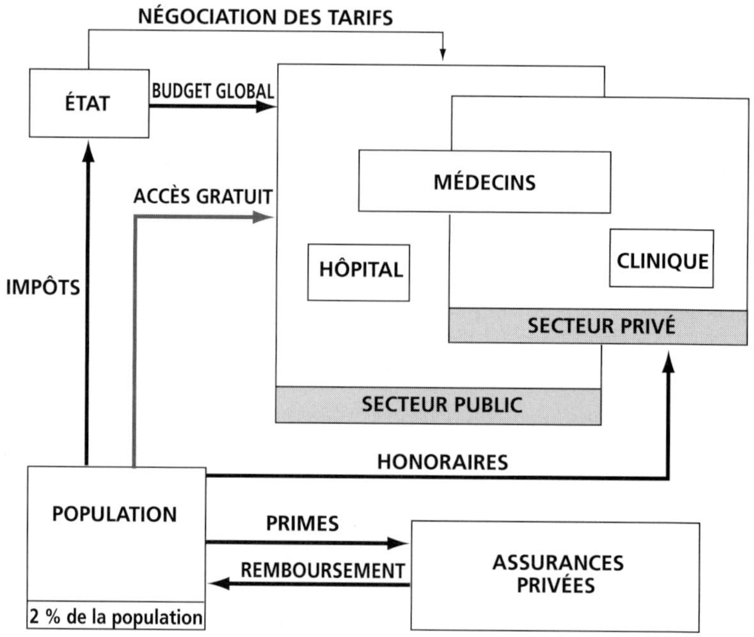

LE SYSTÈME SUÉDOIS

La Suède en quelques chiffres

La Suède a une superficie de 449 960 km². Sa population s'élève à 8,87 millions d'habitants (1999) soit une densité de 19,7 habitants par km².
24,6 % de la population a moins de 20 ans et 17 % plus de 65 ans (1990). Le taux de natalité est de 10,8 pour 1 000 habitants (1996), celui de mortalité de 6,4 pour 1 000 habitants (1996) et le taux de mortalité infantile s'élevait à 3,6 pour 1 000 naissances vivantes (1997). L'espérance de vie à la naissance est estimée à 76,9 ans pour les hommes (1998) et à 81,9 ans pour les femmes (1996).
Le PIB s'élève à 228,37 milliards de dollars US (1999) et le PIB par habitant à 25 753 dollars US (1999).
La dépense nationale de santé est égale à 8,4 % du PIB (1998).
On recense 33 660 lits d'hôpitaux (1998) soit 3,8 lits pour 1 000 habitants et 27 300 médecins (1996) soit 3,1 médecins pour 1 000 habitants.

En Suède, les soins sont considérés comme étant du ressort du secteur public. Le rôle du secteur privé y est tout à fait mineur, la plupart des médecins (environ 90 % en 1994) exercent dans le secteur public. Historiquement ce sont les soins hospitaliers qui furent les premiers pris en charge par la puissance publique ; ce n'est qu'en 1947 que la population reçoit une couverture pour les soins ambulatoires. L'année 1954 est marquée par la mise en œuvre du programme national d'assurance maladie, base de celui qui fonctionne actuellement.
Le système de santé suédois est décentralisé au niveau de sa gestion et également en grande partie au niveau de son financement.
La Suède est divisée en sept régions sanitaires, chacune étant constituée par environ trois provinces. Chaque région compte au moins un hôpital régional qui comporte la plupart des spécialités médicales et auquel est affiliée une école médicale pour développer l'enseignement

➤ **Fig. 1.16.** Le système de santé néerlandais. ➤

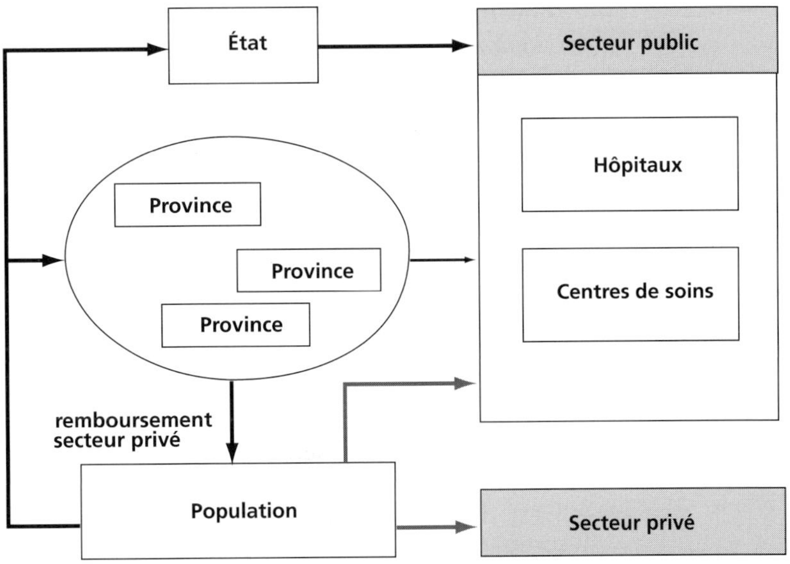

et la recherche. Chaque province possède au moins un hôpital central (15 à 20 spécialités médicales) et des hôpitaux de district (4 spécialités au moins : médecine interne, chirurgie, anesthésie et radiologie). Les soins primaires sont gérés au niveau local, ces soins sont prodigués par les médecins du district dans des centres de soins. La responsabilité des soins en Suède est donc de fait répartie entre 24 provinces et trois grosses municipalités. L'État s'assure de l'efficience du système et que les objectifs de santé qui ont été fixés par le gouvernement sont atteints, il est également responsable de la recherche et de la formation des médecins, alors que la formation des personnels paramédicaux relève de la responsabilité des provinces.
Le financement du système de santé est assuré par plusieurs sources : tout d'abord par des impôts sur le revenu qui sont collectés par l'état et les provinces, puis par les cotisations des employeurs et enfin par la contribution directe des ménages sous forme de tickets modérateurs à acquitter lors des consultations médicales ou de l'achat de médicaments. Un plafond de dépenses individuelles annuelles de tickets modérateurs a été institué au delà duquel une carte de gratuité est émise pour le reste de l'année. 10 % de la population environ bénéficie de cette carte chaque année. Les jeunes de moins de 20 ans sont exonérés de ticket modérateur.
Depuis 1993 une réforme du système de santé est en cours, elle s'inspire de la réforme du système anglais. Le but est d'introduire une forme de concurrence entre les offreurs de soins par le biais de marchés internes ; par exemple, les médecins généralistes reçoivent un budget calculé sur la base de la liste des patients qu'ils suivent et qui leur permettent d'acquérir pour leurs patients malades les soins nécessaires auprès d'autres offreurs. Un système de tarification des soins hospitaliers basé sur le concept de groupe homogène de malades est actuellement en cours.
Cette réforme continue à s'appliquer progressivement selon 3 orientations principales :

– Élargissement du choix offert aux patients : les médecins généralistes ne représentent que 20 % des médecins. Malgré l'instauration d'un système de capitation, la fonction « d'aiguillage » du généraliste est souvent détournée au profit de celle de l'infirmier d'accueil de l'hôpital ;

– Réduction de la centralisation : les contrôles de l'administration centrale ont grandement diminués ;

– Incitation à la concurrence : le malade a la possibilité de choisir un hôpital en dehors de sa région d'origine. Le remboursement par la région de résidence du malade se réalise grâce à l'utilisation d'un modèle de rémunérations par pathologie.

COMPARER DES SYSTÈMES DE SANTÉ

Une question qui peut paraître légitime est celle de la désignation du meilleur système de santé. Pour y répondre il est nécessaire de pouvoir comparer entre eux les systèmes de santé afin de pouvoir les classer. Il est donc nécessaire de définir sur quelle base sera réalisée cette comparaison.

Avant d'aborder ce délicat problème, nous pouvons être tentés de rechercher les pays qui « se ressemblent » et ceux qui sont « différents » par rapport à des critères statistiques portant sur l'économie, la démographie, l'offre de soins, et la santé.

La figure 1.17 a été obtenue grâce à une technique statistique appelée « analyse en composantes principales normées » (voir le chapitre 6). Cette technique nous a permis de visualiser les ressemblances entre les 15 pays de l'Union européenne sur la base du PIB par habitant, de la part des dépenses de santé dans le PIB, du nombre de médecins par habitants, et du nombre de lits par habitants. La proximité de deux pays sur ce graphique indique le degré de ressemblance entre ceux-ci par rapport aux quatre indicateurs utilisés.

Revenons au problème de la comparaison des systèmes de santé. En général, deux critères sont privilégiés : l'efficience et l'équité.

On a coutume de distinguer deux types d'efficience : l'efficience allocative et l'efficience productive. L'efficience allocative a trait à la répartition de moyens entre plusieurs destinataires. Prenons un exemple très simple. Supposons que la richesse de la nation (mesurée par le PIB) a augmenté de 100 milliards de francs et que l'État décide de répartir ce gain entre trois groupes sociaux : les ménages, les professionnels de santé et les entreprises. Une allocation de ces « dividendes du progrès », selon la formule de Jean Massé, peut octroyer à chacun des groupes 25 milliards. Cette allocation n'est pas efficiente, en effet la somme des parts de chacun est inférieure à 100 milliards et l'allocation octroyant à chaque groupe 26 milliards, est possible et améliore le sort de tous. Remarquons que cette allocation n'est pas efficiente puisqu'il serait possible d'affecter, par exemple, 27 milliards à chacun des deux premiers groupes et 46 milliards au troisième. Cette dernière répartition est dite efficiente car il n'est pas possible d'améliorer la situation d'un groupe sans nuire à la situation d'au moins l'un deux. On dit également que cette répartition est *pareto optimale*. On notera qu'il existe de nombreuses répartitions efficientes, par exemple : ne rien allouer aux ménages et donner 50 milliards à chacun des deux autres groupes, ou bien donner 50 milliards au deux premiers et rien au troisième. Le choix d'une répartition efficiente est alors un problème d'équité, c'est-à-dire de justice sociale. La justice sociale est le fruit de l'histoire et de la culture d'un peuple. Ce qui est équitable pour une société donnée peut ne pas l'être pour une autre. Par exemple, si la société prône la valeur d'égalité, la répartition efficiente et équitable dans cette société sera la répartition allouant à chaque groupe le tiers de 100 milliards. En revanche si cette société prône l'utilitarisme, doctrine pour laquelle la satisfaction de la société est égale à la somme des satisfactions de chaque groupe, la répartition efficiente équitable dépendra des satisfactions de chaque groupe. Supposons que cette satisfaction soit exprimée par une note attribuée par chaque groupe à la somme qui lui est proposée. Si on propose la somme X aux ménages ou aux professionnels de santé, ils notent chacun X cette proposition, en revanche si on propose la somme X aux entreprises, la note qui traduit leur satisfaction est égale au carré de X. Dans ce cas la seule répartition efficiente équitable est celle qui n'offre rien aux ménages et aux professionnels de santé et la totalité des dividendes du progrès aux entreprises.

➤ **Fig. 1.17.** Analyse en composantes principales normées. Indicateur de qualité globale égale à 83,63 %. ➤

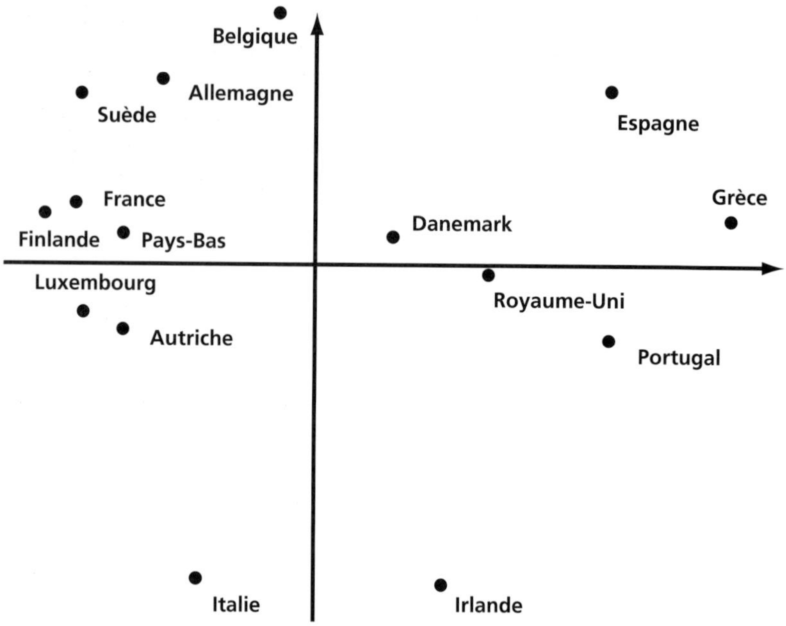

L'efficience productive est un concept similaire à celui de rendement utilisé en thermodynamique : un processus de production est efficient s'il permet d'atteindre un niveau de production donné en utilisant le minimum de moyen, ou si pour des moyens donnés il permet de maximiser la production.

Revenons sur le concept d'équité. Nous venons de voir qu'il n'existait pas une définition unique de la notion de répartition équitable. En est-il de même pour la notion de système de santé équitable ? Comme on peut s'en douter la réponse est affirmative. Plusieurs approches sont encore possible, nous en citerons deux. L'une, s'inspirant des travaux du philosophe Rawls sur la justice sociale, postule qu'un système de santé est équitable si la consommation des soins de santé relève de la volonté de l'individu, de ses capacités de paiement, pourvu qu'un niveau de soins minimum de base soit garantit à tous. L'autre se réfère aux écrits d'Aristote qui distingue deux types d'équité : l'une verticale, l'autre horizontale. Celles-ci s'expriment pour les systèmes de santé sous la forme de deux conditions : « A besoin de santé égaux, traitements égaux » (équité horizontale) et « A capacité contributive différente, contributions différentes » (équité verticale). La première a trait à l'accès aux soins tandis que la deuxième concerne le système de financement.

Ces quelques exemples montrent la difficulté que l'on rencontre pour comparer des systèmes de santé entre eux. Des travaux financés par l'Union européenne sont actuellement en cours ; les premiers résultats ont été publiés dans *Equity in the finance and delivery of health care: an international perspective* (Wagstaff A. et coll.). Les résultats de ces travaux pour la France sont contenus dans *Analyses et évaluations en économie de la santé* (Duru G. et coll.).

L'Organisation mondiale de la santé a publié en 2000 un classement des systèmes de santé dans le monde sur des critères de

« performance » des services évalués grâce à une sélection d'indicateurs :

– le niveau général de santé de la population en termes d'espérance de vie corrigée de l'incapacité, de disparités sanitaires médicales, sociales ou territoriales ;

– le degré de réactivité aux attentes de la population (rapidité d'accès, droits des malades, libre choix, soutien médico-social, confort) ;

– la répartition de la charge du coût de financement au sein de cette population.

Cette approche a montré que si le lien entre les dépenses et les résultats en santé reste difficile à établir, les écarts entre pays sont importants et suggèrent des gaspillages à tous les niveaux ainsi que des potentiels peu ou mal utilisés.
Selon cette étude, le système de santé français se trouverait être le « meilleur » système, bien que le choix et la pertinence des indicateurs utilisés peuvent être (et ont été) très largement discutés !

Bibliographie

Casparie, Hermans, Paelinck : *Competitive health care in Europe*, Dermouth publishing company limited, 1990, 429 p.

Duru G. *Analyses et évaluations en économie de la santé*, Éd. Hermès, 1994, 404 p.

La lettre Eurosanté, 19 bis rue de Boulainvilliers, 75016 Paris.

Launois. *La régulation des systèmes de santé en France et en République fédérale d'Allemagne*, Éd. des sciences de l'homme, 1988.

Éco santé OCDE, 2000.

Maynard, Bloor. Introducing a market to the United Kingdom's National Health Service. Occasional notes, *The New England Journal of Medecine*, Feb. 29, 604-608, 1996.

Mezrahi. *Le système de santé en France de 1950 à 1989*, CREDES, 1991.

Mougeot. *Le système de santé : centralisation ou décentralisation*. Éd. Economica, 1986.

Pomey, Poullier. Les Pays-Bas ou la transfiguration d'un système de santé, *Journal d'Économie Médicale*, t. 12, n° 1, 35-41, 1994.

Sailly. *Analyse de six systèmes de production, de tarification et de financement des soins de santé : Belgique, France, Grande-Bretagne, Japon, Québec et Suède*, CRESGE, 1988.

Wagstaff A., Van Doorslaer E., Paci P. *Equity in the finance and delivery of health care : an international perspective*, Oxford University Press.

Sauvy. *Coût et valeur de la vie humaine*, Éd. Hermann, 1977.

La planification de la santé

2

- BUTS DE LA PLANIFICATION
- DÉTERMINATION DES BESOINS DE SANTÉ
- DÉTERMINATION DES PRIORITÉS SANITAIRES
- CHOIX DÉCISIONNEL ET MISE EN ŒUVRE DES PROGRAMMES DE SANTÉ
- ÉVALUATION DES PLANS SANITAIRES

Introduction

Le terme désigne l'action d'organiser selon un plan. En économie contemporaine, elle permet aux pouvoirs publics d'encadrer le développement économique de la nation et d'en prévoir l'évolution sur quelques années. La planification sanitaire est, dans cette perspective, une démarche consistant à utiliser au mieux les ressources disponibles pour faire face aux besoins de santé de la population.

BUTS DE LA PLANIFICATION

La planification de la santé est une mission d'organisation qui se réalise surtout sur le plan régional, national, ou international. Les médecins et les autres catégories de personnels de santé n'ont donc qu'exceptionnellement l'occasion de participer à l'élaboration d'un plan, mais ils sont indispensables à son succès car leur participation à de très nombreux programmes est souvent nécessaire. Il est ainsi important de connaître la démarche générale de la planification sanitaire pour comprendre pourquoi certains projets sont lancés et pas d'autres.

Les services chargés de la planification de la santé constituent une part très importante des missions des ministères de la Santé. C'est là en effet que se décide une « politique de santé » sur plusieurs années. Va-t-on construire des hôpitaux ? Où et de quels types ? Va-t-on permettre à l'hospitalisation privée de se développer ? Dans quelles conditions ? Comment pourra-t-on envisager une baisse progressive du nombre des accidentés de la route ? Va-t-on favoriser en priorité la prévention du sida, celle du cancer du sein ou celle de celui du poumon ? etc.

S'il est désormais admis dans le contexte actuel de contrôle des coûts qu'il est difficile de « tout faire » pour éviter une dilution des ressources déjà « rares », un minimum de cohérence et de méthode est nécessaire pour choisir. Là réside l'utilité de la planification de la santé.

Reinke propose une définition synthétique du processus de planification :

« *La planification est l'allocation rationnelle, pratique et efficiente des ressources rares* (c'est-à-dire l'utilisation cohérente des biens disponi-

bles), *basée sur des objectifs réalistes et des priorités que l'on peut apprécier* ».
Tous les besoins ne pourront être satisfaits (du moins en même temps) et cette démarche relève donc d'un esprit de santé communautaire qui favorise les maladies fréquentes et défavorise les maladies rares.
Pour cette raison, le principe de planification est parfois mal perçu par les personnes n'appréciant pas sa connotation « socialisante ». C'est en effet Marx qui a lancé le principe de planification dans le domaine de l'économie, mais il n'avait jamais précisé de quel type elle devait être : centralisée, décentralisée, effectuée à l'aide d'un plan unique, etc.
Le but de la planification de la santé est toujours d'organiser, avec méthode et logique, des grandes actions (appelées programmes) afin d'obtenir une amélioration de l'état de santé d'une population. Cette amélioration pourra être appréciée objectivement grâce à l'utilisation de mesures empruntées à la science de l'épidémiologie (morbidité, mortalité, espérance de vie...).
La démarche utilisée en planification de la santé est représentée généralement par les étapes suivantes :

– identifier les problèmes de santé de la population pour en exprimer les besoins (ex : tuberculose, sida, cancer du sein...),

– classer les besoins prioritaires selon certains critères (par exemple le sida chez le jeune). Tout critère est bien entendu discutable !

– mettre en œuvre des programmes de santé pour répondre aux priorités (par exemple, priorité à la prévention du sida chez les jeunes par des programmes d'information : distribution de plaquettes, affichage, spots TV...),

– évaluer l'efficacité des programmes (par exemple par sondage auprès des jeunes sur l'utilisation éventuelle de préservatifs).

Les interventions proposées pour lutter contre un problème de santé identifié peuvent être des actions purement médicales (par exemple, un programme de vaccination destiné aux enfants ou un programme de dépistage précoce du cancer du poumon), ou des actions extra-médicales (par exemple un programme d'information sur les dangers de la drogue par distribution de plaquettes ou un programme d'assèchement de marais pour lutter contre le paludisme). La planification « de la santé » ou « sanitaire » est pourtant souvent confondue avec la planification « médicale » ce qui occulte alors le rôle que peuvent avoir l'environnement, l'alimentation, l'hygiène, etc. Il est en effet souvent oublié que la mortalité a diminué dans les pays développés essentiellement grâce à l'amélioration de l'habitat, l'amélioration de la pureté de l'eau, une alimentation plus saine et l'isolement des malades, bien avant la découverte des antibiotiques.
Ces considérations sont très importantes en planification sanitaire car elles tiennent compte de l'aspect multidimensionnel de la définition de la santé. C'est au niveau de ces différentes dimensions que le service chargé de la planification de la santé pourra éventuellement chercher à intervenir lors de l'élaboration du « plan ».

DÉTERMINATION DES BESOINS DE SANTÉ

La détermination des besoins dits sanitaires correspond à la première grande étape de la planification. Il s'agit d'essayer d'identifier au niveau de la population considérée les grands problèmes de santé. Le besoin de santé correspondra à la différence significative entre un état de santé observé et un état de santé désiré.
Hall propose trois approches pour l'étude des besoins dans le cadre d'une planification :

La méthode des besoins normatifs

Des besoins théoriques sont définis par des « experts » (le plus souvent des médecins, des administrateurs, ou des politiciens) relativement à une « norme ». C'est une approche idéaliste qui cherche, par exemple, à déterminer les besoins en personnel et en équipement pour soigner telle maladie. Il est facile d'extrapoler ensuite ces besoins avec les tendances épidémiologiques et démographiques de la population. Un des principaux inconvénients de cette méthode est qu'elle aboutit souvent à un projet trop ambitieux et rarement réalisable.

La méthode des objectifs de prestations

Des objectifs de production et de distribution de services médicaux sont élaborés en tenant compte à la fois des besoins théoriques, des souhaits éventuels des individus, et des conditions économiques. Cette méthode est difficile à mettre en œuvre car elle exige la connaissance d'informations très nombreuses et variées.

La méthode des besoins souhaités par la population

Cette méthode prend en considération les besoins tels qu'ils peuvent être ressentis par les différentes catégories de population. Cette approche est très réaliste et démagogique par définition mais tend à occulter les services de prévention. En effet, la demande en « prévention » provient rarement des populations parce que l'efficacité de telles actions est peu perceptible à court terme. Une action de prévention ne peut s'évaluer qu'en termes de nombre de malades potentiellement évités, notion difficile à apprécier et à exprimer par les individus eux-mêmes...
Ces méthodes, bien que très théoriques et rarement utilisées telles quelles, sont intéressantes à présenter car elles soulignent bien la complexité des problèmes posés par le concept de « besoin de santé ».
La théorie est pondérée par le fait qu'il n'est pas nécessaire de prendre en considération un besoin (même exprimé) si l'on ne peut rien faire pour le satisfaire à l'aide d'interventions réalistes. En économie comme en médecine, la faisabilité des actions est une notion très importante à envisager.
Pratiquement, l'étude des besoins se fait de façon consensuelle en deux grandes étapes :

– La première est l'identification des problèmes de santé par la mesure quantitative et qualitative de « l'état de santé » des individus. C'est le stade important de la « collecte » des informations grâce à l'exploitation d'enquêtes épidémiologiques et démographiques classiques.

– La deuxième correspond à l'interprétation et au tri de ces informations brutes afin de les rendre les plus explicites possibles. L'analyse de ces résultats pourra permettre d'estimer l'importance apparente de chaque besoin sur la base de considérations épidémiologiques, économiques, sociales, politiques et administratives. Elle peut aussi permettre d'identifier plusieurs sous-groupes de population ayant les mêmes besoins.

L'étude des besoins sanitaires d'une population est donc un travail long, fastidieux et difficile. Il est de ce fait compréhensible que certaines équipes chargées d'organiser la planification sanitaire tentent le plus possible de minimiser cette étape. Ceci est parfois réalisable dans le cas d'extrapolation d'études déjà entreprises sur une population comparable, ou dans le cas d'un problème majeur de santé publique représentant un besoin évident et urgent !

DÉTERMINATION DES PRIORITÉS SANITAIRES

La détermination des priorités sanitaires consiste à faire une sélection parmi les différents besoins qui auront été identifiés. Cette sélection servira ensuite de base à la définition d'un programme de santé (par exemple un programme de vaccination) mais aussi parfois à un programme de recherche (par exemple, l'aide à la recherche sur le sida, maladie qui ne dispose pas encore de réelle solution thérapeutique, mais pour laquelle la recherche d'une solution est devenu un besoin prioritaire !). Afin de mener à bien cette opération, un processus méthodique de comparaison et de prise de décision doit être utilisé, ce qui entraînera nécessairement l'abandon de certains problèmes.
Bryant propose de se baser sur huit facteurs pour établir des priorités :

– nombre d'habitants susceptibles de bénéficier d'un programme sanitaire,

– nombre de malades et de décès dus à la maladie ou diminution probable par suite du programme,

– efficacité des techniques disponibles ou possibilité de lancement du programme,

– existence de méthodes sûres permettant d'assurer la phase d'entretien,

– probabilité d'atteindre la phase d'entretien du programme,

– coût réel de l'exécution du programme et de sa phase d'entretien,

– effet probable du programme sur le développement économique de la zone couverte,

– désir exprimé par la population.

Ces informations permettent de disposer de critères d'ordonnancement des besoins, mais ils ne permettent pas de connaître toutes les possibilités de résolution de ces problèmes. Il est donc nécessaire d'explorer aussi ce qu'il est convenu de nommer les *alternatives d'intervention.*

Par exemple, dans le cas du cancer du sein, les alternatives d'intervention pourront être :

– favoriser la prévention par autopalpation,

– favoriser la prévention par consultation régulière chez le médecin généraliste,

– favoriser le dépistage par mammographie,

– favoriser la prévention des complications après un premier traitement, etc.

Chaque option doit, bien entendu, être considérée préalablement comme efficace. D'après Pineault, pour être reconnue efficace, une intervention doit être à la fois fiable et valide.

La fiabilité est la capacité de l'intervention de donner les mêmes résultats lorsqu'elle est répétée dans des conditions semblables (bonne reproductibilité).

La validité est la capacité de l'intervention d'obtenir un résultat conforme au résultat attendu...

Certaines des différentes options ayant été considérées efficaces, il convient à présent de les envisager sous l'angle de leur faisabilité.

Celle-ci peut être de quatre types principaux :

Faisabilité politique

Que pense le régime politique officiel de telle intervention ? Par exemple, en Afrique, il peut être souhaité par un chef d'État qu'une région considérée comme « défavorable » demeure sous-médicalisée et qu'une région considérée comme « favorable » devienne sur-médicalisée...

Faisabilité légale

Est-ce que la législation permet tel type d'intervention ? Pour citer un nouvel exemple africain, les véhicules sanitaires de certains États sont affectés à un département et ne peuvent sortir de celui-ci qu'après les avis favorables de différentes administrations ; ce qui peut mettre plusieurs jours ou semaines, et compromettre sérieusement un programme de dépistage précoce ou d'organisation de secours d'urgence.

Faisabilité organisationnelle

Il n'est, par exemple, pas concevable en Afrique sub-saharienne d'hospitaliser un patient sans héberger sa famille. Les hôpitaux construits sur le modèle occidental sont donc amenés à subir de graves dysfonctionnements dans l'organisation des soins.

Faisabilité éthique

Les considérations éthiques varient énormément dans l'espace mais aussi dans le temps. Le concept même de priorités sanitaires est traditionnellement mal perçu par les populations car il s'agit de faire des choix parmi des malades !

Nous reviendrons au chapitre VII sur ce problème délicat de l'éthique en économie de la santé.

Certaines options ayant été identifiées comme efficaces et faisables, il est maintenant possible de les envisager sous l'angle de leur coût respectif. Un programme de santé « idéal » du point de vue économique devrait ne rien coûter et être efficace !... Mais ces propriétés sont rarement observées simultanément en même temps ! S'il est facile d'éliminer *a priori* les options les plus onéreuses et les moins efficaces, il est par contre moins aisé de comparer des solutions plus ou moins chères et plus ou moins efficaces...

Les économistes intéressés les premiers à ce type de comparaisons ont introduit en France à la fin des années 60 une méthode dite de « rationalisation des choix budgétaires » (RCB). Cette méthode serait inspirée elle-même de certains principes techniques du *Planning, Programing, Budgeting System* (PPSB) qui est une méthode de gestion mise au point pour la planification économique aux États-Unis.

Le principe est relativement simple. Après avoir dégagé les dimensions d'un problème, puis s'être fixé un ou plusieurs objectifs, on recherche de manière systématique l'ensemble des moyens les plus adaptés du point de vue de leur conséquence et de leur coût, pour obtenir les résultats souhaités. Les détails de ce type de calcul économique seront expliqués dans le chapitre 6 traitant des outils méthodologiques de l'économie de la santé.

La Banque mondiale et l'Organisation mondiale de la santé font ainsi très largement appels à ces études pour déterminer les priorités sanitaires dans le monde, comme le souligne le Rapport 1993 de la Banque mondiale « Investir dans la santé » qui constitue une véritable référence en économie internationale de la santé. En effet, ce rapport rappelle que débattre sur le point de savoir si les services de santé devraient se concentrer sur des « populations vulnérables » comme les enfants, les femmes enceintes ou les personnes âgées ou sur le rôle des hôpitaux par rapport à celui des dispensaires, ou encore sur la place à donner aux activités de prévention par rapport à celle des activités de soins, c'est finalement débattre du bon dosage des interventions. Dans le domaine de la santé, comme dans tous les autres, les consommateurs veulent en effet en avoir pour leur argent – qu'ils paient directement ou indirectement – en tant que contribuables ou assurés.

Il est donc utile aux décideurs de connaître le rapport coût-avantage d'une intervention de santé, c'est-à-dire le gain net de santé pouvant être exprimé de différentes façons (par rapport au moins à ce qui se passerait si l'on ne faisait rien) pondéré par le coût. Les pouvoirs publics peuvent générer cette information et l'utiliser de deux manières. Ils peuvent en premier lieu l'utiliser pour déterminer si une intervention donnée du secteur public serait efficace par rapport à ce qu'elle coûterait : il faut pour cela évaluer l'amélioration de santé par rapport à ce qui se passerait si, en l'absence d'action de l'État, les décisions étaient laissées au secteur privé. Ils peuvent ensuite fournir des renseignements sur les avantages et le coût de diverses interventions de santé aux prestataires de services, aux assureurs et aux consommateurs. Cette information peut ainsi accroître la valeur de ce qu'on obtient par unité de monnaie dépensée pour la santé.

À elle seule, une information sur les coûts est en effet susceptible d'améliorer la répartition des ressources, comme le démontre le cas d'un hôpital de pédiatrie-obsétrique à but non lucratif au Brésil. En estimant les coûts de « centres de coûts » et en les rapportant aux résultats, l'hôpital a découvert que son unité de soins pédiatriques intensifs utilisait en partie les ressources d'autres services, compte tenu de ce que l'État payait à ces services. Il a donc été décidé de limiter aux nouveau-nés l'admission dans l'unité des soins intensifs pour pouvoir privilégier les postes de santé communautaire qui paraissaient d'un meilleur rapport coût-avantage.

Ces études coût-avantage peuvent être classiquement de quatre formes :

– **Les études de minimisation de coût** comparent les coûts de plusieurs actions médicales à conséquences équivalentes. Elles sont aussi appelées études coût-coût et ne constituent en fait qu'un cas particulier des études coût-efficacité.

– **Les études coût-bénéfice** relient les coûts d'une action médicale à ses conséquences exprimées en unités monétaires. La plupart des grands programmes de santé dans le monde ont été étudiés (*a fortiori* ou *a posteriori*) dans cette perspective.

– **Les études coût-efficacité** relient les coûts d'une action médicale à ses conséquences exprimées en unités physiques (années de vie sauvées, nombre de malades évités, etc.).

– **Les études coût-utilité** relient les coûts d'une action médicale à ses conséquences exprimées de manière qualitative. La notion de « qualité de vie » introduit une nouvelle dimension aux études et nécessite l'élaboration de nouveaux systèmes de mesure.

Les études coût-utilité relèvent encore en 2001 du domaine de la recherche et ne sont pas exploitables en pratique courante.

Ces outils sont précieux pour assister le choix de beaucoup de projets ou programmes et permettent d'argumenter devant les décideurs du fait qu'il est souvent intéressant, au plan économique, d'investir par exemple dans le domaine de la prévention.

Il faut toutefois se souvenir que les notions d'éthique ou de solidarité sont complètement exclues de cette approche car les maladies des personnes actives (dites « productives ») sont privilégiées au détriment des maladies des personnes inactives (dites « improductives »). Le coût des services sanitaires peut donc être considéré au niveau d'une société, soit comme un investissement, soit comme une perte financière selon le degré d'activité de sa population... Il est bien sûr aussi possible de considérer le coût de l'entretien des personnes improductives comme une dépense demandée par le reste de la population, consciente du fait qu'une situation d'activité est toujours provisoire... Dans cette perspective, le coût des services médicaux pour les sujets inactifs peut donc ne plus être considéré comme une réelle perte financière pour la société, mais comme une forme de mutualisation du risque d'inactivité.

Selon l'idéologie politique prédominante dans chaque type de société et les mesures sociales qui en découlent, les sujets inactifs seront donc plus ou moins bien pris en charge par le reste de la population.

La détermination des priorités sanitaires, qu'il s'agisse de priorités d'action ou de priorités de recherche, consiste donc à ordonner non seulement les besoins de santé qui seront prioritaires, mais aussi les différents moyens efficaces d'intervention qui peuvent exister pour un même besoin.

CHOIX DÉCISIONNEL ET MISE EN ŒUVRE DES PROGRAMMES DE SANTÉ

Le processus de décision est une étape fondamentale de la planification sanitaire car c'est à ce niveau que les « décideurs » (souvent dépendants du cabinet du ministre de la Santé donc représentant le pouvoir politique) devront, après avoir comparé les programmes et les différentes alternatives, en retenir certains et en rejeter d'autres. Cette décision est facilitée par l'utilisation de caractéristiques mesurables, mais lorsque les données objectives manquent (ce qui arrive souvent), l'appréciation repose sur un jugement de valeur dépendant de l'importance apparente du problème, de la situation politique et économique, du contexte social, etc.

L'utilisation éventuelle de critères de référence plus « scientifiques » facilite théoriquement la décision finale mais facilite surtout aussi la justification officielle du choix qui a été fait, vis-à-vis des concepteurs de projets concurrents ou vis-à-vis des populations qui ont été « écartées » des priorités...

Une fois la décision prise de lancer tel programme de santé, l'étape suivante correspond à la mise en œuvre de ce programme et consiste à mobiliser enfin les ressources disponibles en vue d'accomplir les objectifs prévus.

La bonne réalisation pratique d'un projet est conditionnée par de nombreux éléments :

La motivation des personnels et de la population

Si le besoin d'amélioration de la santé est reconnu de façon unanime, le nouveau programme aura toutes les chances d'être bien accueilli. Il est en effet difficile et très préjudiciable pour le résultat d'imposer une intervention, que ce soit à la population ou aux personnels de santé. Certains programmes de dépistage systématique du virus VIH ont été écartés en grande partie pour cette raison.

La formation des personnels chargés de réaliser le programme

Tout programme doit théoriquement être accompagné d'un plan de formation du personnel, qu'il s'agisse d'initiation ou de perfectionnement. Par exemple, un programme africain « type » qui est celui de l'incitation aux accouchements en maternité, prévoit de former des « matrones » efficaces.

Faut-il tenter de recycler les matrones traditionnelles, bien introduites et respectées dans les villages, mais souvent analphabètes et fermées aux techniques modernes ?

Ou bien faut-il enseigner des rudiments d'obsétrique à des jeunes filles ayant atteint un petit niveau scolaire ?
Ou encore faut-il former des sages-femmes diplômées d'État qui risquent d'être trop peu nombreuses ou de revenir beaucoup trop cher ?
Tout dépend évidemment des objectifs souhaités en fonction des ressources existantes, mais aussi surtout de l'idéologie qui prédomine chez les « décideurs ».

La standardisation des tâches

Un programme demande un certain nombre de tâches à accomplir. Par exemple dans le cas de la vaccination par le BCG à l'école, il faut à chaque fois réunir l'équipe vaccinante à une date précise, convoquer les enfants, noter les absents, contrôler les tests d'immunités préalablement pratiqués, vacciner, convoquer pour un nouveau test d'immunité, etc. Standardiser les tâches, c'est décomposer et fixer les procédures proposées partout de la même façon et pendant toute la durée du programme. Cela permet, outre une plus grande efficacité, la possibilité de pouvoir comparer valablement les résultats d'un lieu à un autre et d'un moment à un autre.
La mise en œuvre d'un programme de santé donné est la phase la plus importante et la plus délicate du processus général de planification sanitaire car elle est l'aboutissement des décisions qui ont été prises jusque là. Son succès dépend de très nombreux facteurs qui vont de la qualité de la communication avec les personnels jusqu'au choix d'un ordonnancement précis des procédures à accomplir. La sous-estimation de la réalisation d'une seule tâche peut en effet mettre en péril un programme très important, même si celui-ci a été planifié par ailleurs dans les règles de l'art.

ÉVALUATION DES PLANS SANITAIRES

L'évaluation est un ensemble de méthodes visant à déterminer avec quel degré de succès les objectifs préalablement définis ont été atteints. Dans le domaine de la santé, l'évaluation est ce qui permet d'énoncer un jugement de valeur sur un programme considéré, qu'il soit diagnostique, thérapeutique ou organisationnel.
Un tel jugement repose sur des critères fondés sur des normes qui permettent d'aider à déterminer le degré de succès dans l'atteinte des objectifs qui ont été fixés.
Souvent considérée comme une phase uniquement terminale, l'évaluation devrait être théoriquement contemporaine de chaque étape du processus de planification. Par exemple, l'étude des différentes alternatives dans la détermination des priorités sanitaires peut être considérée dans certains cas comme une évaluation anticipée.
Cette démarche est difficilement acceptée par les services de planification et les décideurs eux-mêmes car elle les pose d'emblée en juges et parties. En effet, évaluer consiste à se poser la question de savoir quelle est la qualité de ce qui vient d'être fait. C'est pourquoi l'évaluation est fréquemment « escamotée » des processus de planification ; elle peut aussi risquer d'être très coûteuse et parfois même plus coûteuse que le programme à évaluer !

De toute façon, évaluer honnêtement des programmes de santé pose toujours de nombreux problèmes car la santé est un concept difficile à quantifier. Il faut utiliser des quantifications indirectes appelées indicateurs, mais ceux-ci possèdent aussi leurs propres limites. Par exemple, l'amélioration de la santé peut être bien réelle grâce au plan mais pas obligatoirement suffisante pour être mesurée significativement par ces indicateurs.

Pratiquement, une évaluation consiste à monter une enquête de type épidémiologique. Un sondage est réalisé sur la population bénéficiaire du programme pour tenter d'apprécier pourquoi et dans quelle mesure il y a eu (ou il n'y a pas eu) amélioration de l'état de santé grâce à ce programme. Par exemple, l'évaluation d'un programme de vaccination consiste classiquement à organiser une enquête de couverture vaccinale pour connaître le pourcentage de personnes vaccinées. Une comparaison « avant-après » permet ainsi de savoir si le programme de vaccination a servi à quelque chose.

Selon le temps, les moyens, ou la volonté des services chargés de la planification, des enquêtes plus précises peuvent être réalisées et pourront éventuellement permettre d'apprécier les déterminants d'un bon résultat ou d'un échec. Les questions porteront alors sur la qualité du personnel, l'organisation du travail, la qualité des équipements et des installations, l'utilisation des budgets, etc.

L'exploitation des résultats de ces études permettra d'affiner les opérations à effectuer lors des réalisations des programmes à venir.

Bibliographie

Banque mondiale : *Rapport sur le développement dans le monde 1993, Investir dans la santé*, Washington, 1993.

Bryant. *Santé, eau et nutrition*, CILSS et Club du sahel Ouagadougou, 1977.

Hall. *La planification des personnels de santé* OMS, Genève, 1979.

Marx. *Das Kapital*, La Pléiade, Livre I, Gallimard, 1867.

Paret. *Planification de la santé en Afrique*, Éd. l'Harmattan, 1984.

Pineault. *La planification de la santé*, Concepts, Méthodes, Stratégies, Éd. d'Arc, 1986.

Reinke. *Health planning, qualitative aspects and quantitative techniques,* John Hopkins University, Baltimore, 1972.

Sauvy. *Coût et valeur de la vie humaine*, Éd. Hermann, 1977.

Étude de l'offre et de la demande de santé

3

- INFLUENCE DU SYSTÈME DE FINANCEMENT
- INFLUENCE DES FACTEURS DÉMOGRAPHIQUES
- INFLUENCE DES FACTEURS CULTURELS
- INFLUENCE DE L'OFFRE SUR LA DEMANDE : RÔLE DE LA DEMANDE INDUITE

Introduction

- Le jeu de l'offre et de la demande dans le domaine de la santé n'obéit pas aux mêmes règles qu'en économie générale car la santé n'est pas un « bien » qui peut être consommé et échangé. La santé correspond plutôt à un objectif idéal mais celui-ci commence à être revendiqué dans la plupart des pays comme un véritable droit. La demande de santé ne se traduit pas obligatoirement par la consommation de santé. On peut en effet demander sans consommer et consommer sans demander !
- En tout cas, il est certain que les populations ont une demande de santé qui augmente excessivement vite, que ce soit en pays en voie de développement ou en pays déjà développés. Cet accroissement tient principalement à la formidable explosion des connaissances médicales entraînant l'augmentation des espérances de vie et la réduction des séquelles des maladies.
- La demande de santé est tout d'abord proportionnelle à l'intensité de l'exposition aux maladies. Elle est donc très forte dans les pays en voie de développement soumis aux maladies qui s'étendent sur un mode endémo-épidémique.
- De nombreuses études ont été réalisées dans le domaine de l'offre et de la demande de santé et il est intéressant de présenter dans leurs grandes lignes les rôles des systèmes de financement, des facteurs démographiques et des facteurs culturels qui sont intimement intriqués entre eux.
- Nous expliquerons la notion de demande induite qui est une des caractéristiques spécifiques de l'économie de la santé. Elle conditionne en effet de nombreuses décisions politiques comme le contrôle de la démographie médicale, la réglementation du nombre de lits d'hospitalisation, etc.

INFLUENCE DU SYSTÈME DE FINANCEMENT

Sur l'offre de santé

Les différents systèmes de financement de la santé influencent les caractéristiques de l'offre de santé, surtout au niveau des institutions privées.
L'intervention d'un financeur externe comme l'assurance maladie déplace en effet l'équilibre de l'offre et de la demande en introduisant des éléments perturbateurs : les tarifs pratiqués et remboursés sont presque toujours arbitraires et ne représentent pas les prix réels.

L'existence d'assurances maladie induit simultanément une augmentation des quantités produites et consommées de soins, une diminution du prix payé par les consommateurs et une augmentation du prix reçu par les producteurs.
Tous ces différents intérêts convergent vers une tendance générale à la surproduction et à la surconsommation des soins de santé. La société préserve donc ses finances en instaurant une réglementation. Or, celle-ci doit être révisée régulièrement en se durcissant et constitue la source de nombreux conflits et mécontentements chez les professionnels.
Des pressions s'exercent alors sur les tarifs et des dépassements plus ou moins sauvages sont inexorablement constatés à tous les niveaux.
Les nombreuses catégories de personnels évoluant dans le domaine de la santé bénéficient en fait d'un privilège original par rapport aux autres professions : la très grande majorité de leur clientèle (les patients) est indemnisée de ses « achats » (les soins médicaux) et n'hésite donc pas à avoir recours au maximum de services ! Ce privilège serait envié par de nombreux commerçants ou prestataires de services évoluant en dehors de la santé, mais il s'apparente dans une certaine mesure aux frais de réparations automobiles pris en charge par les assurances chez les garagistes.
Cela explique pour une bonne part le nombre très important d'établissements de soins privés dans les pays où la population est bien assurée.

Sur la demande de santé

Il est logique que l'extension des systèmes de couverture contre le risque maladie libère la consommation.
Ainsi, la plupart des systèmes de santé dans les pays développés utilisent des mécanismes de protection sociale qui ont pour effet de ne pas gêner le malade dans sa demande de soins médicaux.
Afin de maintenir une bonne gestion, toute assurance devrait faire varier le montant des primes en fonction des risques encourus.
Le montant des cotisations pourrait, par exemple, être proportionnel au nombre de personnes couvertes dans une famille (comme aux États-Unis) ; ce principe s'inscrit alors dans une politique non nataliste car il défavorise les familles nombreuses.
Les personnes à risque particulier, comme les vieillards ou les grands malades, pourraient aussi payer plus cher leur prime d'assurance...
Ces propositions, qui sont justes sur le plan économique, ne sont pas très adéquates en matière d'assurances maladie car celles-ci utilisent des notions de solidarité et de répartition des grands risques sur toute la population (mutualisation du risque).
Ces deux notions, si elles sont utilisées dans la plupart des systèmes de santé, imposent nécessairement à la population une obligation à l'assurance afin de permettre une équitable répartition des risques.
Le développement important des assurances privées dites « complémentaires » (ou des mutuelles) est dû à l'exploitation de la demande de la population pour une indemnisation totale et complète du risque maladie. L'indemnisation de frais médicaux qui n'étaient pas pris en compte par l'assurance maladie principale devient ainsi possible. Leur existence favorise sensiblement la consommation.

Ces assurances ont l'avantage de permettre l'introduction progressive du jeu de la concurrence dans des pays où le système de financement de la santé est en situation de quasi-monopole. Néanmoins, ces organismes sélectionnent les risques et les clients sur des critères divers (sociaux, corporatistes...), et peuvent donc conduire à accroître les inégalités dans l'accès aux soins.

Le développement du système du tiers-payant, qui est une avance sur frais accordée par certaines assurances, est directement lié à l'évolution socio-économique des pays. Le financement peut être directement assuré par l'État (système britannique), par des organismes para-publics (système français), par des collectivités locales (système suédois) ou par des assurances privées (système américain). Le phénomène est alors bien connu : plus les personnes seront remboursées de leur frais médicaux, plus elles auront tendance à ne pas s'en priver. Cette constatation, évidente *a priori*, doit tout de même être pondérée car une bonne protection sociale permet en fait d'aller moins à l'hôpital.

Ignorant ce fait et devant les difficultés à assurer les frais de fonctionnement de leur système de santé, beaucoup de pays ont essayé de remettre en question le principe de la gratuité absolue des soins, au moins pour les affections bénignes. Or, de multiples études incitent à la réserve quant à l'augmentation même très modérée du ticket modérateur (c'est-à-dire du coût supporté directement par les individus).

En effet, l'influence des assurances sociales sur la demande de soins présente un effet « pervers » dans le cas des populations démunies.

L'étude de Helms, qui date de 1978, est la plus célèbre. Cet auteur a analysé en Californie les conséquences du remplacement en 1972, pour les plus déshérités, de la gratuité des soins ambulatoires par l'instauration d'un versement d'un dollar à chaque consultation. Il a remarqué que la demande de visites avait baissé de 8 %, mais qu'en revanche celle d'hospitalisation s'était accrue de 17 %. Les causes de ces évolutions n'ont pu être déterminées avec certitude mais il est également vraisemblable que les malades astreints au paiement d'une somme, même modique, ont retardé le moment où ils consultaient un médecin : atteints plus gravement, ils ont eu besoin finalement d'un traitement plus intensif et plus cher : la dépense totale a, en tous cas, augmenté pour l'État.

Ce phénomène se confirme encore par la constatation que les catégories de population qui bénéficient d'une bonne protection sociale dépensent beaucoup en soins de ville mais très peu en hospitalisation tandis que les groupes les moins assurés évitent de se soigner en ville mais ont recours plus souvent à l'hôpital.

Cet effet est mal connu et pourrait modérer les arguments de ceux qui, dans de nombreux pays en voie de développement, préconisent une participation systématique de la population aux petits problèmes de santé.

L'initiative dite « de Bamako » rentre dans cette perspective. Proposée par l'OMS et l'UNICEF et adoptée par divers ministres africains de la Santé à Bamako, au Mali, en 1987, l'initiative de Bamako consiste à financer les soins de santé primaires par les revenus issus de la vente des médicaments essentiels. Le succès de ce programme est fonction de la capacité des populations à pouvoir acheter leurs médicaments, ce qui, en dehors de l'obstacle financier, constitue un changement radical des mentalités.

Dans le cas de prestations non couvertes par les assurances (certains soins dentaires, médicaments dits « de confort », soins esthétiques...), l'effet des prix influe directement la demande comme dans n'importe quel marché. Le mécanisme de l'offre et de la demande évolue dans ce cas de la même façon que s'il s'agissait d'autres biens ou services.

INFLUENCE DES FACTEURS DÉMOGRAPHIQUES

Sur l'offre de santé

En France, une description détaillée de l'offre de soins montre une implantation géographique différente selon les différents types de producteurs.

Par exemple, les médecins généralistes sont relativement bien répartis sur le territoire et les médecins spécialistes sont surtout concentrés dans les grandes villes.

Dans les pays où les tarifs sont moins réglementés comme les États-Unis, l'offre aura tendance à se développer dans les zones où les populations ont des ressources plus élevées.

Les prestations sanitaires en personnels et en établissements sont planifiées dans la plupart des pays (développés ou en voie de l'être) selon une méthode qui utilise des ratios très simples comme le nombre de médecins/habitants, le nombre de lits/habitants, etc.

Or, il est bien admis actuellement que ces notions, pourtant encore très largement utilisées, sont inadéquates en matière de santé car l'activité médicale est variable d'un pays à l'autre, d'une région à l'autre, d'un médecin à un autre...

L'extrême simplicité de ces ratios suffit à expliquer qu'ils soient encore très largement utilisés.

Sur la demande de santé

La consommation médicale ne se répartit pas de façon homogène dans la population.

La nature et la composition de la population sont très importantes à connaître pour comprendre la demande de santé. En effet, les différentes catégories de population n'ont pas les mêmes besoins et ne consomment pas les mêmes types de produits de santé.

Ce sont les **personnes âgées** qui utilisent en général le plus de services de santé, que ce soit en consultations médicales, en soins infirmiers ou kinésithérapiques, en consommation de médicaments, en analyses biologiques, en journées d'hospitalisation ou en institution sociale. Cette forte demande s'explique tout d'abord par le fait que les personnes âgées souffrent d'un nombre d'affections par individu croissant avec l'âge (dégradation de l'état de santé), puis par le recul de l'espérance de vie grâce aux progrès de la gériatrie.

Par exemple, dans le domaine pharmaceutique, les médicaments cardio-vasculaires, antalgiques et anti-inflammatoires sont consommés surtout par les personnes de plus de 70 ans. En outre, les personnes âgées ont généralement dans la plupart des pays une bonne couverture sociale, ce qui les incite à consommer plus.

Toutefois, pour un état de santé similaire, les personnes âgées se soignent moins que les personnes jeunes. Cet effet, appelé *effet génération*, peut être expliqué par le fait que de nombreuses maladies ne sont pas traitées chez les vieillards, ce qui modère leur demande de soins (soit que le traitement pourrait être trop agressif, soit que la maladie évolue trop lentement pour comporter un réel risque chez le vieillard, soit que, par manque d'information sur les progrès de la médecine, les personnes très âgées ne demandent à la médecine que ce qu'elle pouvait leur apporter il y a 40 ans...).

Les conséquences du vieillissement de la population sur les dépenses de santé à long terme restent difficilement évaluables car les organismes chargés d'étudier la démographie des populations ne proposent que des prévisions encore floues.

En tous cas, l'augmentation dans les pays développés du nombre de personnes inactives par rapport au nombre de personnes actives commence à inquiéter sérieusement les services de planification budgétaire...

Les **femmes** utilisent plus de prestations de santé que les hommes et ont une mortalité et une morbidité très largement inférieure, quel que soit le pays. Il n'est malheureusement pas possible d'en déduire une simple relation de cause à effet : *les femmes tomberaient moins malades parce qu'elles se soigneraient mieux !*

Mais toutes les études épidémiologiques descriptives différencient les comportements des hommes et ceux des femmes car ils sont presque toujours très différents.

En fait, les femmes paraissent plus attentives que les hommes à leur sensation corporelle, ce qui induit une consommation de soins de ville plus importante. En revanche, les hospitalisations sont moins nombreuses en dehors des âges de fertilité.

La surveillance de la grossesse et de la maternité, ainsi que les troubles de la fécondité, sont en grande partie responsables de l'augmentation de la demande de santé par rapport aux hommes.

De plus, les femmes paraissent avoir recours plus souvent aux médecins de ville pour des raisons de soutien psychologique (elles souffrent beaucoup plus souvent de névroses d'angoisse et de syndromes dépressifs que les hommes).

Les **enfants** sont aussi de forts consommateurs de soins médicaux. Il est en effet constaté qu'ils sont responsables d'un nombre élevé de consultations chez les spécialistes de ville tels que les pédiatres, les oto-rhino-laryngologistes et les ophtalmologistes.

Cette forte consommation est due en grande partie à la fragilité relative des enfants vis-à-vis des maladies infectieuses et à l'évolution du comportement des parents qui n'hésitent plus à appeler un médecin pour chaque affection bénigne. De plus, les hospitalisations lors de la période périnatale deviennent importantes de par les progrès considérables accomplis pour la prise en charge des enfants prématurés.

Enfin, les accidents domestiques et de la circulation sont extrêmement fréquents chez les enfants et constituent même la première cause de mortalité dans certaines tranches d'âge. Ils sont la cause de très nombreuses hospitalisations en milieu pédiatrique.

La consommation médicale dépend donc des différentes périodes de la vie (elle est plus importante aux âges extrêmes) et de la répartition par sexe. Elle aussi liée aux facteurs socioculturels que nous allons maintenant envisager.

INFLUENCE DES FACTEURS CULTURELS

Sur l'offre de santé

Les pays développés comportant un secteur tertiaire important présentent plus de médecins et d'hôpitaux que les pays en voie de développement. Le niveau de développement économique influe en effet directement sur la pratique de la médecine.
Par exemple, la lutte contre les maladies endémo-épidémiques exige des structures de santé publique importantes fondées le plus souvent sur les soins de santé primaire assumés par des non-médecins (simples agents sanitaires, infirmiers, etc.).
En revanche, les grands centres hospitalo-universitaires conviennent bien à la culture et à la pathologie des pays développés.

Sur la demande de santé

Il est souvent constaté que l'intérêt des individus sur leur corps croît à mesure que l'on s'élève dans la hiérarchie sociale.
Dans les classes défavorisées, les difficultés de la vie quotidienne peuvent laisser apparaître comme mineures certaines affections médicales. La maladie est considérée par cette catégorie de la population comme une altération franche et importante des facultés de l'individu susceptible de rendre impossible l'activité quotidienne.
Par contre, dans les classes dites favorisées, la maladie est souvent perçue comme une altération progressive de la santé qu'il est possible de prévenir ou de guérir à tous les stades. Elles n'hésitent en général pas à recourir au médecin pour un trouble minime ou un acte simple de prévention comme la vaccination.
Si la consommation médicale totale varie quantitativement peu avec le niveau socio-économique, la structure de cette consommation varie de façon importante. Les groupes de population considérés comme « favorisés » sont par exemple suspects d'avoir une consommation supérieure en soins de ville et inférieure en soins hospitaliers.

– **Les agriculteurs** représentent une profession qui utilise peu le recours au médecin et qui consomme peu de médicaments. Il existe souvent dans les régions rurales des problèmes d'accessibilité géographique aux cabinets médicaux ou aux pharmacies et les agriculteurs ont rarement recours à la médecine dite de confort. Leur emploi du temps quotidien est en général très fourni et laisse peu de place aux consultations non urgentes. En revanche, ils se font plus souvent hospitaliser que la moyenne et constituent avec les ouvriers les professions dont les incapacités physiques sont les plus importantes.

– **Les ouvriers**, par contre, utilisent très souvent le système de soin. Leur couverture sociale est bonne et, en dehors des fortes périodes de chômage, ont facilement recours aux arrêts de travail pour causes de maladies ou d'accidents du travail. Il semble qu'en dehors des surmenages fréquents, des conditions de travail dures ou répétitives favorisent des affections somatiques réelles.

– **Les cadres** dépensent beaucoup, plus par la qualité des soins exigés que par la quantité.

Ils consomment des soins plus coûteux en fréquentant plus souvent les spécialistes ou les dentistes. Ils pratiquent aussi plus d'examens biologiques de dépistage ou de surveillance. Toutefois leurs dépenses de santé ne sont pas plus élevées que celles des autres catégories sociales car les cadres utilisent très peu l'hôpital.

De plus, il est bien admis maintenant que les catégories socioprofessionnelles élevées sont plus sensibles aux mesures préventives car leur éducation leur a permis d'acquérir une certaine vision à long terme. Ils consomment moins de tabac et d'alcool et pratiquent plus souvent des régimes diététiques ou du sport. Ce comportement serait dû aussi à un certain élitisme vis-à-vis des prestations médicales et au peu de temps accordé pour la santé dans le cadre d'un plus fort investissement professionnel.

Les employés ont un rôle très important dans la demande de santé car ils représentent une grande partie de la population des pays développés. Ils ont un comportement sensiblement intermédiaire entre les cadres et les ouvriers.

Les facteurs culturels sont donc à l'origine de différences de comportement sanitaire des individus dans la mesure où ils traduisent des modes de vie très divers. Ce sont ces modes de vie qui entraînent des différences d'exposition vis-à-vis des facteurs de risques des maladies. Toutefois le rôle des facteurs culturels est difficile à apprécier individuellement car il chevauche très largement celui des autres facteurs : mode d'assurance, facteurs démographiques, région ou pays considérés... (la population agricole est par exemple constituée en grande partie de personnes âgées).

INFLUENCE DE L'OFFRE SUR LA DEMANDE : RÔLE DE LA DEMANDE INDUITE

Plus l'offre augmente, c'est-à-dire plus le nombre de médecins ou d'hôpitaux augmente, plus la demande de santé de la population croît. Cette influence de l'offre sur la demande est appelée phénomène de demande induite.

La demande de soins médicaux est par elle-même illimitée si l'on considère la définition de la santé comme étant un *état de bien-être physique et moral* (définition théorique de la santé proposée par l'Organisation mondiale de la santé). La limite de la demande réside en fait principalement dans l'utilisation plus ou moins facile du système de soins en fonction des données actuelles des connaissances médicales.

D'ailleurs, chaque découverte médicale trouve immédiatement un nouveau champ d'application et se substitue rarement à la découverte précédente. L'efficacité toujours plus grande de la médecine étant constamment attendue et utilisée par la population.

D'autre part, il est souvent constaté que la consommation en consultations médicales dans une région est proportionnelle à la densité de médecins. Les médecins contribueraient donc à créer le marché.

Dans le domaine de l'hospitalisation, on a souvent montré que le nombre d'admissions est proportionnel au nombre de lits disponibles,

abaissant ainsi le seuil de gravité des maladies susceptibles de nécessiter une hospitalisation.
L'influence exacte de l'offre de soins sur la demande et la consommation médicale est en tous cas difficile à cerner avec une grande précision. Les densités de médecins et de populations, l'accessibilité aux soins et la sophistication de l'offre ne sont pas les mêmes partout et tout le temps. L'offre ne joue donc pas de façon homogène et le comportement des patients sera d'autant plus difficile à étudier.
Le phénomène de demande induite, qui est étroitement lié à la protection sociale, peut s'expliquer de plusieurs manières :

– L'augmentation de la démographie médicale donne naissance à des formes plus ou moins directes de publicité.

– La concurrence professionnelle incite à une prise en charge médicale plus complète du patient.

– La forte densité médicale dans les grandes villes est un appel direct à la consommation de soins.

– Les hôpitaux publics ou privés exercent une attraction vis-à-vis de la population qui est proportionnelle à leur capacité.

– L'information de la population vis-à-vis des possibilités sans cesse croissantes de la médecine est en constante évolution.

La notion de demande induite intéresse particulièrement les politiciens et les technocrates de la santé car il est plus facile d'agir sur l'offre que sur la demande pour essayer de contrôler la spirale infernale des dépenses de santé. De plus, réduire l'offre part du principe qu'il n'est pas possible de consommer des soins qui ne sont pas proposés à la consommation... Le contrôle du développement des lits d'hospitalisation publics et privés, le *numerus clausus* à l'entrée des études médicales, les quotas de médecins autorisés à acquérir une spécialité, le rationnement de l'implantation de la haute technologie médicale, etc., sont toutes des mesures actives dans de nombreux pays pour lutter contre la demande induite.
Le principal danger de ces mesures restrictives est l'accentuation des inégalités dans l'offre de soins et la formation de « goulots d'étranglement » pour certains services ou examens qui risqueraient de coûter bien plus cher au bout du compte...
Quoi qu'il en soit, toutes les politiques de régulation de la progression des dépenses de santé effectuées *a posteriori* engendrent de profonds mécontentements dans la population et chez les professionnels de la santé.

Bibliographie

Auster. Identification of supplier induced demand in the health care sector. *The Journal of Human Resources*, Vol XVI, n° 3, 1981, 327-342.

Evans. *Supplier-Induced Demand : Some Empirical Evidence and Implications*, p. 163-173, *in Perlman. The Economics of health care and medical Care*. Wiley and Sons, 1974.

Charraud. *Enquête Santé 1980-1981*, Série « Archives et documents » n° 126, avril 1985.

Helms. Copayments and demand for medical care : the California Medicaid experience ; *Bell Journal of Economics*, Vol IX, n° 1, 1978.

Labourdette. *Économie de la santé*, Collection « Économie ». Presses universitaires de France, 1988.

Levy. *Économie du système de santé*, Éd. Dunod, 1975.

Mizrahi. Consommation médicale selon l'âge : effet de morbidité, effet de génération, *CREDES*, n° 172, 1987.

Revue française de finances publiques n° 2, *Le prix de la santé* 1983.

Rochaix. Information Asymmetry and search in the Market for Physicians Services, *Journal of Health Economics*, vol. 8, 1989.

Rochaix. La fonction de soins de santé : arlésienne du marché ?, *Risques*, numéro spécial santé, mars 1995.

Roche. *Économie de la santé*, Collection « Que sais-je ? », Presses universitaires de France, 1982.

Les dépenses de santé

4

- PRINCIPALES MÉTHODES D'ANALYSE DES COÛTS
- ÉVOLUTION GÉNÉRALE DES DÉPENSES DE SANTÉ
- LE PROBLÈME DES TARIFICATIONS
- INTÉRÊT DES SYSTÈMES D'INFORMATION : EXEMPLE DE PMSI
- APPROCHE DES COÛTS PAR MALADIE
- APPROCHE DU PRIX DE LA VIE HUMAINE

Introduction

La progression des dépenses de santé inquiète plus les sociétés que la progression des autres types de consommation. Le financement de la santé, essentiellement collectif, sera en effet de plus en plus difficile à assurer sans limites, surtout pour les États à faible croissance économique.

Si la plupart des analyses économiques dénoncent la progression constante des dépenses de santé, les aspects positifs de celles-ci sont rarement soulignés et tiennent au fait que l'amélioration de l'état de santé d'une population diminue le coût social des maladies.
Le secteur de la santé participe donc à plusieurs niveaux au développement économique :

– par le développement d'un secteur industriel important du médicament et des équipements médicaux qui exploite un marché favorable aux exportations,
– par l'allongement de la durée de vie active des individus qui améliore la productivité du travail,
– par le développement de nombreux emplois directement ou indirectement liés à la santé.

PRINCIPALES MÉTHODES D'ANALYSE DES COÛTS

La méthode la plus utilisée en analyse des coûts est celle qui consiste à comparer les coûts avec les quantités de « produits de santé ». Cependant, ceux-ci sont très difficiles à mesurer car la santé est difficilement quantifiable et qualifiable.
En milieu hospitalier par exemple, le calcul du coût par journée d'hospitalisation est souvent effectué. Il s'agit en fait d'un coût moyen par jour qui ne représente que très imparfaitement les coûts réels. En effet, un malade hospitalisé donné ne consomme pas régulièrement la même quantité de soins chaque jour de son séjour. De plus, chaque malade a un comportement et une demande différente dans un même hôpital et, à plus forte raison, dans des hôpitaux différents...
Le calcul du coût par malade hospitalisé est beaucoup plus précis mais le nombre très élevé des maladies, de leurs différentes formes ou stades d'évolution impose le recours à une classification. Celle-ci permettra la prise en compte d'un coût moyen des maladies vis-à-vis de consommations comparables. Il s'agit de constituer des groupes homogènes de malades (GHM). Cette méthode de gestion importée des États-Unis a inspiré le projet français de médicalisation du système d'information (PMSI) que nous présenterons plus loin dans ce chapitre.

Un autre type de calcul est celui, par exemple, qui permet de construire une relation mathématique entre les moyens mis en jeu et les résultats obtenus grâce à ces moyens (fonction de coût). Cette relation (appelée un modèle) permettra soit d'effectuer des prévisions, soit d'étudier des scénarios (simulation de décisions). La qualité de la relation mathématique est vérifiée par des faits procurant une indication sur la pertinence des liens entre moyens et résultats.
Le modèle le plus simple est le modèle dit linéaire qui est fondé sur des relations de la forme :

$$\mathbf{Y = A.X + B}$$

Supposons que Y soit la quantité de patients susceptibles d'être opérés d'une fracture du col du fémur par année dans un hôpital donné, et X la quantité de personnel travaillant dans le service de chirurgie orthopédique de cet hôpital.
Il est possible d'approcher les valeurs des coefficients A et B en se basant sur les statistiques d'activité du service au cours des années précédentes.
Une fois les valeurs A et B estimées, cette formule permettra, si elle donne satisfaction, alors de calculer une estimation des patients susceptibles d'être opérés d'une fracture du col fémoral au cours d'une année (Y), en fonction de différentes valeurs supposées de la quantité de personnel nécessaire (X).

ÉVOLUTION GÉNÉRALE DES DÉPENSES DE SANTÉ

C'est le constat de l'évolution progressive des dépenses de santé qui a permis véritablement le développement de l'économie de la santé. Il s'agit d'un phénomène mondial qui concerne les pays développés et ceux en voie de l'être. Toutes les nations subissent donc la progression des coûts de la santé, même si celles-ci sont soumises à des rythmes et à des modalités différents.
Il est généralement constaté que les dépenses de santé croissent avec la richesse des pays ; les pays plus pauvres ont en général un secteur public proportionnellement plus important que les pays plus riches qui se permettent un secteur libéral bien développé mais beaucoup plus coûteux au bout du compte. Le montant des dépenses de santé par habitant constitue donc souvent un bon indicateur de développement économique.
Cependant, dans la plupart des nations développées, la progression des dépenses de santé a été plus rapide que celle de la richesse nationale (mesurée par les produits intérieur brut et national brut), ce qui a conduit d'une part à organiser une maîtrise des dépenses, d'autre part à réaliser des choix entre de nombreux programmes de santé toujours coûteux.
Le problème général est celui du contrôle des coûts sans cesse croissants d'une médecine toujours plus efficace à laquelle a recours de plus en plus souvent la population.
Les sociétés modernes sont donc de plus en plus amenées à faire des arbitrages entre les financements de la santé, ceux de l'éducation, de la défense, de l'urbanisme, etc.

Malheureusement, l'étude précise de l'évolution générale des coûts de la santé est difficile car comparer des coûts sans comparer en même temps les objets des dépenses reste problématique.
Ainsi, les coûts peuvent augmenter de façon importante dans le temps en valeur absolue, mais peuvent diminuer en valeur relative s'ils permettent par exemple de soigner plus de patients...
Quoi qu'il en soit, les coûts liés à la santé augmentent constamment même si l'on observe parfois quelques infléchissements.
En France, les dépenses de santé ont augmenté en moyenne de 18 % par an (francs courants) entre 1950 et 1980 alors que le Produit intérieur brut (PIB) augmentait pendant la même période de 12 %. Les dépenses de santé sont en effet souvent comparées au PIB car ce rapport témoigne directement de l'importance relative qu'une collectivité attribue à sa santé.
On a souvent observé que l'augmentation des dépenses de santé augmente plus vite que le PIB. Contrairement à une idée largement répandue, cela ne veut pas dire qu'il y ait gaspillage ou mauvaise utilisation des ressources mais que le surcoût devra obligatoirement être financé au détriment d'un autre secteur de l'activité économique (soit en diminuant d'autres dépenses de l'État, soit en augmentant la participation de la population sous forme d'impôt ou de cotisation sociale plus importante).
Cette hausse des coûts, si elle est légèrement pondérée par l'inflation, peut s'expliquer de plusieurs façons :

– par l'apparition constante de nouvelles techniques qui suscitent une spécialisation croissante des praticiens et le développement de nouveaux médicaments sans que l'on retire les anciens du marché,

– par l'augmentation de la demande de santé de la part des populations qui bénéficient de plus en plus de contrats d'assurance maladie publics, para-publics ou privés et dont le taux de vieillissement est croissant (ce qui augmente la fréquence des pathologies chroniques et coûteuses),

– par l'évolution du mode de vie qui consacre une part des ressources de plus en plus réduite à l'alimentation et de plus en plus élevée aux loisirs et à la santé,

– par l'apparition ou le renforcement de nouveaux fléaux (sida, maladie d'Alzheimer, toxicomanie...),

– par le développement important de la démographie médicale responsable d'une demande induite,

– par la forte médicalisation des problèmes sociaux liée à un manque de structures d'accueil adaptées,

– par le développement inexorable de nombreuses formes de gaspillages des moyens.

Les politiques de régulation de la progression des dépenses de santé essaieront de prendre en compte chacun de ces éléments.
Elles sont en tous cas très délicates à mettre en œuvre car les systèmes de santé sont toujours le siège de nombreux intérêts corporatistes, industriels et politico-économiques. Les professionnels libéraux ont un revenu proportionnel au nombre de visites et de consultations pratiquées, la promotion des médecins hospitaliers dépend souvent de l'intensité de l'activité de leur service, celle des directeurs d'hôpitaux dépend de la taille et des futurs investissements de leur établissement,

le développement des industries de la santé dépend du nombre de médicaments ou de matériels vendus, les collectivités locales apprécient le prestige régional d'établissements toujours plus importants et grands pourvoyeurs d'emplois, etc.
L'augmentation du coût de la santé est donc inexorable car elle reflète directement l'évolution des sociétés. La part des dépenses de santé d'une nation est, dans cette perspective, un bon indicateur de son développement.

LE PROBLÈME DES TARIFICATIONS

Élaborer une tarification en matière de santé offre plusieurs avantages :

– elle constitue une base de paiement pour le travail des professionnels de la santé,

– elle permet de comparer les actes et les services entre eux,

– elle permet en fixant les prix d'homogénéiser la qualité des services rendus.

Toutefois, la fixation d'un tarif pour un service médical est obligatoirement arbitraire car la santé échappe aux règles classiques de la consommation. En effet, il n'existe pas de marché au sens classique du terme.
Les prix ne s'équilibrent pas d'eux-mêmes selon les mécanismes de l'offre et de la demande car, d'une part le domaine de la santé est riche en situations de monopole et, d'autre part, les individus bénéficiaires des prestations ne possèdent pas l'information permettant de décider leurs consommations et ils ne supportent pas directement les frais grâce aux assurances maladies.
Beaucoup de pays comme la France, les États-Unis ou le Canada utilisent le paiement à l'acte comme mode de rémunération de la pratique médicale libérale. Si le contexte (notamment en matière d'assurances) est différent dans ces trois pays, il repose néanmoins sur des nomenclatures explicites et parfois implicites des actes médicaux. C'est à partir de ces nomenclatures que peut être établie une tarification.
Néanmoins, la pratique d'une tarification pose de nombreux problèmes et impose des révisions fréquentes. Celles-ci permettent d'éviter que les prix ne deviennent trop anormalement hauts ou bas et n'influencent ainsi de façon importante la qualité des soins.

Tarification en pratique libérale

Le système de santé français se caractérise par un système de couverture sociale (qui garantit, moyennant une cotisation, le remboursement plus ou moins total des frais qu'ils engagent) et une conception libérale de la pratique médicale qui autorise un paiement à l'acte des prestations de santé. Le recours à un outil comme la codification tarifaire de l'activité médicale est devenu nécessaire dans ce pays pour harmoniser le système.
Aux États-Unis, les médecins peuvent fixer librement leurs tarifs mais ceux-ci convergent la plupart du temps vers des conventions bilatérales avec de grands groupes d'assurance ou vers une harmonisation

régionale plus ou moins implicite grâce à un équilibre subtil que permet une forte concurrence.
Au Canada existe depuis 1976 un système original de plafonnement des honoraires versés aux médecins. Les négociations entre le gouvernement et les organisations de médecins ne sont plus orientées vers la détermination du tarif de chaque acte, mais vers la détermination du niveau de la masse monétaire globale que le gouvernement devra verser à l'ensemble des médecins. Les pouvoirs publics contrôlent ainsi directement le coût des services médicaux. Ce n'est qu'après s'être entendues sur cette masse monétaire, et par conséquent sur le revenu moyen des médecins, que les deux parties déterminent le tarif de chaque acte. Cette seconde phase des négociations permet alors au gouvernement d'agir sur la structure des actes en fonction de ses priorités : par exemple encourager les soins ambulatoires, freiner la production des actes de haute technologie, etc.
En France, la fixation des tarifs est le fait de négociations périodiques entre les représentants des professions médicales (les syndicats professionnels), et les représentants des assurances maladie. Les médecins ont intérêt à négocier des tarifs hauts afin de garantir leurs revenus, tandis que les assurances tentent d'obtenir des tarifs bas afin d'essayer d'équilibrer leur budget.
Se crée alors un rapport de force :

– si les tarifs diminuent, les médecins menacent de compromettre la qualité des soins,

– si les tarifs tendent à augmenter, les assurances menacent de diminuer l'indemnisation du risque maladie.

La très faible revalorisation des tarifications incite les praticiens libéraux, afin de maintenir leur revenu, à multiplier les consultations en diminuant le temps consacré à chaque patient.
Les intérêts étant divergents, des mécontentements et des frustrations sont fréquemment observés chaque fois qu'il s'agira de réviser les barèmes de la tarification. En fait, les marges de négociation sont étroites puisque les véritables orientations sont le plus souvent décidées préalablement au niveau gouvernemental.
De plus, les barèmes proposés sont essentiellement basés sur la technicité relative des actes, ce qui valorise mal les démarches intellectuelles (comme l'approche initiale par un diagnostic clinique) ou les tentatives de formation sanitaire des patients (médecine « de prévention »).
Le cas de la biologie est particulier car les demandes d'analyse ont tendance dans tous les pays à progresser très vite. Le paiement à l'acte incite les constructeurs de matériel d'analyse à proposer des automates traitant en un temps le plus court possible des paramètres toujours plus nombreux. Cette facilité d'obtenir des bilans très complets entraîne au bout du compte un nombre accru d'actes d'analyses pratiqués sans réelles justifications médicales, ce qui amène les pouvoirs publics à réviser plus ou moins régulièrement à la baisse les tarifications de la biologie. Cet état de fait imposera alors aux biologistes libéraux, soucieux de préserver leurs revenus, de pratiquer un nombre toujours plus important d'analyses...
Si certains médecins considèrent les tarifs fixés par la nomenclature comme trop bas, il leur est possible de se situer en régime « hors convention » correspondant à un marché dit « libre ». Le développe-

ment de celui-ci dépend donc directement de l'intensité de la divergence entre l'intérêt des assurances collectives et celui des professions de santé (la progression de la médecine privée en Angleterre à côté du *National Health Service* en est une bonne illustration).
Certains pays comme l'Allemagne utilisent une tarification dégressive. Les caisses d'assurance fixent le montant total des honoraires médicaux et versent cette enveloppe à une « Union fédérale des médecins conventionnés » *(Bundesärztekummer)*. Cet organisme rétribue alors directement le médecin à la place du patient, mais si le nombre d'actes devient trop important, ils seront réglés selon un tarif dégressif.
Remettre en question l'organisation de la tarification en milieu libéral, c'est risquer de changer les principes mêmes de fonctionnement des systèmes de santé. Pour que toutes les parties soient d'accord, il faudrait obligatoirement que les intérêts respectifs convergent. C'est le but des solutions dites incitatives qui répartissent de façon plus judicieuse le pouvoir et l'échange d'information (voir chapitre 5).

Tarification en milieu hospitalier

L'élaboration d'une tarification hospitalière pose aussi beaucoup de problèmes pour plusieurs raisons :

– la plupart des hôpitaux publics dans le monde sont largement subventionnés par l'État, la région, la commune ou des organismes caritatifs ;

– la fonction des hôpitaux a considérablement évolué avec le temps. Actuellement, les grands hôpitaux cumulent en général les fonctions d'hébergement, de soins aux hospitalisés, de consultations externes, d'enseignement et de recherche ;

– un patient, sa maladie et les soins qu'il reçoit dans un environnement donné constituent à chaque fois un ensemble unique qui rend difficile l'élaboration de barèmes tarifaires identiques pour tous.

Le système le plus simple et le plus utilisé dans le monde est celui du *prix de journée*. Il est facturé au malade ou à son assurance maladie pour chaque jour passé à l'hôpital.
Son calcul pour l'année suivante est en général simple : il correspond au quotient des dépenses totales de l'année précédente sur le nombre total de journées d'hospitalisation. Selon les cas, le prix de journée peut être établi par service ou ensemble de services (médecine, chirurgie...).
Ce système n'est pas très bon car il s'agit d'un forfait « tout compris » alors que chaque malade ne demande pas tout le temps les mêmes soins dans tous les services (par exemple, la phase initiale d'une hospitalisation est celle qui occasionne le plus souvent des soins plus intenses).
De plus, comme les recettes de l'hôpital sont liées au nombre de journées réalisées, les services ont tendance à retenir les patients dans leur lit plus que ce que leur état ne l'exige. La conséquence financière de cet effet pervers ne représente qu'un avantage à court terme car des mécanismes de régulation sont en général conçus pour abaisser le montant du prix de journée de l'année suivante (mais rien n'empêche de recourir au même artifice l'année qui suit et ainsi de suite...).

Le système du prix de journée n'incite donc pas à la recherche d'économies et à la maîtrise de l'activité des établissements puisque l'intérêt financier de l'hôpital diverge avec l'intérêt économique général.
Il n'est donc pas étonnant que ce mode de calcul ait subi des évolutions et des adaptations diverses comme la prise en compte séparée des honoraires des médecins dans les établissements privés ou l'élaboration d'autres types de prix de journée en fonction de critères plus nombreux (selon le service, le type de malade, la durée de séjour, etc.).
En France, les imperfections du système du prix de journée dans les hôpitaux publics ont abouti à des dépenses croissantes et à des durcissements budgétaires réactionnels qui ont fini par rendre la gestion de l'hôpital presque impossible. C'est pourquoi les autorités ont été amenées à réfléchir sur d'autres types de système de financement hospitalier.
L'instauration de l'enveloppe globale en 1983 a, dans cette perspective, provoqué une mutation profonde du fonctionnement hospitalier français : l'hôpital doit désormais utiliser et ne pas dépasser les crédits qui lui sont attribués par l'État.
Aux États-Unis a été introduite aux débuts des années 80 une tarification prospective des dépenses d'hospitalisation prises en charge par les États pour les personnes âgées *(Medicare)* et les personnes dont les ressources sont inférieures au seuil de pauvreté *(Medicaid)*. Cette tarification se base sur la prise en compte du coût moyen d'un type de malade donné selon son DRG (*Diagnosis related groups* = groupes homogènes de malades).
Les hôpitaux ont de cette façon, et dans une certaine mesure (car le nombre des consultations externes a augmenté), réduit leurs dépenses car le nombre et la durée des hospitalisations ont diminué. Un type comparable de tarification est en cours d'introduction en France et constitue le Programme de médicalisation du système d'information (PMSI).

INTÉRÊT DES SYSTÈMES D'INFORMATION : EXEMPLE DU PMSI

Principe

Dans la suite de la mise en place de la réforme française du budget global hospitalier, il est apparu nécessaire de disposer à terme d'indicateurs permettant d'évaluer l'activité médicale de chaque établissement. Comment faire, en effet, évoluer les dotations globales annuelles des hôpitaux en bonne adéquation avec les besoins et les missions des établissements ? La simple application d'un unique taux directeur aboutirait à figer pour plusieurs années les ressources relatives des hôpitaux, sans aucune possibilité d'adaptation, ni aux fluctuations de clientèle, ni à l'évolution des données épidémiologiques, ni aux progrès thérapeutiques.
Expérimenté en France depuis 1983, puis généralisé à partir de 1989 pour les services de courts séjours, le Programme de médicalisation du système d'information des hôpitaux (PMSI) répond à l'objectif de fournir des informations sur l'activité médicale des établissements et de procurer une argumentation plus constructive aux autorités de tutelle pour négocier les futures demandes budgétaires.

Cette approche constitue un enrichissement appréciable par rapport à ce qui existait : jusqu'à la mise en place du PMSI, seules les durées de séjour constituaient la base de la tarification, ou du moins l'indicateur principal d'activité. Dans le cadre du PMSI, c'est l'éventail et le dénombrement annuel des types de pathologies pris en charge par l'hôpital qui serviront en fonction de leur poids relatif à évaluer l'activité. La question n'est plus de savoir combien de temps le malade est resté à l'hôpital, mais pourquoi et comment il a été traité.

Pour atteindre cet objectif, le PMSI français s'est alors fortement inspiré du système américain. Les maladies sont classées en groupes homogènes de malades (GHM) qui correspondent aux *Diagnosis Related Groups* mis en place aux États-Unis.

Le classement de chaque séjour hospitalier dans l'un des 471 GHM dépend à la fois des diagnostics pathologiques portés sur le malade et des actes lourds (surtout chirurgicaux) pratiqués pendant le séjour. Ce classement en GHM est réalisé par un programme informatique (à l'aide d'un logiciel de « groupage ») qui fonctionne à partir des informations élémentaires sur les actes et les diagnostics contenues dans un Résumé standardisé de sortie (RSS).

L'équipe médicale doit donc, pour chaque séjour de patient, établir au moment de la sortie, un résumé standard qui contient la liste des diagnostics portés sur le patient, en précisant quel est le diagnostic « principal » (au sens de la consommation de moyens par le service) et la liste des actes lourds pratiqués. Les diagnostics sont codés à partir de la classification de l'Organisation mondiale de la santé (OMS), et les actes à l'aide d'une codification spécifique du système hospitalier français.

Ces informations médicales sont associées à des informations administratives (date et mode d'entrée, date et mode de sortie, âge et sexe du patient).

La mise en place de ce recueil de données, typiquement médico-administratives, s'est accompagnée de la création dans les hôpitaux concernés des Départements d'information médicale (DIM).

Ces services (ou départements) sont dirigés par des médecins formés aux sciences de l'information (statistique, informatique, épidémiologie, économie de la santé), et ont principalement pour rôle d'organiser le recueil des résumés standardisés de sortie (RSS) dans l'hôpital, d'assurer sur ces données un contrôle de qualité et de classer en GHM chaque séjour afin de produire les statistiques correspondantes. Cette mission ne peut se faire que sous une responsabilité médicale car les informations du RSS restent confidentielles et soumises au secret médical tant qu'elles ne sont pas rendues anonymes.

Les analyses statistiques issues de la classification des séjours en GHM permettent de constituer des tableaux de bord de l'activité médicale des services. Ceux-ci sont utiles aux chefs de service pour défendre ensuite au sein de l'hôpital les demandes d'attribution de moyens. À l'échelle de l'hôpital lui-même, ces données serviront de base à la négociation de la dotation globale.

Intérêts

Le premier intérêt du PMSI consiste à disposer d'une série d'indicateurs médicaux de la « production » hospitalière permettant de mieux adapter la dotation budgétaire globale de chaque hôpital. Cet outil peut également servir, à l'intérieur de l'hôpital, à orienter la répartition des moyens entre les services médicaux.

Il convient de souligner que, pour la première fois en France, il est fait appel à des données médicales (diagnostics, actes, groupes homogènes, etc.) pour doter financièrement l'activité hospitalière. Cela nécessite une implication du corps médical dans la production de ces données, mais aussi dans les négociations économiques internes et externes.

Si une plus grande appropriation par le corps médical de l'outil hospitalier semble souhaitable, le PMSI correspond alors à un progrès dans cette direction.

Parallèlement, la mise en place des Départements d'information médicale a permis aux hôpitaux de se doter de praticiens médicaux spécialisés dans le domaine de la santé publique, opportunité pour combler le retard du système hospitalier français dans ce domaine.

Le rôle des DIM ne se limite pas, en effet, à la gestion « mécanique » des RSS, mais concerne officiellement tous les domaines pour lesquels les services de soins peuvent recevoir l'aide de spécialistes de santé publique : gestion optimisée des archives médicales et mise en place de dossiers médicaux informatisés, méthodologie pour la recherche clinique, approche épidémiologique (en particulier pour les infections hospitalières), évaluation des technologies nouvelles ou de la qualité des soins.

Les missions des DIM concernent tous ces domaines ; les établissements sont donc incités à développer un système d'information (c'est-à-dire un réseau d'échange et de traitement des différentes données médicales ou administratives qui circulent dans l'hôpital) moderne et informatisé. Cette volonté de l'État de voir se moderniser les systèmes d'information hospitaliers est une des caractéristiques principales de la mise en place de cette réforme. Au plan économique, il est clair que la circulation de l'information dans « l'hôpital-entreprise » doit apparaître comme l'une des clés de l'amélioration de sa productivité.

L'amélioration de la gestion des informations médicales, mais aussi administratives, débute d'autre part sur la mise en place d'une comptabilité analytique dont l'objectif est de mieux rapprocher les dépenses engagées et les « unités d'œuvre » produites. Il est ainsi possible de déterminer un coût par GHM pour une structure hospitalière donnée.

La question qui reste encore posée en France est de savoir si le PMSI sera utilisé comme base de tarification en valorisant chaque GHM (ce qui est le cas aux États-Unis). Des expériences sont en cours à l'échelle nationale pour évaluer les coûts des différents GHM. Cette évolution semble peu probable pour l'hôpital public, où le système de la dotation annuelle globale sera certainement maintenu, tout en étant modulé en fonction des pathologies traitées. En revanche, la mise en place annoncée du PMSI dans les établissements d'hospitalisation privée peut faire évoluer le système vers une tarification au GHM : la clinique recevrait ainsi par exemple une somme forfaitaire fixe pour la prise en charge d'une appendicite aiguë, quels que soient les examens, les actes réels pratiqués et la durée de séjour.

La mise en place d'un tel système de tarification apporterait sûrement une modification des pratiques, une évolution progressive de la répar-

tition des cas entre public et privé, et certainement aussi de difficiles négociations sur le montant des tarifications des GHM.
Cette évolution fonctionnelle du PMSI remettrait peut-être en cause l'échelle à laquelle les RSS sont produits : le séjour hospitalier. On peut en effet, pour un même événement pathologique, observer un seul séjour ou plusieurs séjours dans des établissements éventuellement différents.
Facturer à la pathologie ne répond en fait pas à la même philosophie que facturer au séjour...
L'application de la médicalisation des systèmes d'information doit enfin dépasser le simple cadre du court séjour pour être adapté aux hôpitaux de jour, aux moyens séjours, à la psychiatrie, etc. Des expériences sont actuellement faites dans ces domaines.
Quelle que soit l'approche technique, il ressort que le PMSI ne reste qu'un élément d'évaluation de l'activité dont l'utilisation et l'évolution dépendent des choix politiques. L'un des enjeux non encore résolu concernera le degré d'adaptabilité d'un tel système.

APPROCHE DES COÛTS PAR MALADIE

Le problème du coût de la maladie est un domaine très important de l'économie de la santé car ce concept prend en compte les conséquences globales de la maladie sur la société.
L'évaluation d'un coût par pathologie permet aussi de comparer les maladies entre elles et d'établir éventuellement des priorités dans le cadre d'une planification sanitaire (voir chapitre 2).
Ce type d'étude est aussi très important pour démontrer que les dépenses de santé, si elles sont adéquates, ne constituent pas des dépenses « à perte » pour la société mais peuvent être considérées comme un véritable investissement financier.
Par exemple, s'il est trouvé que le coût total des maladies sexuellement transmissibles pour la société est de X francs, un programme de prévention par affichage coûtant Y francs et permettant de baisser l'incidence de la maladie de 10 % entraîne une économie pour la société de X x 10 % (qui est souvent de très loin supérieur à Y !). La société a donc potentiellement gagné (en fait elle a économisé) :

$$(X \times 10\ \%) - Y\ \text{francs}$$

Classiquement, le coût d'une maladie comprend des coûts directs et des coûts indirects que nous allons envisager successivement.

Le coût direct

Comme il est impossible de calculer la somme des coûts réels de chaque cas de maladie, un coût moyen par malade doit être élaboré. Pour ce faire une enquête très soignée doit être effectuée pour comptabiliser tous les coûts liés à la maladie sur un échantillon de malades.
Ces coûts directs représentent ceux des soins, des consultations, des médicaments, de l'hospitalisation, les frais de transport, etc., le plus délicat étant de prendre en compte aussi le coût d'amortissement des

valeurs mobilières et immobilières qui ont servi plus ou moins directement pour les soins aux malades.
En tous cas, l'utilisation des éventuelles tarifications officielles n'est pas recommandée car nous avons vu qu'elles ne reflétaient que très imparfaitement les coûts réels des services. Une analyse minutieuse du temps passé par les personnels de santé et la prise en compte des coûts d'achat des fournitures et médicaments sont des moyens beaucoup plus précis que l'utilisation isolée d'un barème.

Le coût indirect

Une maladie a un coût économique beaucoup plus important que celui des simples frais médicaux. Un patient malade est en effet presque toujours contraint de suspendre son activité professionnelle pendant une durée variable, ce qui est préjudiciable pour l'employeur et indirectement pour la société. De plus, la maladie est responsable de nombreux frais ou perte de temps annexes pour le malade ou son entourage (frais de garde des enfants, frais de visites au patient, déplacements, etc.). Or, toutes ces dépenses doivent être prises en compte dans le coût total de la maladie. Elles constituent des coûts indirects et sont considérées par les économistes comme un véritable coût social par pertes potentielles de production.
Parallèlement à son coût médical direct, la maladie a donc un coût indirect qui est en fait la somme exprimée en unité monétaire du travail potentiel qu'aurait pu effectuer le patient s'il n'avait pas été malade. Bien entendu, ces coûts concernent surtout les catégories de population ayant une fonction productive pour la société, c'est-à-dire la population dite active.
Plusieurs méthodes de calcul ont été proposées pour tenter d'approcher ces pertes productives liées à la maladie.
Par exemple, certaines méthodes dites du *capital humain* utilisent le montant du Produit national brut (PNB) par tête d'habitant. Le PNB étant le montant de tout ce qui est produit dans une société en services et en biens pendant une année donnée, il est très facile d'en déduire par un calcul de prorata et d'extrapolation le montant moyen de la production par individu pendant un temps donné. Cette méthode a l'avantage d'être très simple, donc utilisable pour pratiquer des comparaisons internationales ou entre pathologies. Toutefois elle ne détermine pas les coûts indirects réels car les maladies ne se répartissent pas toutes de la même façon dans la population et le degré d'activité n'est pas le même pour tous les malades.
Une autre méthode consiste à dresser une liste la plus exhaustive possible des frais annexes inhérents à la maladie en se basant sur le montant du salaire du malade. Les salaires horaires moyens d'une femme de ménage, d'une baby-sitter, d'un chauffeur de taxi, etc. peuvent aussi être utilisés pour évaluer la valeur du temps perdu par l'entourage du malade, pour s'occuper de l'entretien du domicile de celui-ci pendant son absence, pour garder les enfants ou pour les déplacements.
Dans le cadre de ces coûts indirects peuvent aussi entrer en compte ce que les auteurs anglo-saxons appellent les **effets intangibles**. Il s'agit d'essayer d'évaluer les effets de la maladie sur la qualité de la vie (ou *pretium doloris*) : le moral du patient ou de son entourage,

l'angoisse, les pertes affectives, la souffrance, l'impossibilité de pratiquer des loisirs, etc. Ces effets, liés à la perte du bien-être, sont bien réels mais sont très difficiles à évaluer en termes monétaires, ce qui explique qu'ils sont souvent oubliés dans les différentes études sur le coût des maladies.

Une des solutions utilisables pour évaluer ce *pretium doloris* s'inspire de certains principes de justice appliqués au temps du roi Salomon au xe siècle avant J.-C.

En effet, comme l'explique fort bien Maïmonide (1135-1204) : « Les juges estiment la dette d'un coupable à la hauteur de ce que la victime ou sa famille auraient été disposés à payer pour éviter le malheur causé. »

De la même façon, pour évaluer pratiquement en unités monétaires les conséquences de la maladie sur la qualité de la vie, il est possible de réaliser une enquête sur un échantillon adapté de la population étudiée. Cette enquête a pour objectif de connaître quelle somme les individus accepteraient de débourser pour éviter un effet donné : type de souffrance donné, pour sacrifier les loisirs, etc. Le montant de cette somme sera alors celui estimé pour cet effet dans le calcul des coûts indirects (méthode du *willingness to pay*).

Malgré les difficultés de la prise en compte effective de toutes les conséquences d'une affection pathologique, l'évaluation des coûts indirects a le mérite de prendre en compte le rôle social de l'individu et les conséquences profondes des maladies dans les sociétés.

Impossible à calculer avec précision, ces considérations présupposent une vision de la société axée sur la production. Cette approche de la finalité de la société humaine est très discutable mais a le mérite d'élaborer par une évaluation en termes d'argent des comparaisons de concepts aussi différents que la guérison, la souffrance, le temps, l'ennui...

La somme des coûts directs et indirects représente le coût total de la maladie. Il est possible de le calculer par patient ou par maladie dans une unité de lieu comme une région ou un pays.

Connaître le coût de chaque maladie permet de réaliser des comparaisons entre pathologies ou, pour une même pathologie, entre pays. Dans la mesure où les méthodologies utilisées sont les mêmes, ces comparaisons sont précieuses pour cerner l'impact de la maladie dans la société ainsi que pour guider les décisions de politique sanitaire. Le concept de coût de la maladie renvoie en tous cas directement à la fonction de l'individu dans la société. Cette fonction a donc un prix et pose le problème universel de l'éventuel prix de la vie humaine.

APPROCHE DU PRIX DE LA VIE HUMAINE

La maladie et la mort sont des phénomènes naturels qui influencent de façon importante le fonctionnement de nos sociétés.

Nous venons de voir dans le paragraphe précédent que la maladie a un coût qui prend en compte non seulement les frais médicaux mais aussi le travail potentiellement perdu.

De la même façon, un décès a un coût pour la société qui ne comprend pas seulement les frais d'obsèques, mais aussi ce qu'aurait pu éventuellement apporter l'individu à la société s'il n'était pas mort… C'est ce que les socio-économistes appellent le prix de la vie humaine. André Malraux disait : « *Une vie ne vaut rien mais rien ne vaut une vie.* » *(Les Conquérants)*. Cette célèbre citation traduit bien le fait qu'une vie peut avoir une valeur très inégale qui dépend des critères choisis.

Un critère très utilisé plus ou moins consciemment par les médecins dans leur exercice quotidien est par exemple celui de l'âge : un grand vieillard ne sera pas soigné avec autant d'acharnement qu'un jeune adulte.

Un autre critère important est celui de l'identification éventuelle d'une personne. La vie d'une personne identifiée prend en effet beaucoup plus de valeur que la vie d'une personne anonyme. Cette observation se manifeste par le fait que la collectivité accepte de dépenser des sommes très importantes pour tenter de sauver une seule personne en détresse alors que des investissements mineurs pouvant éviter de nombreux décès potentiels, comme la pose de feux tricolores à un carrefour dangereux, ne sont pas effectués faute de crédits disponibles.

Ces différences de considérations vis-à-vis de la valeur de la vie humaine posent ainsi d'importants problèmes éthiques que nous évoquerons plus en détail dans le chapitre 7.

Le concept de prix de la vie humaine, qui s'est principalement développé dans les années 1970, ne doit pas être utilisé pour tenter de fixer une valeur arbitraire à la vie mais peut se révéler parfois intéressant pour évaluer quelle stratégie est la plus économique pour sauver cette vie (c'est pourquoi il serait plus judicieux de parler de prix de la vie sauvée). On pourrait donc aussi bien parler du prix de la mort que du prix de la vie car ces deux notions ne peuvent être dissociées, aussi bien sur le plan biologique que philosophique.

Tout comme le coût de la maladie, le prix de la vie humaine (ou de la mort) comprend un coût direct et un coût indirect.

Le coût direct

Le coût direct représente les frais qui sont engagés à cause du décès. Ceux-ci comprennent les frais d'obsèques (transfert du corps, inhumation, concession funéraire…) mais aussi les dépenses qui ont pu être consécutives au décès (objets ou automobiles détériorés, déplacements de la famille, frais de police ou d'expertise, indemnités d'assurance, etc.).

Le coût indirect

Il correspond aux pertes productives, c'est-à-dire au travail et aux biens que l'individu aurait pu produire s'il n'était pas mort. Le coût indirect est donc plus important pour la population dite active. Il dépend aussi du taux de chômage de la société car un individu actif peut être automatiquement remplacé si le travail est rare. Ce phénomène de substitution fait qu'il n'existe alors aucune perte de production pour la collectivité.

Le calcul de ces coûts indirects utilise les mêmes principes que ceux que nous avons évoqués au paragraphe précédent à propos du coût indirect de la maladie. La différence entre l'espérance de vie à l'âge

du décès et l'âge du décès lui-même sera prise en compte pour évaluer le temps potentiel de vie manquée.
Ainsi il est possible de calculer un coût de la vie qui est, nous venons de le voir, la même chose qu'un coût de la mort.
Ce concept de coût de la vie humaine est une extension directe de la notion de coût de la maladie car il correspond en fait au coût d'une maladie létale.
De telles évaluations économiques de la vie des individus sont très utiles pour comparer les causes de mortalité et envisager des mesures de lutte efficaces.
Mais concrètement, le problème se pose le plus souvent en termes d'arbitrage entre plusieurs projets susceptibles de sauver des vies humaines.
Par exemple, supposons que la construction d'un petit service de réanimation dans un pays en voie de développement coûte 10 millions de francs et permettrait de sauver la vie à 100 patients par an. Si le coût de fonctionnement du service est de 1 million la première année de fonctionnement, le coût moyen d'une vie sauvée est de :

(10 + 1) millions / 100 = 110 000 francs

Or le financement de ce projet est en concurrence avec la construction d'un centre de vaccination infantile. La construction de ce centre coûte 500 000 francs et les frais de fonctionnement par an sont évalués à 150 000 francs. L'activité de ce centre permettrait d'éviter 1 000 décès par an dus à la rougeole.
Le coût moyen d'une vie sauvée est alors de :

(500 000 + 150 000) francs / 1 000 = 650 francs

Ainsi le décideur chargé d'émettre un avis sur ces deux projets pourra disposer de données chiffrées. Le premier projet permet de sauver une vie humaine pour 110 000 francs alors que le deuxième projet ne coûte que 650 francs par vie sauvée, soit 170 fois moins ! La logique économique est donc de privilégier le projet qui sauve le plus possible de « vies » pour le moins cher possible, c'est-à-dire dans notre exemple, le centre de vaccinations.
Il est bon de remarquer que le recours au coût moyen d'une vie humaine sauvée pour éclairer le choix du décideur est ici un artifice utilisé pour présenter une synthèse des informations médicales et économiques. Cette synthèse est tout à fait justifiée dans le cas qui vient d'être étudié.
Le second projet est en effet meilleur que le premier vis-à-vis des critères choisis pour les comparer (coût et nombre de vies humaines sauvées). Il est donc également le meilleur lorsque ces deux critères sont pris en compte simultanément. Les économistes disent alors que le projet 2 domine le projet 1 au sens du célèbre économiste Pareto.
En revanche, il faut se méfier du critère « coût moyen d'une vie humaine sauvée » pour conseiller un décideur lorsque nous sommes face à une situation où le principe de domination (au sens de Pareto) n'est pas assuré.

Imaginons le cas suivant :
Lors d'une épidémie, le responsable de la santé publique d'un pays en voie de développement doit choisir entre deux projets dont l'objet est d'assurer la couverture vaccinale d'une population de 4 millions d'habitants. Sa décision se base sur l'étude de deux projets similaires qui ont été réalisés dans des pays voisins :

– Le premier projet a consisté à vacciner 3 millions d'habitants chez un pays voisin en construisant un grand centre de vaccinations et en assurant le transport des habitants vers ce centre. Il a coûté au total 31 millions de francs.

– Le second projet a consisté à vacciner 2 millions d'habitants à la même époque dans un autre pays voisin. Pour cela, ce projet a prévu la construction de cinq petits centres de vaccination facilement accessibles par la population. De ce fait, il n'a pas été nécessaire d'assurer le transport des habitants et ce programme n'a coûté au total que 22 millions de francs.

Des études sérieuses ont montré que ces programmes de vaccination permettent d'épargner 100 vies humaines pour 1 000 habitants vaccinés.
Le premier projet a donc sauvé 300 000 vies humaines pour 31 millions de francs, d'où un coût moyen de la vie humaine sauvée évalué à 103 francs.
Le second projet a sauvé 200 000 vies humaines pour 22 millions de francs, d'où un coût moyen de la vie humaine sauvée évalué à 110 francs.
Sur cette base, le décideur choisira le premier projet car c'est celui où la vie humaine sauvée apparaît coûter le moins cher.
En fait, cette décision n'est peut-être pas la plus judicieuse.
C'est par exemple le cas si :

– le coût immobilier du grand centre est de 1 million alors que celui des cinq petits centres est de 6 millions de francs,
– le coût du vaccin et du transport est égal à 10 F par personne alors que le coût du vaccin seul est égal à 8 F par personne.

En effet :
Le premier projet a été utilisé pour vacciner 3 millions d'individus, d'où 300 000 vies humaines sauvées et il a bien coûté :

1 million de F + (10 F × 3 millions d'hab.) = 31 millions de francs

Si le décideur favorise ce projet pour son pays qui compte 4 millions d'habitants, il lui en coûtera :

1 million de F + (10 F × 4 millions d'hab.) =
41 millions de francs pour 400 000 vies humaines sauvées

Le second projet a été utilisé pour vacciner 2 millions d'individus, d'où 200 000 vies humaines sauvées. Il a coûté :

6 millions de F + (8 F × 2 millions d'hab.) = 22 millions de francs

Si le décideur décide de choisir ce projet pour son pays de 4 millions d'habitants, il lui en coûtera :

6 millions de F + (8 F × 4 millions d'hab.) =
38 millions de francs pour 400 000 vies humaines sauvées

Il est clair que, contrairement à ce qu'indiquait le critère « coût moyen de la vie sauvée » calculé sur les deux expériences dans deux pays similaires, c'est ici le second projet qu'il conviendrait de privilégier. Il faut donc se méfier des interprétations issues de l'utilisation de ce critère qui peut être trop facilement exploité sur un terrain uniquement technocratique.
S'il n'est en tous cas pas très « moral » de fixer un prix à la vie humaine car *la vie n'a pas de prix*, il n'est pas moral non plus de ne pas essayer de sauver le plus de vies possible avec les moyens disponibles.
Le problème n'est donc pas de mettre en balance la vie avec une certaine quantité d'argent ou de biens. Il s'agit de disposer d'un outil capable de mesurer la plus grande efficacité possible de différentes actions susceptibles de sauver des vies.
Les sociétés, malgré leur développement, ne peuvent en effet pas se permettre de consacrer la totalité de leurs ressources au prolongement acharné et à la sauvegarde permanente de la vie car elles risqueraient d'occulter complètement les notions de qualité de la vie, chères aux peuples modernes.

Bibliographie

Labourdette. *Économie de la santé*, Coll. « Économie », Presses Universitaires de France, 1988.

Le Net. *Le prix de la vie humaine*. Notes et études documentaires. La documentation Française, n° 4455, 1978.

Levy. *La croissance des dépenses de santé*, Coll. des actions thématiques programmées sciences humaines, n° 30. Éd. du CNRS, 1979.

Majnoni d'intignano. *Santé mon cher souci*, Éd. Economica, 1987.

Roche. *L'économie de la santé*, Coll. « Que sais-je ? », Presses universitaires de France, 1982.

Rösch. *Économique médicale*, Coll. « Éléments de… », Flammarion, 1973.

Rosner. *Medicine in the Mishney Torah of Maimonides*, KTAV Publishing house, 1984. Traduction française par Daniel Beresniak et Ariel Beresniak. Éd. Britt International 1992.

Sailly. *Analyse de six systèmes de production, de tarification et de financement des soins de santé : Belgique, France, Grande-Bretagne, Japon, Québec et Suède*, CRESGE, SAN/45, 1988.

Sauvy. *Coût et valeur de la vie humaine*, Éd. Hermann, 1977.

Le contrôle des coûts

5

- SOLUTIONS COERCITIVES
- SOLUTIONS INCITATIVES
- DIFFICULTÉS À L'UTILISATION EFFICACE DES MOYENS
- L'AUDIT MÉDICAL

Introduction

Le secteur de la santé échappe par de nombreuses caractéristiques au jeu classique du marché libre car il dispose d'une faible capacité d'autorégulation. Le contrôle coercitif des coûts est devenu l'outil principal des gouvernements pour tenter de réduire les prix de revient des prestations de santé.

Pourtant des solutions incitatives existent et permettent une certaine autorégulation des dépenses. Mais d'une part, elles demeurent encore mal connues, et d'autre part, elles exigent une nouvelle répartition des pouvoirs, ce qui est difficile à faire appliquer aux gouvernements de type centralisé.

Les différentes méthodes utilisées pour tenter de contrôler le coût de la santé se heurtent à de nombreuses difficultés :

– *d'ordre juridique* : respect des droits acquis, problème des responsabilités, etc. ;

– *d'ordre politique* : le développement de la protection sociale est un élément fréquent des discours socialistes ;

– *d'ordre économique* : les règles d'équité du domaine économique sont difficiles à faire concilier avec les principes de solidarité entre actifs et inactifs ;

– *d'ordre social* : la protection sociale est un acquis social et son amenuisement défavorise presque toujours les populations les plus déshéritées.

L'ensemble des mesures destinées à maîtriser les coûts agissent soit sur l'offre, soit sur la demande, soit sur les deux à la fois.

L'offre de santé peut ainsi être bloquée, mais tout rationnement comporte un risque de création d'un marché libre et d'inhibition du développement industriel et scientifique.

Quant à la demande de santé, elle peut être réduite en augmentant la participation des ménages aux dépenses de santé. C'est le principe des tickets modérateurs (dont les effets sont souvent détournés grâce au recours aux assurances complémentaires).

Une autre solution pour contrôler les coûts est l'utilisation d'un système dit « incitatif » comme certaines solutions de prépaiement préconisées par les *Health Maintenance Organization* (HMO) aux États-Unis.

Dans la plupart des systèmes de santé, le contrôle des coûts s'applique surtout à l'offre pour la simple raison qu'il est beaucoup plus facile de

bloquer l'offre que de diminuer la demande (ne serait-ce que pour des raisons démagogiques...).
Tout contrôle doit en tous cas se baser sur une information de qualité qui consiste en des renseignements fiables, ce qui impose l'établissement d'un système de collecte des données sur les performances des personnels et des structures.
Ce système de collecte des données, appelé *système d'information*, a aussi un coût (celui-ci ne devant d'ailleurs pas être supérieur au bénéfice induit par le contrôle !).
En fait, la maîtrise des dépenses de santé utilise théoriquement deux grands types de moyens :

– **Les solutions coercitives**. Un cadre réglementaire rigide fixe les modalités du contrôle. Malheureusement, les solutions basées sur la contrainte démotivent les partenaires de santé et engendrent des effets pervers très difficiles à contrôler avec un risque de compromettre sérieusement la qualité des soins.
Ces effets pervers sont principalement dus à la rétention d'informations de la part des partenaires qui réagissent contre les contraintes qu'on leur impose.
– **Les solutions incitatives.** Les principales difficultés du contrôle des dépenses, dans un système de santé donné, viennent d'une mauvaise répartition du pouvoir et de l'information entre tous les Agents de ce système.

Pour tenter d'éviter les problèmes d'échange d'informations qui naissent obligatoirement des relations basées sur la contrainte, il existe des procédures dites incitatives.
Celles-ci utilisent le principe de l'autocontrôle en se basant, par exemple, sur la rémunération de l'effort qui est fait vers la recherche de plus grandes économies.
Dans cette optique, la maîtrise des dépenses se conçoit dans la mesure où le système de production de soins (les personnels et les établissements sanitaires) a un réel intérêt à les réaliser.

SOLUTIONS COERCITIVES

Dans le cadre du contrôle des coûts, les solutions coercitives sont les plus employées. Elles imposent des règles de conduite rigides et ne proposent aucune gratification pour les efforts supplémentaires déployés.
Ces solutions sont utilisées dans la plupart des pays mais ne suffisent pas à dynamiser les partenaires du système de santé vers la recherche d'une plus grande efficacité. En effet, ceux-ci réagissent obligatoirement aux contraintes qui leur sont imposées en modifiant et en dissimulant la nature de leur comportement.

Contrôle de la production des personnels de santé

L'accès aux professions de santé a été progressivement réglementé dans la plupart des pays. Cette réglementation est due au désir des gouvernements de ne pas laisser se développer une offre de santé trop importante qui pourrait influencer l'intensité de la demande (demande induite).

Les professions de santé ont en effet de plus en plus tendance à multiplier les actes techniques pour stabiliser ou augmenter leurs revenus et pour développer une renommée qui est souvent directement proportionnelle au degré de sophistication de la médecine qu'ils pratiquent. Cette dernière tendance est renforcée par l'opinion générale de la clientèle qui puise ses sources grâce aux nombreuses informations écrites et télévisées qui vulgarisent et prônent le progrès médical et les mérites de la technique.

Les professions de santé regroupent un nombre important de métiers produisant des biens ou des services (kinésithérapeutes, laborantins, infirmières, opticiens, médecins, dentistes...). Les réglementations d'accès à ces professions et aux différentes spécialités permettent donc une certaine maîtrise des dépenses de santé selon le principe que moins il y a de médecins, moins il y a de consultations à rembourser, d'analyses à demander, d'arrêts de travail prescrits... Ceci est d'autant plus vrai pour les médecins spécialistes que pour les généralistes dont le marché aurait vite tendance à se saturer.

Bien que les médecins ne représentent qu'environ 10 % des effectifs du secteur de la santé, ils engendrent par leurs prescriptions la quasi-totalité des consommations de soins. Leur rôle est donc considérable dans le coût des systèmes de santé. En France, chaque médecin prescrit en moyenne une somme d'environ 2 millions de francs. Beaucoup de gouvernements ont donc tendance à utiliser des quotas théoriques servant à limiter le nombre de médecins par habitant.

Cependant, cette méthode qui consiste à utiliser des taux du type personnel de santé/population ne pourra jamais proposer de solutions idéales (240 médecins pour 100 000 habitants est considéré comme très juste à Cuba alors que 35 médecins pour 100 000 habitants est considéré comme beaucoup trop important en Inde où de nombreux médecins sont au chômage).

Tous les pays européens, sauf l'Italie, ont déjà admis le principe d'une limitation du nombre d'étudiants en médecine. Mais les effets des actions de régulation sont soumis à une grande inertie principalement en raison de la durée de la formation des étudiants. Ce qui fait que la plupart des pays oscillent entre le trop et le pas assez.

C'est ainsi qu'en France, l'ouverture importante des portes des facultés de médecine dans les années 60 a abouti 15 années plus tard à une pléthore de médecins. Celle-ci a dû être jugulée par l'établissement d'un *numerus clausus* sévère à l'entrée des facultés dont les effets ne commenceront cependant à agir qu'à partir de l'an 2010...

L'étude précise du développement des professions relatives à la santé relève du domaine de la science démographique. Celle-ci permet de cerner les perspectives futures en fonction du nombre d'entrées d'individus dans la vie active et du nombre de sorties.

Entrées

L'utilisation d'un *numerus clausus* à l'entrée des études médicales (mais aussi de plus en plus et dans une certaine mesure pour les études paramédicales) tend à se développer dans la plupart des pays même si les modalités peuvent varier (concours de fin de première année en France, admission sur dossier et notes de l'*Abitur* = bac en

Allemagne, etc.). Un *numerus clausus* à l'entrée des spécialités médicales commence aussi à se généraliser (France, Espagne, Portugal...). En Belgique, il n'existe pas encore de *numerus clausus* malgré la pléthore de médecins mais il semble prévu pour 2002. Cependant, le gouvernement de ce pays s'est engagé à faire modifier le mode de financement des facultés de médecine de telle sorte que celles-ci n'aient plus intérêt à avoir le plus grand nombre d'étudiants possible (alimenté largement par les étudiants étrangers victimes du *numerus clausus* dans leur pays d'origine). Mais cette réforme rencontre de grandes difficultés de mise en application et le gouvernement belge a, jusqu'à présent, été très modeste dans ses initiatives de contrôle de l'offre en médecins (des programmes d'information ont été organisés dans les lycées pour déconseiller l'inscription dans une faculté de médecine...). Seul l'accès aux spécialités médicales est officiellement limité par le plafonnement en 1979 du nombre d'assistants hospitaliers, qui sont les seuls étudiants à être admis à valider une spécialité. Une situation plus dramatique est celle de l'Italie qui n'a, jusqu'à très récemment, jamais institué de sélection à l'entrée des études médicales et qui compte plus de 50 000 médecins au chômage.
Le principe du *numerus clausus* commence donc à s'imposer dans la plupart des pays mais la réduction progressive du nombre d'étudiants en médecine possède aussi des limites :

– Une sélection de plus en plus étroite est ressentie par les nouveaux étudiants comme un manque de justice entre générations.

– Les étudiants en médecine participent activement à l'activité hospitalière en constituant une main-d'œuvre spécialisée à bon marché puisqu'ils sont en cours de formation. La baisse progressive de leurs effectifs commence à compromettre sérieusement le fonctionnement des services.

– La qualité de la pédagogie dans les facultés de médecine risque de diminuer à cause du risque de baisse de la motivation des enseignants siègant dans des salles de plus en plus vides.

– La diminution du nombre d'étudiants fige la création ou le renouvellement des postes hospitalo-universitaires, ce qui bloque les carrières de nombreux jeunes médecins et constitue une autre injustice entre générations.

– De par la longueur des études (entre 7 et 11 ans) et la durée d'activité professionnelle d'un médecin (une quarantaine d'année) les variations de la démographie médicale sont soumis à une très forte inertie. Un *numerus clausus* bas risque alors à moyen terme de provoquer un réel manque de médecins dans la population (estimé vers l'an 2010 en France...).

– Le renforcement de la sélection en médecine accentue inexorablement le statut de la profession qui augmentera ses exigences en matière de revenu, ce qui constitue un effet économique pervers !

– Enfin la réduction de la demande de santé par la réduction du nombre de médecins n'est pas aussi évidente que le phénomène de demande induite le suggère. On peut en effet observer des transferts de consommation vers les médecins demeurant en activité !

En même temps que l'on observe une baisse progressive des entrées dans la profession, il est constaté un taux progressivement croissant de féminisation de l'activité médicale (près de 30 % en France). Ce fait

serait dû en grande partie à un changement des modes d'exercice des médecins, aussi bien par le développement des activités non libérales, mais aussi par le formidable éclatement des spécialités qui permettent un exercice de la médecine sur un mode de plus en plus technique.
D'autres modes d'entrées dans la profession existent comme l'arrivée de personnels émigrés (les professions de santé des pays de la CEE bénéficient par exemple de la libre circulation dans les pays membres), ou le retour de médecins formés à l'étranger dans leur pays d'origine (le plus souvent en voie de développement).

Sorties

95 % des sorties de la vie active sont représentés par les retraites et les décès. Les taux de mortalité des professions de santé ne sont pas obligatoirement les mêmes que ceux de la population générale. Souvent moins élevés, car ces personnels ont acquis une certaine éducation sanitaire qui les sensibilise théoriquement à la prévention et à l'hygiène, les taux de mortalité peuvent parfois être plus élevés car ces professions sont aussi plus exposés aux contaminations infectieuses, au stress, à la sédentarité, etc.
D'autres modes de sorties sont plus spécifiques aux pays en voie de développement :

– La *fuite des cerveaux* correspond aux personnels spécialisés formés en totalité ou en partie à l'étranger et ne retournant pas dans leur pays d'origine (ils préfèrent souvent rester dans le pays où ils ont étudié).
– La *fuite des personnels expatriés* d'origine occidentale et leur substitution par du personnel local est aussi une évolution en cours dans tous les pays en voie de développement. En Afrique, ce phénomène est d'ailleurs appelé *africanisation des postes* et rentre dans le cadre théorique de l'évolution d'une coopération internationale « de substitution » vers une coopération « de partenariat ».

L'étude de la combinaison des entrées et des sorties permet de prévoir l'évolution future des personnels de santé. Une réduction des effectifs peut se faire, soit en freinant les entrées *(numerus clausus)*, soit en favorisant les sorties (politiques de reconversions professionnelles, incitations fiscales au départ à la retraite...).

Négociation de « conventions » entre personnels libéraux et assurances sociales

Il est très difficile de respecter les principes d'une médecine libérale et de garantir en même temps une couverture satisfaisante du risque maladie. L'élaboration d'une convention est, dans cette perspective, nécessaire car elle permet de fixer des tarifs d'honoraires qui serviront de base de remboursements pour les assurances. La fixation de tels contrats entre les professionnels de santé exerçant en milieu libéral et les assurances sociales est, par ailleurs, un élément important du contrôle des dépenses de santé.
Le but d'une convention est donc de déterminer les obligations des deux parties (assurances et professions de santé) en fixant une tarification aux services médicaux.
Par exemple, en France en 1971, est entrée en vigueur une convention nationale engageant les médecins libéraux à appliquer un tarif donné

moyennant une certaine reconnaissance de leur exercice libéral. Cette convention a été révisée en 1976, puis en 1980, 1985, 1989-1990 et 1993 en provoquant à chaque fois de profonds mécontentements de la part des médecins.
L'adhésion des médecins à cette convention nationale n'est pourtant pas obligatoire. Cependant la réglementation est faite de telle sorte qu'elle les incite très fortement à y souscrire (elle est donc considérée comme une mesure de nature coercitive).
Dans cette perspective, les conventions utilisent principalement deux moyens :

– l'adhésion à une convention permet de créer et de développer beaucoup plus facilement une clientèle car celle-ci pourra bénéficier du remboursement plus ou moins total des frais ;

– l'adhésion permet le plus souvent de bénéficier d'avantages fiscaux et sociaux importants.

Ces deux moyens suffisent à créer un véritable monopole tarifaire de fait car 98 % environ des médecins libéraux en France adhèrent à la convention nationale.
Adhérer à une convention impose de se soumettre au contrôle de l'activité qui peut aboutir à des sanctions.
En France, un médecin peut en effet être pénalisé ou exclu de la convention si son « profil » d'activité et de prescription révèle un comportement « anormal » par rapport à des références établies *(référence médicales opposables).*
En Allemagne, l'Association des médecins de caisse sert d'intermédiaire entre les médecins et les organismes d'assurance maladie. Elle centralise les informations sur les activités des médecins et a le pouvoir de pénaliser financièrement ceux qui prescrivent trop ou qui proposent trop d'actes.
En fait, les véritables sanctions sont rares et aboutissent le plus souvent à des avertissements ou des « rappels à l'ordre ».
De simple tarif de remboursement gérant les relations entre les consommateurs de soins et les assurances, les conventions sont donc devenues de véritables règlements tarifaires des prestations médicales. Elles déterminent ainsi directement les chiffres d'affaires et les revenus des médecins conventionnés.
En France, 1 à 2 % de médecins français se permettent d'appliquer les tarifs de leur choix mais ils s'adressent à une clientèle qui appartient en général à des catégories sociales aisées, car elle ne reçoit des assurances maladies qu'un dédommagement symbolique. Seules l'éthique professionnelle médicale et l'appréciation des capacités de paiement des différents malades, orientent les prix.
Aux États-Unis où les sociétés d'assurance maladie sont nombreuses et concurrentielles, les modes de relation entre les financeurs et les producteurs de soins sont variés. Il n'existe donc pas de convention unique au niveau du pays ou des États et différentes conventions tarifaires coexistent :

– Les **PPO** (*Prefered Providers Organization*) sont des conventions passées par des groupes de médecins avec des compagnies d'assurance et des grandes entreprises. L'entreprise apporte par contrat à un groupe de médecins et d'établissements hospitaliers la clientèle de ses salariés, ce qui permet à ce groupe d'hôpitaux et de médecins de pouvoir proposer à ces salariés des tarifs préférentiels.

– Le **PPS** (*Prospective Payment System*) correspond à un prix forfaitaire payé à l'hôpital par un organisme financier pour soigner un type de patients donné. Ce forfait, qui dépend de la maladie à soigner, a été mis en place par les grands financeurs publics (*Medicare* et *Medicaid* financent environ 40 % des soins aux États-Unis) et est calculé grâce aux statistiques de nombreux hôpitaux. Il permet à ceux-ci de savoir de combien ils vont pouvoir disposer comme ressources pour soigner tel malade. Certains organismes d'assurances privées, conscients des avantages de gestion que ce système procure, commencent progressivement aussi à utiliser le principe du forfait par type de patient.

– D'autre part, la convention peut être **tacite** puisque le mode dominant de remboursement des honoraires médicaux repose sur la notion de tarif « habituel, courant, raisonnable » (*usual, customary, reasonable* : UCR).

De nombreux organismes d'assurance maladie remboursent alors les patients sur la base du niveau moyen de facturation pratiqué dans une région donnée.

À la différence de la Convention nationale française qui prend un caractère de monopole, c'est la mise en concurrence de ces différents modes de remboursement des soins qui préserve aux États-Unis la qualité des soins tout en limitant une progression trop rapide des dépenses de santé.

En fait, toute convention n'est pas obligatoirement coercitive. Certaines conventions proposent en effet des procédures d'intéressement aux économies comme les *Health Maintenance Organization* (HMO) aux États-Unis. Celles-ci sont aussi des systèmes conventionnels mais leur spécificité réside dans le fait qu'il s'agit à la fois d'organismes de production de soins et d'assurances : un réseau de médecins et d'hôpitaux proposent des soins gratuits aux personnes ayant souscrit un abonnement annuel.

Les établissements et les médecins d'un même réseau sont directement intéressés aux bénéfices de l'organisation, ce qui rationalise leur comportement tout en essayant d'améliorer la qualité des soins afin d'attirer une plus large clientèle (de nombreux réseaux sont en effet en situation de concurrence).

Ce type d'organisation, qui répartit de façon originale le pouvoir et l'information, est le modèle même d'un système incitatif dont nous développerons les principes théoriques plus loin.

Contrôle de la distribution et du nombre de lits d'hôpitaux

La limitation du développement du nombre de lits d'hôpitaux est un moyen efficace et facile pour contrôler l'offre de santé. Il est en effet largement observé que plus il y a d'hôpitaux (ou de cliniques) dans une région, plus il y a de patients hospitalisés puisque les critères d'admission s'élargissent (demande induite).

Dans les pays où le financement de la santé est essentiellement collectif comme la France, s'est développée une réglementation d'abord destinée à limiter, puis à interdire (par absence de nouvelles autorisations) la création de nouveaux lits d'hospitalisation. L'ordonnance de 1958, modifiée en 1967, impose en effet désormais l'accord du préfet de région dans le cadre d'une carte hospitalière puis, en 1977 le blocage des capacités en lits des hôpitaux publics fut prononcé. Cette carte est un outil gouvernemental de planification sanitaire qui définit un certain nombre de quotas régionaux (nombre de lits par habitant).

Aux États-Unis, l'augmentation de la capacité des hôpitaux (fédéraux et privés à but lucratif ou sans but lucratif) doit obéir à une règle dite des *« certificates of need »*.

En Italie, l'introduction du Service national de santé avait principalement pour but de réduire les capacités hospitalières.

En Belgique, des reconversions de lits pour malades « aigus » en lits pour malades « chroniques » sont encouragées par des primes tandis que la création de nouveaux services est interdite. Des quotas ont même été établis pour plafonner le nombre de journées d'hospitalisation acceptées pour le remboursement.

En Allemagne, l'augmentation du nombre de lits d'hôpitaux doit s'intégrer dans la planification régionale.

Ces différentes formes de limitation des capacités hospitalières prouvent bien qu'elles sont jugées comme excédentaires par la plupart des États (si l'on excepte les établissements sociaux pour personnes âgées).

En fait, si la capacité en lits est considérée comme largement suffisante à l'échelle d'un pays, il persiste souvent de grandes inégalités dans les différentes régions ou dans l'équilibre entre les différentes disciplines médicales.

Dans le domaine privé, l'absence de concurrence potentielle par la création de nouveaux établissements explique en grande partie la flambée des prix des établissements qui disposent d'un certain nombre de lits d'hospitalisation.

De grands investisseurs s'intéressent d'ailleurs de plus en plus au secteur de l'hospitalisation privée, ce qui crée une tendance vers le regroupement des établissements (chaînes de cliniques) et une très forte spéculation qui dépasse de loin les perspectives réelles de rentabilité.

Cette situation, si elle diminue sûrement la demande induite d'hospitalisation, fige complètement l'évolution et l'adaptation du parc hospitalier des pays. Les établissements ne peuvent pas s'agrandir (la capacité en lits est bloquée), ni se réduire (toute la capacité est utilisée puisqu'un lit est rare).

La reconversion de lits hospitaliers d'une discipline à l'autre est souvent très difficile tandis que les réaménagements d'une région à l'autre sont devenus pratiquement impossibles (une certaine forme de restructuration reste cependant possible dans le cas où une clinique privée accepte de vendre un certain nombre de « lits » à un autre établissement de la région).

La croissance des dépenses hospitalières a donc conduit à geler le parc hospitalier à un certain moment de son évolution. Il persiste donc inévitablement des contrastes très importants entre certains services surchargés et d'autres qui restent vides.

La persistance de cette situation se heurte en tous cas de plus en plus aux pressions du corps médical hospitalier dont la promotion est bloquée puisqu'elle dépend directement de l'évolution des hôpitaux.

Enveloppe « globale » des hôpitaux

Les dépenses des hôpitaux publics augmentent constamment tout en représentant de loin la plus grande partie des dépenses de santé (de l'ordre de 50 % des dépenses totales).
Le contrôle du financement des hôpitaux s'est longtemps basé en France sur un durcissement progressif des budgets jusqu'à provoquer l'asphyxie du système : un cercle vicieux s'était alors établi entre les établissements qui étaient contraints d'allonger plus que nécessaire les durées de séjour (en exagérant la gravité des troubles présentés par les malades ou en hospitalisant des patients qui ne devraient pas l'être) et l'État qui restreignait les budgets.
Le système de l'enveloppe dite « globale » (appelée aussi budget global ou dotation globale) a été inspiré du système de « globalisation » des budgets déjà en usage au Canada. Ce principe a été introduit en France par la loi du 19 janvier 1983 et le décret du 11 août 1983. Cette procédure est alors destinée à se substituer définitivement au vieux système du prix de journée.
Chaque hôpital doit désormais s'attacher avant tout à ne pas dépasser les crédits qui lui sont attribués par une caisse dite « pivot » (dépendante directement de la Caisse primaire d'assurance maladie) après négociation périodique selon l'activité prévisionnelle des différents services hospitaliers rebaptisés *centres de responsabilité.*
Il n'existe donc plus de système de tarification proprement dit dans les hôpitaux publics français (sauf encore dans une certaine mesure pour la facturation aux patients non assurés, aux bénéficiaires de l'aide sociale, aux services mobiles d'urgence...).

Avantages de l'enveloppe globale

Le principe de l'enveloppe globale incite les directeurs d'hôpitaux à lutter contre les gaspillages et à ne choisir des innovations techniques ou thérapeutiques que si elles ont un bon rapport coût-efficacité. Il permet aux établissements de bénéficier d'un financement constant et régulier, ce qui facilite la gestion prévisionnelle des charges fixes (coûts du personnel et des charges de fonctionnement).
Les médecins hospitaliers qui ordonnent les soins participent au sein de leur service (centre de responsabilité) à la bonne gestion de l'établissement en essayant de concilier leur part de ressource à leur activité.

Limites de l'enveloppe globale

Le principe de l'enveloppe globale agit comme une véritable méthode de rationnement car il gèle la diffusion du progrès médical à l'hôpital. Le surcoût est alors souvent financé dans les grands hôpitaux universitaires par des économies sur la recherche et l'enseignement car il s'agit d'un moyen plus facile que celui d'accroître idéalement la productivité des soins.
Les hôpitaux, limités par leur budget, ne peuvent plus répondre à tous les besoins exprimés de façon sensible par la population (bien qu'une révision de l'enveloppe globale en cours d'année soit prévue en cas de modification économique ou sanitaire imprévisible). Le risque prin-

cipal est alors l'établissement de files d'attente qui sont toujours mal perçues dans le domaine de la santé.
D'autre part, l'application du système de l'enveloppe globale impose de réduire au maximum l'écart qu'il peut y avoir entre les prévisions et les réalisations ; ce qui a pour effet de consolider les différences qui existent entre les différents établissements, mais aussi entre les différents services qui coexistent à l'intérieur d'un même établissement.
Enfin, le fait que l'enveloppe globale n'augmente pas plus que les prix, contraint les hôpitaux à renoncer au progrès technologique car seul un gain de productivité peut permettre d'économiser des ressources qui pourront éventuellement être affectées à l'évolution du progrès médical.
Une variante originale du modèle français de financement des hôpitaux est celle de la Belgique, inspirée à la fois du système budgétaire du Québec et de celui des États-Unis. Chaque hôpital fait partie d'un groupe de référence d'une trentaine d'hôpitaux comparables au niveau de leurs installations et de leurs activités.
Le financement est fondé sur 3 paramètres :

– un nombre prédéterminé de journées d'hospitalisation,

– les frais d'investissement sont actualisés sur la base des charges réelles,

– le prix du passé le plus récent qui fera éventuellement l'objet d'un ajustement en fonction de la comparaison avec les données du groupe de référence.

Ce nouveau mode de financement des hôpitaux belges a commencé à être mis en place en 1985 et est destiné à inciter les directeurs d'hôpitaux et les médecins, non seulement à ne pas dépasser le budget (car aucun recours n'est possible à la différence de l'enveloppe globale française...), mais aussi à réduire les dépenses.
La réforme du financement des hôpitaux par l'introduction du système de l'enveloppe globale n'est pas une méthode parfaite car aucune prévision fiable n'est possible en matière de demande de santé. Elle constitue cependant une approche importante de la maîtrise des dépenses de santé hospitalières car elle commence à prendre en compte une certaine responsabilisation des médecins hospitaliers et des directeurs d'hôpitaux.
Il est donc logique que les pouvoirs publics français aient étendu progressivement ce mode de responsabilisation au secteur privé (hospitalisation privée, certains corps de praticiens libéraux comme les biologistes, les infirmières ou les ambulanciers). Un certain volume annuel de dépenses et un taux directeur sont alors négociés tous les ans entre l'État, les caisses d'assurance maladie et les représentants des professions concernées (ceux-ci considérant cette réforme comme un rationnement supplémentaire de leur activité et une baisse de leur pouvoir d'achat). En tous cas, l'extension effective du principe d'une enveloppe globale sur la distribution des soins sera loin d'être aisée car un financement public sera toujours mal adapté aux intérêts d'activités privées.

Contrôle de la haute technologie

Le rôle du développement du progrès technologique sur la progression de la consommation en soins de santé est maintenant bien établi.

Il s'agit là aussi d'un exemple typique de demande induite car tout se passe comme si chaque nouveau progrès technique créait un besoin supplémentaire au lieu de se substituer à des techniques anciennes moins efficaces... De plus, les innovations concernent surtout le domaine diagnostic alors que les progrès de la thérapeutique sont beaucoup plus lents.

Pressés par leurs patients, les médecins sont tentés de rechercher des diagnostics toujours plus précis, même si aucune perspective thérapeutique ne peut être espérée...

C'est ainsi que dans le domaine de l'imagerie médicale, le développement de l'implantation des scanners n'a pas fait diminuer significativement le nombre d'examens de radiologie classique tandis que, de la même façon, l'imagerie par résonance magnétique n'a pas fait diminuer de façon importante le nombre d'examens scanographiques demandés...

Ces techniques permettent néanmoins d'obtenir un diagnostic plus rapide et de façon moins agressive. Ils peuvent donc aussi être, dans cette perspective, une bonne source potentielle d'économies. Chaque nouvelle technique fait ainsi l'objet de nombreuses études de type coût-bénéfice mais leurs résultats sont souvent très variables et contradictoires. Ceci vient en grande partie du fait que le coût des nouvelles techniques est très variable dans l'espace (selon les régions et les pays) et dans le temps (les coûts diminuent progressivement grâce à une baisse des prix d'achat, le développement d'une meilleure concurrence et l'amélioration de l'expérience et de la productivité des praticiens).

Le progrès des sciences et des techniques est en tous cas inéluctable car il s'inscrit dans l'évolution des civilisations. C'est le financement collectif des dépenses de santé liées à ce progrès qui est problématique car il progresse beaucoup moins vite.

Tous les pouvoirs nationaux disposant d'un système de santé dont le financement est assuré par la collectivité, essaieront donc de ralentir la diffusion de la haute technologie médicale.

Le moyen administratif de contrôle le plus simple est de soumettre l'implantation d'éléments de haute technologie dans les hôpitaux publics ou privés à une autorisation préalable.

Comme pour le contrôle des lits d'hôpitaux, cette autorisation préalable peut être soumise à des quotas régionaux dans le cadre d'une planification de la diffusion du progrès technique (par exemple un scanner pour 500 000 habitants). Ce principe est parfois utilisé aux États-Unis sous forme d'autorisations fédérales d'investissement, et en France dans le cadre d'une carte sanitaire. Celle-ci est un processus de planification de la santé destiné à une application de taux directeurs par secteurs géographiques. Son but est de coordonner les investissements technologiques lourds, publics et privés, dans un secteur géographique comprenant une population comprise entre 50 000 et 1 000 000 d'habitants.

Ce type de contrôle a une utilité certaine dans la lutte à court terme contre la croissance des dépenses de santé. Cependant, il limite en même temps le marché de la haute technologie et freine donc le développement d'innovations qui pourrait s'avérer avoir un rapport coût-bénéfice potentiellement plus avantageux.

SOLUTIONS INCITATIVES

Plutôt que d'employer des méthodes coercitives telles que celles que nous venons de décrire, on pourrait essayer de chercher dans quelles conditions il serait possible d'empêcher l'apparition des phénomènes

d'inefficacité économique (entre autres les gaspillages...). Ces phénomènes étant dus au fait que certains des acteurs cherchent à optimiser leur satisfaction personnelle plutôt qu'à servir l'intérêt général.
Pour inciter les acteurs à agir de leur plein gré dans le sens de l'intérêt général, il faut obligatoirement mettre en place des procédures qui font coïncider cet intérêt général avec les intérêts individuels. Ces procédures sont appelées procédures incitatives.
En tout premier lieu, pour pouvoir agir à l'encontre d'un comportement anormal, il faut être capable de repérer ce comportement en disposant de l'information nécessaire.
Dans de nombreux cas, le seul fait que des Agents aient connaissance du comportement anormal d'un autre Agent peut faire cesser ce comportement, ne serait-ce que parce que cet Agent n'osera peut-être plus agir anormalement au vu de tous !
Mais il peut aussi arriver que l'Agent concerné n'ait que faire de l'avis des Agents qu'il spolie. De ce fait, il ne changera de comportement que si un au moins des acteurs du système est en mesure de le lui imposer.
La notion de pouvoir est donc, avec celle d'information, le deuxième concept dont le rôle est fondamental dans l'analyse du comportement des acteurs du système de santé.

Rôles du pouvoir et de l'information

L'information et le pouvoir peuvent se répartir de différentes façons et caractérisent chaque système de santé. Nous nous bornerons à citer deux types extrêmes (et classiques) de systèmes : le système centralisé et le système décentralisé.
Dans un système centralisé, un Agent se distingue des autres par le fait qu'il détient soit le pouvoir, soit l'information. Les autres Agents n'ayant soit aucune autonomie, soit aucune information.
À l'inverse, dans un système décentralisé, tous les Agents détiennent soit le même pouvoir, soit la même information.
Ainsi les concepts de centralisation-décentralisation relèvent-ils de la façon dont se répartissent soit le pouvoir (on parlera de système à pouvoir centralisé ou décentralisé), soit l'information (on parlera de système d'information centralisée ou décentralisée).
En pratique, la centralisation-décentralisation porte à la fois sur le pouvoir et sur l'information. Enfin, il est rare qu'un système soit « totalement centralisé » (situation dans laquelle un Agent détiendrait la totalité du pouvoir, ou la totalité de l'information, ou les deux), ou soit « totalement décentralisé » (situation dans laquelle tous les Agents détiennent le même pouvoir ou la même information, ou les deux). Les systèmes économiques réels sont plus ou moins centralisés ou, ce qui revient au même, plus ou moins décentralisés.
Si l'on considère cinq acteurs (ou Agents), l'État, l'hôpital, la Sécurité sociale, les médecins libéraux et les patients, le système est probablement plutôt centralisé. En effet, l'État détient une part importante de pouvoir sur les autres Agents : il fixe la façon dont les médecins libéraux et l'hôpital sont rémunérés, la part à verser par la Sécurité sociale et la participation des patients. Il possède en principe une assez bonne connaissance des actions de l'hôpital et de l'activité des médecins mais peut-être est-il moins informé des comportements des patients.

Par la suite, on pourra admettre que l'État joue un rôle prépondérant, en ce sens qu'il détient beaucoup plus de pouvoir et d'information que les autres Agents. Pour cette raison, on le désignera couramment sous le nom de *Planificateur*, d'*Agent central* ou simplement de *Centre*. Les autres acteurs étant simplement désignés par *Agents* ou même d'*Agents périphériques.*

Cependant, il pourra arriver que l'on s'intéresse seulement à tel ou tel des acteurs du système en négligeant provisoirement les autres. Par exemple, on pourra s'intéresser aux relations, en termes de pouvoir et d'information, entre un médecin et ses patients, ou bien entre l'État et l'hôpital (représenté par l'ensemble des établissements), ou bien entre le patient et les assureurs potentiels, entre un assureur et des patients, etc.

Mais on pourra aussi chercher à analyser, en termes de pouvoir et d'information, les relations entre un Agent fonctionnaire, un chargé de mission permanent ou occasionnel et une autorité de tutelle...

Description de la relation d'agence

Dans beaucoup de circonstances, l'économiste de la santé s'intéressera à l'étude des relations entre un Agent et un groupe de un ou plusieurs Agents. Par exemple, il pourra s'intéresser aux relations entre un patient et l'ensemble des médecins auxquels il lui est possible de s'adresser, entre un médecin et l'ensemble des patients qui s'adressent à lui, entre un directeur d'hôpital et l'ensemble des chefs de services qui sont sous sa dépendance, entre le ministère de la Santé et l'ensemble des directeurs d'hôpitaux, etc. Ce type de relations est connu sous le nom de *relation d'agence.*

Dans ce cas, l'Agent isolé est appelé *Agent principal*, ou *Principal* tandis que les autres Agents sont appelés simplement *Agents*. La relation qui les relie est alors appelée relation « Principal-Agent ».

Ainsi, lorsqu'on s'intéresse à la relation entre un patient et les médecins potentiels auxquels il peut s'adresser (par exemple tous les généralistes qu'il a repérés sur son minitel et qui sont situés à moins de 20 kilomètres de son domicile), on aura affaire à une relation « Principal-Agent » dans laquelle le Principal est le patient et les Agents sont les médecins.

Inversement, si l'on s'intéresse à la relation entre un médecin et ses clients (qui seront par exemple tous les patients qu'il a reçu depuis moins de 2 ans), on aura une relation « Principal-Agent » dans laquelle le principal est le médecin et les Agents sont les patients.

Le choix du Principal et des Agents est donc fondamental dans une analyse en termes de « Principal-Agent ».

Bien que théoriquement n'importe quel acteur économique puisse être considéré comme Principal ou comme simple Agent, il est clair que les seules analyses présentant un intérêt seront celles dans lesquelles le Principal détient un minimum d'information et/ou de pouvoir par rapport aux Agents auxquels il est confronté. Il est donc important que l'on réfléchisse soigneusement au choix des rôles. Notons enfin que rien n'empêche qu'*a priori*, dans une relation « Principal-Agent », un principal soit en présence d'un seul Agent, mais il semble bien qu'il s'agisse là d'une situation extrême et sans réel intérêt.

On considérera ainsi que, dans une relation « Principal-Agent », les caractéristiques suivantes sont observées :

– le Principal exerce un certain pouvoir sur les Agents,
– les Agents détiennent des informations individuelles qu'ils peuvent transmettre au Principal mais ne s'échangent pas entre eux.

Problématique de la relation d'agence

Puisque beaucoup de situations rencontrées en économie de la santé peuvent être anticipées en terme de relations d'agence, il est intéressant d'observer cette relation en termes de pouvoir et d'information.

Lorsqu'une situation donnée est analysée dans le cadre d'une relation d'agence, c'est que le Principal et les Agents sont engagés dans une action commune qui les conduira à prendre des décisions. Ces décisions dépendront alors d'un certain nombre de paramètres ou de caractéristiques propres aux acteurs en présence.

On peut, en premier lieu, considérer que chaque Agent a des préférences sur les résultats d'une action commune, et en second lieu, qu'il dispose d'un certain nombre d'actions possibles choisies de façon à atteindre le « meilleur » résultat orienté vers sa préférence.

Considérons par exemple un directeur d'hôpital comme le Principal et les sous-directeurs dirigeant chacun une des trois unités constituant cet hôpital comme des Agents.

Le directeur de l'hôpital projette d'atteindre un certain niveau d'activité pour chaque unité : 45 000 journées d'hospitalisation pour la première unité, 30 000 pour la deuxième et 50 000 pour la troisième.

Si les trois sous-directeurs émettent les mêmes souhaits, il n'y a théoriquement pas de problème pour essayer d'atteindre ces objectifs puisque tout le monde a les mêmes intérêts : l'intérêt collectif (représenté par celui du directeur de l'hôpital ou Principal) coïncide avec les intérêts particuliers (représentés par ceux des sous-directeurs).

Le Principal donnera des directives pour atteindre les objectifs fixés et les Agents lui communiqueront toute l'information dont ils disposeront afin que ce dernier puisse adapter ses directives.

En revanche, ce mécanisme se dérègle dès l'instant où les objectifs (ou préférences des Agents) ne coïncident pas avec ceux du Principal. En effet, dans ce cas, chacun cherchera à atteindre le résultat qu'il préfère ce qui pourra conduire, lorsque toutes les actions auront été réalisées, à ce que personne ne soit totalement satisfait.

Ainsi, dans l'exemple précédent, supposons que le Principal désire atteindre un total de 125 000 journées d'hospitalisation (45 000 + 30 000 + 50 000) mais que le premier sous-directeur ne souhaite pas dépasser 35 000, le deuxième ait toujours 30 000 et que le dernier cherche à en réaliser 60 000.

Comment peut alors fonctionner le système ? Comment les divers acteurs vont-ils s'y prendre pour réaliser leurs objectifs ?

En fait, tout dépendra de la façon dont se répartira le pouvoir et dont circulera l'information.

Le pouvoir est exercé par le Principal car c'est lui qui fixe aux Agents les objectifs à atteindre. Toutefois, ce pouvoir reste limité en ce sens qu'il veut contraindre les Agents à atteindre cet objectif. Le pouvoir du Principal est alors celui d'un chef qui anime et coordonne une équipe ;

ce n'est pas celui d'un dictateur pour lesquels tous les moyens sont bons pour arriver à ses objectifs, sans se soucier de ceux de ses Agents.

Les Agents, quant à eux, détiennent des informations : elles concernent en fait essentiellement leurs propres préférences sur les résultats des actions, c'est-à-dire en fait sur leurs objectifs.

Si tous les Agents et le Principal s'asseyaient autour d'une table et discutaient librement sans dissimuler quoi que ce soit de leurs préférences, la discussion pourrait peut-être aboutir à une modification de leurs propres préférences de telle sorte que tous les intérêts coïncident.

Ainsi, dans la situation évoquée, le Principal pourrait admettre que son objectif de 125 000 journées puisse être atteint avec 40 000 + 30 000 + 55 000 journées ; le premier et le troisième sous-directeur ayant accepté de modifier leurs préférences pour que cette répartition devienne la « meilleure pour tous ».

Le plus souvent, lorsque des individus sont placés dans des situations conflictuelles dans lesquelles leurs intérêts divergent, ils ne sont pas prêts à accepter d'autres préférences que la leur qu'ils chercheront à satisfaire coûte que coûte : c'est ce qui se passe dans la relation d'agence. Dans ce cas, une fois l'objectif fixé par le Principal, les Agents qui ont un objectif différent vont être tentés de lui transmettre des informations qui tendront à lui faire accréditer l'idée selon laquelle ils ne sont pas en mesure d'atteindre l'objectif qui leur a été fixé.

Ainsi par exemple, le premier sous-directeur expliquera qu'il ne peut atteindre 45 000 journées pour un certain nombre de raisons : équipements insuffisants, personnels mal répartis et n'ayant pas les qualifications requises. Il allèguera qu'une réorganisation n'est pas possible avant un délai de plusieurs années... Il ne révèlera même pas quel est son véritable objectif et, bien entendu, il se risquera encore moins à communiquer la nature de ses intentions aux autres Agents qui pourraient exploiter contre lui ces informations.

Évidemment, si le Principal avait le pouvoir de s'assurer de la véracité des informations qui lui sont transmises par les Agents, il se rendrait alors rapidement compte de la mauvaise volonté de tel ou tel Agent. Il pourrait en conséquence prendre des mesures qui, soit élimineraient cet Agent, soit le contraindraient à révéler exactement toutes ses informations.

On serait donc ramené à une situation déjà décrite où toute l'information est disponible par le Principal. On supposera donc que nous sommes dans une situation où le Principal n'a pas les moyens de contrôler précisément la véracité des informations que lui transmettent les Agents.

Dans la relation d'agence, les Agents réagissent à l'exercice du pouvoir du Principal, transmis sous la forme d'un objectif à réaliser, en renvoyant à ce Principal une information destinée à justifier éventuellement le fait qu'ils ne sont pas en mesure d'atteindre cet objectif. De plus, les Agents ne communiquent pas entre eux. Ainsi, en application de cette règle et dans l'exemple déjà évoqué, on pourra aboutir à la répartition : 40 000, 30 000, 55 000. Le Principal souhaitant que le premier sous-directeur atteigne 45 000 journées, alors que celui-ci ne désirait qu'un chiffre de 35 000. L'exercice de l'autorité du principal a permis d'obtenir 40 000 au lieu de 35 000 mais le sous-directeur de la première unité a cherché à préserver sa satisfaction en diminuant l'objectif des 45 000 ; un phénomène semblable mais inverse se produit pour le sous-directeur de la troisième unité.

En définitive, le résultat des négociations est frustrant pour tout le monde, personne ou presque n'ayant réussi à atteindre ses objectifs.

On peut donc considérer que, dans une relation d'agence, la rétention d'information et la dissimulation des objectifs personnels conduisent à des résultats d'action presque jamais vraiment satisfaisants pour tous les partis.

Ce problème d'information dans la relation d'agence est d'une telle importance que de nombreux travaux ont été réalisés en vue de mieux décrire les caractéristiques des problèmes d'information et de construire des procédures qui permettraient de faire en sorte que chaque Agent ait tout intérêt à révéler une véritable information.

Il est possible de distinguer deux catégories de situations qui mettent en jeu des problèmes de dissimulation d'information :

– les situations de sélection adverse,
– les situations de risque moral.

Situations de sélection adverse

Définition

On dira que, dans une relation d'agence, on est en situation de sélection adverse si l'un au moins des Agents dissimule au Principal une information concernant ses caractéristiques. Cette définition est un peu vague et mérite d'être précisée.

Caractéristiques de l'Agent

Dans une relation d'agence, un Agent figure dans le cadre d'actions qu'il doit mener en liaison avec d'autres Agents et un Principal. En tant qu'acteur, cet Agent possède un certain nombre de caractéristiques qui permettent de le décrire avec précision. Par exemple, son âge, son sexe, sa profession, son revenu, son niveau culturel, les emplois qu'il a déjà exercés... sont autant d'informations qui lui sont personnelles. On peut aussi y ajouter des caractéristiques concernant ce qu'il représente en tant qu'Agent : institutions, établissement, structure de production de soins, service, cabinet, etc. De toutes ces caractéristiques, il est probable qu'un certain nombre sont de grande importance dans la relation qu'il entretient avec le Principal, en particulier pour celles qui concernent l'institution ou l'organisme qu'il représente en tant qu'Agent.

Ainsi, un directeur d'hôpital, lorsqu'il s'adresse au directeur central, représente un établissement de soins ayant un certain nombre de personnels de toutes catégories, des équipements en plus ou moins bon état, etc. Tous ces éléments sont susceptibles de jouer un rôle important dans la relation. L'Agent connaît (ou est censé connaître...) avec précision toutes ces caractéristiques qui définissent son état d'Agent.

En revanche, le Principal, s'il lui est possible de connaître sans difficultés un certain nombre des caractéristiques de son Agent (effectif en personnel, niveaux de qualification, inventaire, etc.), devra lui faire confiance lorsque celui-ci lui transmettra d'autres types d'information. Ainsi le Principal devra probablement se contenter de ce qu'il lui dira au sujet de la productivité des personnels, leur formation continue, les méthodes de travail des services spécialisés, etc.

Origine du concept

La notion de sélection adverse est un concept déjà ancien qui a permis de décrire des comportements entre des Agents et un Principal dans des problèmes liés à l'assurance.
À travers ce type de problème, il est aisé de comprendre les conséquences d'une situation de sélection adverse.
Considérons en effet :

– **un assureur** : une mutuelle complémentaire (le Principal),
– **des assurés** : les adhérents à cette mutuelle (les Agents).

Lors de l'établissement de la souscription, la mutuelle ne connaît pas les caractéristiques de ses candidats à l'assurance en ce qui concerne le risque à couvrir.
Supposons par exemple que cette mutuelle propose une indemnité journalière de 500 F par journée d'hospitalisation (en plus des remboursements institutionnels) à ses assurés, en échange d'une prime annuelle de 2 000 F.
Les personnes estimant qu'elles ont peu de chances d'aller à l'hôpital (parce qu'elles sont jeunes, en bonne santé, ne prennent pas de risques particuliers...) pourront trouver la proposition sans intérêt et trop coûteuse. En revanche, une personne qui consomme beaucoup de journées d'hôpital pourra être très intéressée par cette proposition.
Ainsi, en l'absence de connaissances précises des caractéristiques des assurés potentiels, la mutuelle risque de ne voir souscrire que des candidats à haut risque, ce qui pourra à terme l'amener à renoncer à sa proposition d'assurance.

Perspectives

Dans le domaine de la santé, il y a encore peu d'exemples de situations qui soient modélisées dans le cadre d'une sélection adverse, du moins pour en retirer un avantage objectif.
Il est toujours possible de dire que telle ou telle situation peut se décrire en référence à la situation de sélection adverse, mais il y a encore trop peu de modèles théoriques qui utilisent ce concept autrement qu'à titre anecdotique.
Ainsi, par exemple, les économistes ont-ils coutume de décrire, en termes de situation de sélection adverse, la relation entre un patient et les médecins auxquels il peut s'adresser. On trouvera une très bonne description de cette relation dans l'ouvrage de Mougeot cité en référence.

Situations de risque moral

Définition

On dira que, dans une relation d'agence, on est en situation de risque moral si l'un au moins des Agents dissimule au Principal une information concernant ses actions.

Exemples

Une telle situation s'observe lorsque, dans le cadre d'une relation d'agence, le Principal et l'un au moins des Agents n'ont pas de préférences qui coïncident, et si l'un de ces Agents décide d'avoir une action destinée à satisfaire sa propre préférence au détriment de celle du Principal.

Ainsi une situation de risque moral est constatée dans les relations du type assureur-Principal ou assuré-Agent vis-à-vis d'une assurance contre le risque hospitalisation.

En effet, l'assuré peut modifier son comportement dès l'instant où il a souscrit son contrat en négligeant toutes les mesures préventives contre les maladies (vaccinations, MST, etc.), en se faisant explorer à l'hôpital pour des symptômes bénins, etc. Autant de comportements que l'assureur n'est pratiquement pas en mesure d'observer par le contrôle, sauf en dépensant des sommes considérables (ce qu'il ne fait pratiquement jamais).

On peut bien entendu imaginer des situations de risque moral dans une relation d'agence entre un directeur Principal et les directeurs de différentes unités. Il en serait de la sorte si une fois fixés les objectifs par le Principal en matière d'activité (par exemple un nombre de journées d'hospitalisation à réaliser au cours de l'année), l'un des directeurs d'unité laissait le personnel sans contrôle de leur activité, en ne vérifiant pas que les services dus sont bien faits, etc., cela sans que le Principal n'ait vraiment les moyens de s'en rendre compte. Dans ce cas, les objectifs pourront ne pas être atteints, ou bien, pour les atteindre, le Principal sera forcé d'affecter des moyens supplémentaires à cet Agent.

Dans chacune de ces circonstances, le Principal ne satisfait pas sa préférence car des actions inconnues de lui sont entreprises par les Agents.

Comment éviter les situations de sélection adverse et de risque moral ?

Sélection adverse et risque moral sont les situations les plus caractéristiques du dysfonctionnement de la relation d'agence. Toutes deux mettent en évidence le rôle pénalisant (au moins pour le Principal) de la rétention d'informations détenues par les Agents.

Pour éviter de se trouver dans de telles situations, il faudrait imaginer des procédures qui *inciteraient* les Agents à révéler une information véritable sur leurs propres caractéristiques et sur leurs actions. De telles procédures existent : ce sont les *procédures incitatives.*

Une procédure incitative sera en fait une règle qui précise la façon dont doivent se comporter le Principal et les Agents lors de la détermination du contrat qui les lie les uns aux autres. Pour que les Agents aient intérêt à révéler leur information au Principal, cette règle devra être telle que tout Agent qui dissimulerait une information prendrait le risque de se trouver pénalisé.

Prenons pour exemple les *Health Maintenance Organization* (HMO) aux États-Unis (réseaux d'hôpitaux et de médecins offrant leurs services gratuitement aux personnes leur ayant souscrit un abonnement annuel).

Leur procédure incitative est simple : elle est basée sur le principe de la rémunération des médecins proportionnellement aux économies qu'ils font réaliser au réseau tout entier.

Les médecins n'ont donc pas intérêt à dissimuler la nature de leur activité sous peine de pénaliser le réseau et de se pénaliser eux-mêmes

(la qualité des soins étant garantie par la mise en concurrence des HMO).
Il va de soi que, dans chaque contexte de situation d'agence, on pourrait probablement imaginer des règles spécifiques. Beaucoup de choses restent à faire en ce domaine. Cependant, dans quelques situations bien particulières, certaines règles incitatives ont fait leurs preuves et sont devenues « classiques ».
Ce sont ces règles ou procédures que nous allons maintenant présenter pour clore ce tour d'horizon sur l'ensemble des problèmes posés par les questions d'échange d'informations entre les acteurs d'un même système de santé.

Principales procédures incitatives

On supposera désormais que les objectifs fixés par le Principal aux différents Agents, ainsi que les objectifs des Agents sont repérés par des nombres.
Ainsi par exemple, ces objectifs pourront être des nombres représentant des coûts, des productions (nombre de journées produites par un hôpital, chiffre d'affaires, bénéfice, etc.).
Dans un premier temps, nous présenterons deux procédures d'incitation applicables lorsque le Principal met en concurrence ses Agents pour la réalisation d'un objectif donné : ce sont des procédures d'enchère particulières. Nous aborderons deux procédures d'enchère : la procédure dite de *Vickrey* (1961) et la procédure des *contrats à clauses motivantes.*
Nous donnerons ensuite un exemple de procédures incitant les Agents à révéler leurs véritables informations au Principal sans être placés en situation de concurrence (comme dans le cas des enchères). Il s'agira de la procédure de *Weitzman* (1976).

Procédures incitatives d'enchère

Définition

Une procédure d'enchère est une procédure dans laquelle le Principal met en concurrence les Agents en vue de réaliser une action. Dans cette procédure, seul un Agent sera sélectionné par le Principal ; la sélection étant effectuée selon une règle définie par le Principal, connue et acceptée par les Agents.
Dans une telle procédure, le Principal transmet aux Agents les caractéristiques du projet qu'il souhaite voir réaliser : les Agents transmettent au Principal leur réponse à ce signal.
Une procédure d'appel d'offres peut être utilisée dans de nombreuses situations. Par exemple, le Principal peut souhaiter céder un objet à l'un des Agents en échange d'une certaine somme d'argent. Il peut souhaiter que soit réalisé un certain investissement en cédant une certaine somme d'argent à l'Agent qui réalisera cet investissement, etc.
Dans chaque cas, le principe relève de la même théorie qui est celle des enchères.
Pour fixer les idées, nous présenterons pour la suite la procédure d'enchère dans le cas d'un Principal demandant à ses Agents de lui faire des propositions de prix pour la réalisation d'un investissement.

Par exemple, supposons que le directeur général d'un grand hôpital (le Principal) demande à ses directeurs d'unité (les Agents) de lui faire des propositions relatives au budget qu'ils estiment nécessaire pour créer un nouveau service. Il demande alors à chaque Agent de lui communiquer sous pli cacheté (de façon à garantir qu'aucune information ne transite d'un Agent à un autre) leur propre proposition de budget. Le problème sera alors de définir la règle de choix des propositions de façon à ce qu'elle incite les Agents à proposer le budget réel qu'ils ont calculé, et non un autre budget qu'ils auraient volontairement mésestimé.

Procédure d'attribution au « mieux disant »

Une règle simple et qui vient naturellement à l'esprit est d'attribuer la réalisation du projet à l'Agent qui proposera le coût le moins élevé possible : c'est ce qu'on appelle la procédure d'attribution au « mieux disant ».

Avec une telle règle, il n'est pas certain que des Agents communiqueront au Principal le coût qu'ils estiment réellement pour la réalisation du projet.

Supposons par exemple qu'un Agent pense que la réalisation du projet que désire réaliser le Principal revient exactement à 3 millions de francs (MF). Pour cet Agent, 3 MF est donc la proposition la plus basse qui puisse être faite. Supposons qu'il ait tellement « serré » son estimation qu'il pense sincèrement qu'aucun des autres Agents n'ait pu faire une proposition inférieure à 3,5 MF. Dans ces conditions, il sera tenté de proposer un devis de 3,4 MF à son Principal.

En effet, si ses appréciations sont bonnes et si la plus basse des propositions de ses concurrents est en réalité de 3,5 MF, alors il sera choisi et il aura gagné 0,4 MF (il aurait pu gagner jusqu'à 0,49 MF en en proposant 3,49...).

Si son appréciation n'est pas bonne et si quelqu'un a fait une proposition à 3,2 MF, alors il n'aura pas le marché. Mais malgré tout, cette procédure l'incite à surévaluer son offre tout en courant le risque de l'avoir surestimée.

Remarquons aussi qu'*a priori*, chacun des Agents est tenté par la surévaluation de ses propositions. Par conséquent, celui qui aurait établi son budget réel à 3,2 MF l'aurait peut-être par exemple proposé à 3,6 MF. Ceci justifie alors, le raisonnement de notre premier Agent.

De par la tentation du bluff, la procédure d'enchère « au mieux disant » n'incite donc pas les Agents à révéler leurs véritables estimations.

Procédure d'appel d'offre concurrentiel (Vickrey)

Il existe toutefois une procédure d'enchère qui incite les Agents à révéler leurs vraies estimations, c'est la procédure dite « d'appel d'offre concurrentiel » développée par Vickrey en 1961.

Nous décrirons cette procédure dans le cadre d'une situation d'enchère où un Principal demande à ses Agents de lui soumettre des propositions de coût pour la réalisation d'un projet. Le lecteur transposera aisément cet exemple à d'autres situations (par exemple le Principal désirant céder un bien en échange de monnaie, etc.).

Dans cette procédure, la règle consiste à attribuer la réalisation du projet à l'Agent ayant fait la proposition de coût la plus basse, mais en donnant à cet Agent une rémunération égale au coût proposé par l'Agent ayant fait la proposition de coût immédiatement supérieure.

Ainsi, reprenons l'exemple précédent où les 4 Agents en concurrence ont proposé respectivement des budgets de 3 MF, 3,2 MF, 3,5 MF et 4 MF. Le Principal attribuera le marché à l'Agent qui a fait la proposition à 3 MF mais en lui donnant un budget de 3,2 MF. Ce mécanisme, qui est d'une simplicité remarquable, est bien connu de tous ceux qui passent des marchés sous forme d'enchère. Il garantit effectivement que les Agents proposeront au Principal leurs vraies estimations.

Nous pouvons d'ailleurs nous en assurer sur notre exemple.

L'Agent qui a estimé son budget à 3 MF n'a aucun intérêt à proposer un budget inférieur à 3 MF car il perdrait de l'argent.

Il n'a pas non plus intérêt à proposer un budget de plus de 3 MF. En effet, s'il propose plus de 3 MF, il prend d'une part le risque de ne pas obtenir le marché s'il propose un montant qui dépasse la proposition classée en deuxième place (par exemple, il perd le marché s'il demande strictement plus de 3,2 MF), et d'autre part, ce risque persiste sans qu'il puisse espérer faire un gain supplémentaire s'il propose un chiffre compris entre sa proposition et celle classée en deuxième (s'il propose par exemple 3,1 MF, il ne gagnera pas plus que s'il propose 3 MF, puisqu'il recevra dans chaque cas 3,2 MF !).

Cette procédure est pour cette raison devenue un outil privilégié dans l'organisation des appels d'offres et en particulier ceux qui concernent les marchés publics.

Procédure de contrat à marges fixes

Il existe toutefois d'autres procédures qui permettent d'inciter les Agents au cours d'une enchère à révéler leurs informations concernant le coût réel de leur proposition, tout en conservant le principe de l'attribution du marché à l'Agent qui a fait « la meilleure » offre au sens du Principal. L'une de ces procédures est celle des *contrats à marges fixes*.

Elle correspond à une situation d'agence dans laquelle le Principal demande aux Agents de réaliser une action en contrepartie de laquelle ils recevront une rémunération.

Le problème est alors de savoir comment déterminer cette rémunération :

– doit-elle être liée à une proposition estimée faite par l'Agent avant que ne soit connu le coût réel ?
– doit-elle au contraire ne dépendre que du coût ? ou tenir compte du coût réel de la proposition connue *a posteriori* ?

La procédure de base du contrat à marge fixe attribue à l'Agent une rémunération calculée ainsi : on lui rembourse le montant exact du coût (connu après réalisation de l'action) et on lui donne en plus une gratification proportionnelle à la valeur de sa proposition.

Par exemple, si un Agent annonce que la réalisation de l'objectif fixé par le Principal nécessitera 3 MF, le Principal pourra décider que la rémunération de cet Agent sera constitué de la dépense réelle à laquelle s'ajoutera un certain pourcentage fixé à l'avance (par exemple 5 %) de la proposition préalable de l'Agent : si *a posteriori* il est établi (factures à l'appui...) que le coût réel est de 2,8 MF, alors l'Agent recevra 2,8 MF plus une prime de 150 KF représentant 5 % de 3 MF.

Cette procédure de contrat à marges fixes peut en fait induire de véritables situations de sélection adverse ou de risque moral.

En effet, dans cette procédure, le bénéfice de l'Agent est proportionnel au montant de sa proposition. De ce fait et comme lors d'une enchère

attribuée à la meilleure proposition et rémunérée sur la base de cette proposition, l'Agent pourra être tenté de surévaluer la proposition qu'il adressera au Principal.
Seul le risque de ne pas obtenir le marché peut inciter cet Agent à ne pas faire de proposition trop élevée. On se retrouve donc en situation de sélection adverse.
Mais cette procédure peut aussi relever d'une situation de risque moral. En effet, l'Agent se fait rembourser la totalité des coûts de la réalisation et rien ne l'incite donc à limiter ces coûts. Il n'a alors aucun intérêt à dépenser son énergie pour empêcher les coûts d'augmenter de façon anormale puisque le centre rembourse quel que soit le coût !
Ainsi dans l'exemple précédent, l'Agent propose une estimation à 3 MF pour la réalisation de l'objectif : son bénéfice sera alors de 150 KF, qu'il contienne des coûts à 2,8 MF ou qu'il les laisse déraper et s'élever à 3,2 MF.

Procédure de contrat « à classes motivantes »

Une procédure utilisée pour remédier à cet inconvénient est celle de la procédure du contrat *« à classes motivantes »*. Elle consiste à ajouter à la rémunération définie dans la procédure de « contrat à marge fixe » une somme proportionnelle à la différence entre la proposition et le coût réellement observé.
Si cette différence est positive, c'est-à-dire si le coût réel se trouve en dessous de la valeur de la proposition, la rémunération incitative est une prime.
Si cette différence est négative, c'est-à-dire si le coût réel dépasse la valeur de la proposition, la rémunération incitative est alors une pénalité !
Une telle procédure tend à limiter les situations de sélection adverse et de risque moral en incitant l'Agent à faire une proposition au Principal qui soit le plus proche possible du coût effectivement réalisé.
En effet, si la proposition est supérieure au coût réel, alors l'Agent court le risque de ne pas se voir attribuer le marché.
Inversement, si la proposition est inférieure au coût réel, c'est-à-dire si l'Agent n'a rien fait pour limiter les coûts, alors il sera pénalisé. Il en résulte que l'Agent a tout intérêt à ce que le coût réel soit inférieur au coût estimé qui, en cas de comportement prudent, sera celui adopté comme proposition de l'Agent.
Par exemple supposons que l'Agent estime le coût à 2,8 MF, que le bénéfice proposé soit égal à 5 % de la proposition initiale et que s'y ajoute 80 % de l'écart entre la proposition et le coût réel.
Si l'Agent propose 3 MF, il bénéficiera de 150 KF. Si de plus le coût réel est inférieur à 3 MF (par exemple s'il est de 2,9 MF), il s'y ajoutera $0{,}8 \times (3 - 2{,}9) = 0{,}08$ MF, d'où un bénéfice de 230 KF. Si le coût réel est de 2,8 MF, le bénéfice sera de 310 KF et ce bénéfice augmentera à mesure que le coût réel diminue.
Mais il va de soi que plus le coût réel est inférieur au coût estimé, plus le risque augmente qu'un autre Agent fasse une proposition inférieure et emporte le contrat.
Une attitude prudente de l'Agent est donc (si le coût estimé de 2,8 MF est plausible à ses yeux) de proposer 2,8 MF et de faire en sorte que le coût réel soit aussi de 2,8 MF.
Cette procédure permet donc bien de limiter les risques de se trouver dans les situations critiques de sélection adverse ou de risque moral.

Procédure de Weitzman

Nous terminerons en évoquant une procédure qui permet d'éliminer les situations de sélection adverse et de risque moral dans le cas où un Principal propose à des Agents des objectifs représentés par des nombres : chiffre d'affaires, budget discuté entre l'État et un directeur d'hôpital ou entre un directeur d'hôpital et ses chefs de service, etc. Cette procédure est connue sous le nom de procédure de Weitzman et nous en donnerons une présentation simplifiée illustrée par un exemple.

Supposons que le directeur d'un ensemble d'établissements cherche à fixer des objectifs budgétaires à ses directeurs d'établissement : la procédure de Weitzman vise à faire en sorte que chaque Agent ait intérêt à adopter comme budget de fonctionnement le budget minimal, c'est-à-dire celui qu'il estime au moins nécessaire pour le fonctionnement de son centre (le budget « plancher » en quelque sorte).

Dans un premier temps, le Principal propose à l'Agent un budget de fonctionnement que nous noterons F_p.

Par exemple, pour un Agent donné, le Principal propose $F_p = 18$ MF.

Le Principal propose par ailleurs une prime (ou une gratification) que nous noterons G_p. Cette gratification sera allouée à l'Agent s'il réalise l'objectif assigné (ne pas dépasser F_p) ; sinon elle ne lui sera pas allouée, par exemple $G_p = 0,5$ MF.

Dans un deuxième temps, l'Agent, compte-tenu de l'information dont il dispose sur ses caractéristiques propres, propose au Principal un autre budget que nous noterons F_A : ce budget peut être soit supérieur à F_p (ce qui sera probablement souvent le cas…), soit inférieur à F_p.

En même temps, il propose que sa gratification, notée G_A, soit calculée ainsi :

$$\mathbf{G_A = G_p + \beta\,(F_p - F_A)}$$

où β est un coefficient réducteur (compris entre 0 et 1) fixé une fois pour toute par le Principal avant la négociation et que personne ne conteste.

Ainsi, si l'Agent pense que le budget que lui propose le Principal est insuffisant, il est prêt à accepter en contrepartie une réduction de sa gratification, cette dernière ne lui étant allouée que s'il atteint effectivement l'objectif F_A qu'il se fixe.

Par exemple, si notre Agent pense que son budget doit être de 20 MF et non de 18 MF, et si $\beta = 0,1$, alors sa gratification (s'il reste dans un budget de 20 MF) sera en fin d'exercice de :

$$\mathbf{G_A = 0,5 + 0,1\ (18 - 20) = 0,5 - 0,2 = 0,3}$$

La proposition du Principal et la réponse de l'Agent sont faites au début de l'exercice, et elles sont mises en mémoire.

On laisse se réaliser l'exercice et on observe ce qui s'est passé. Observons alors le budget effectivement dépensé par l'Agent et notons F_R ce budget.

C'est en fonction de la valeur de F_R (le budget réalisé) par rapport à F_A (le budget annoncé par l'Agent) que se calculera la gratification réelle de l'Agent.

La procédure de Weitzman propose le calcul suivant de cette gratification que nous noterons G_R.
Deux cas sont à distinguer, suivant que l'Agent ait atteint ou non son objectif F_A :

– **1**[er] **cas** : l'Agent a atteint son objectif F_A.
Dans ce cas, le budget réel dépensé F_R est inférieur à F_A.
Alors la gratification finale G_R est calculée ainsi :

$$\mathbf{G_R = G_A + \alpha\,(F_A - F_R)}$$

où A est un coefficient réducteur positif choisi par le principal au tout début de sa relation avec l'Agent, et tel que :

$$\mathbf{0 \leq a < b \leq 1}$$

– **2**[e] **cas** : l'Agent n'a pas atteint son objectif F_A.
C'est donc que le budget réel F_R dépasse F_A.
Dans ce cas, la gratification finale G_R sera calculée ainsi :

$$\mathbf{G_R = G_A + \gamma\,(F_A - F_R)}$$

où γ est, là encore, un coefficient réducteur positif choisi au début par le Principal, et tel que :

$$\mathbf{0 \leq \alpha < \beta < \gamma \leq 1}$$

L'examen de cette règle de rémunération appelle une remarque : si l'Agent atteint (ou dépasse) son objectif ($F_R \leq F_A$, c'est-à-dire que le budget dépensé a été inférieur à la prévision), alors l'Agent se voit attribuer, en plus de la gratification qu'il a demandé (G_A) un « bonus » supplémentaire proportionnel à ses économies budgétaires.
En revanche, s'il n'a pas tenu son contrat ($F_R > F_A$, c'est-à-dire que son budget a « dérapé » et dépassé F_A), alors l'Agent est pénalisé proportionnellement à ce « dérapage ».
De plus, il est proportionnellement plus pénalisé par un dérapage qu'avantagé par une économie, du fait que α est inférieur à γ (une économie de 1 MF lui « rapporte » α x MF, alors qu'un excès de 1 MF lui « coûte » γ x MF.
Sachant que :

$$\mathbf{G_R = G_A + \alpha\,(F_A - F_R) \text{ si } F_R \leq F_A}$$
$$\mathbf{G_R = G_A + \gamma\,(F_A - F_R) \text{ si } F_R \geq F_A}$$

et que :

$$\mathbf{G_A = G_p + \beta\,(F_p - F_A)}$$

On peut calculer la gratification finale (celle qui sera effectivement versée) en fonction de F_A (l'objectif que s'était fixé l'Agent) et de F_R (l'objectif qu'il a atteint réellement).
Un calcul très simple, consistant à reporter la valeur de G_A dans les expressions qui donnent G_R, nous fournit le résultat :

$$G_R = G_p + \beta (F_p - F_A) + \alpha (F_A - F_R)$$
$$= (G_p + \beta F_p) - F_A (\beta - \alpha) - \alpha F_R$$
$$\text{si } F_R \leq F_A$$

et :

$$G_R = G_p + \beta (F_p - F_A) + \gamma (F_A - F_R)$$
$$= (G_p + \beta F_p) - F_A (\beta - \gamma) - \gamma F_R$$
$$\text{si } F_A \leq F_R$$

Par exemple, si le centre a fixé : $\alpha = 0{,}05$, $\beta = 0{,}1$ et $\gamma = 0{,}2$; s'il a proposé à l'Agent un objectif $F_p = 18$ MF et une gratification $G_p = 0{,}5$ MF, alors la gratification finale de cet Agent sera, suivant les valeurs F_A et F_R qu'il propose et réalise :

$$G_R = 0{,}5 + 0{,}1 \times 18 - F_A \times 0{,}05 - F_R \times 0{,}05$$
$$\text{si } F_R \leq F_A$$

et :

$$G_R = 0{,}5 + 0{,}1 \times 18 - F_A \times (-0{,}1) - F_R \times 0{,}2$$
$$\text{si } F_A \leq FR$$

Quelle attitude doit alors adopter l'Agent afin qu'il puisse maximiser sa gratification ?

Si nous nous plaçons dans le cas où $F_R \leq F_A$, il est clair que l'Agent a tout intérêt à ce que F_A et F_R soient les plus petits possibles.

Comme malheureusement il n'est pas possible d'avoir un budget de fonctionnement nul, et qu'il y a un budget minimal en dessous duquel il est impossible de descendre, alors l'Agent aura intérêt à choisir F_A égal à ce minimum, et à le réaliser effectivement.

Si par exemple le budget minimal est $F_M = 16$ MF, en choisissant $F_A = 16$ et en réalisant $F_R = 16$, l'Agent obtient :

$$G_R = 2{,}3 - 16 \times 0{,}05 - 16 \times 0{,}05 = 2{,}3 - 1{,}6 = 0{,}7 \text{ MF}$$

En revanche, tout autre choix de F_A et F_R avec $F_R \leq F_A$ est moins intéressant pour lui. Par exemple, s'il annonce $F_A = 17$ et réalise $F_R = 16$, alors il gagne :

$$G_R = 2{,}3 - 17 \times 0{,}05 - 16 \times 0{,}05 = 2{,}3 - 1{,}65 = 0{,}65 \text{ MF}$$

ce qui est moins intéressant !

Si nous sommes dans le cas où $F_A \leq F_R$, alors il est clair aussi que l'Agent a tout intérêt à ce que F_R soit le plus petit possible (puisqu'il est « pénalisé » d'une somme proportionnelle à F_R) et donc à choisir F_R égal au budget minimal possible.

Comme, par ailleurs, on est dans le cas où $F_A \leq F_R$ et que F_A ne peut être inférieur au budget minimal, il doit donc choisir $F_A = F_R$ égal au budget minimal.

Ainsi cette procédure incite l'Agent non seulement à révéler, mais aussi à réaliser le budget le plus bas possible.

La procédure de Weitzman est donc particulièrement intéressante à utiliser chaque fois que, dans une relation d'agence, on cherche à faire en sorte que les Agents révèlent au Principal leurs véritables informations.

DIFFICULTÉS À L'UTILISATION EFFICACE DES MOYENS

La lutte contre le gaspillage des moyens, malgré son caractère subjectif très important, correspond à la recherche d'une plus grande efficacité du système de santé.

Face aux difficultés croissantes du financement des soins, l'augmentation régulière des primes d'assurances sociales supportées par les individus est toujours très mal perçue si les gaspillages sont trop flagrants...

En fait, l'intensité des nombreuses formes de gaspillage n'est pas suffisante pour expliquer tous les déficits et le véritable problème est qu'un contrôle très efficace de toutes les prestations de santé risquerait de coûter beaucoup plus cher que ce qu'il permettrait éventuellement d'économiser...

Nous avons souligné au début de ce chapitre que le domaine de la santé était directement et indirectement générateur d'une importante activité économique. Or lutter contre les gaspillages risque de compromettre la survie de nombreuses sociétés ou corporations professionnelles qui se sont développées en exploitant plus que nécessaire le marché des soins de santé.

Toute manœuvre coercitive de contrôle du système entraînera donc l'émergence de mécontentements corporatistes dont la société entière aura à assumer les effets. Si la lutte contre les gaspillages est encore un moyen élégant d'essayer d'améliorer l'efficacité des systèmes de santé, elle reste encore, dans cette perspective, très limitée et très difficilement praticable.

Inefficacité économique en situation libérale

Le gaspillage des ressources en milieu libéral peut prendre plusieurs formes mais consiste essentiellement en une surconsommation des services et des biens de santé proposés.

Ce fait est lié au caractère même du régime libéral qui impose un revenu directement proportionnel à l'activité fournie.

Les professionnels libéraux sont donc constamment incités à faire consommer leurs patients plus que nécessaire, ce qui induit au bout du compte un fort gaspillage des ressources. De plus, l'assurance maladie se généralisant, les patients eux-mêmes apprécient et parfois exigent de surconsommer le système de soins.

Dans cette perspective, les exemples sont très nombreux : il peut s'agir de consultations médicales ou paramédicales trop fréquentes, de prescriptions médicamenteuses ou paracliniques trop importantes, de transports sanitaires trop utilisés, d'arrêts de travail « de complaisance », etc. Les patients et les prescripteurs part Agent la responsabilité de ces types de comportement qui restent très difficiles à mesurer et à maîtriser. Toute tentative des pouvoirs publics pour contrôler l'activité du secteur libéral de la santé se heurtera en effet

directement à l'intérêt des professionnels et aux grands principes de ce secteur tels que le libre choix de la prescription, du médecin, etc.
La lutte contre le gaspillage des moyens en situation libérale est donc compromise par le risque de l'émergence de troubles sociaux de la part des professionnels et des usagers. Ces troubles pourront éventuellement être plus ou moins assumés par les sociétés selon le type de régime politique en cours et la situation électorale qui en dépend.

Inefficacité économique en milieu hospitalier

Le système hospitalier représentant la majeure partie des dépenses de santé d'une nation, il est logique d'essayer de lutter contre les différentes formes de gaspillage des moyens qui sont entretenues à l'intérieur des établissements.
Chaque réglementation hospitalière a un effet pervers qui entraîne un mode de gaspillage spécifique. Par exemple, nous avons déjà souligné qu'un hôpital fonctionnant sur le mode de financement du prix de journée aura tendance pour équilibrer son budget à prolonger plus que nécessaire les durées de séjour.
De la même façon, si les crédits ou la promotion du personnel d'un service hospitalier dépend (comme c'est de plus en plus souvent le cas) de l'activité et du taux de remplissage des lits, le chef de service aura naturellement tendance à hospitaliser ou à prolonger le séjour de patients dont l'état ne le nécessitait pas obligatoirement.
Lutter efficacement contre ce type de comportement nécessite obligatoirement de réformer la réglementation qui fait naître ces effets pervers, d'où les grandes difficultés de mise en œuvre.
Un autre type de gaspillage fréquent dans tout établissement public (sanitaire ou non...) où évolue un personnel déresponsabilisé car démotivé, est celui de la mauvaise utilisation des fournitures consommables (médicaments, matériel jetable...). La seule solution utilisable par le gestionnaire hospitalier soucieux de combattre ce dysfonctionnement est le recours au rationnement de ces fournitures sur des critères divers. Malheureusement tout critère reste arbitraire et un rationnement des moyens à l'intérieur d'un établissement de soins compromet inévitablement la qualité des soins.

Inefficacité économique sur le marché du médicament

L'industrie pharmaceutique se situe dans une situation à part dans le système de santé car elle ne produit pas de services comme à l'hôpital mais des biens consommés.
Elle intervient sur un double marché :

– **Le premier marché** est très particulier car les biens qui y sont disponibles ne sont ni choisis, ni directement financés par le consommateur. Ce sont les produits dits *éthiques* dont la consommation est ordonnée par le médecin et financée par un système d'assurances sociales, par des mutuelles ou par des assurances (ces diverses sources de financement ne s'excluant pas). On a coutume de dire que ces biens, d'un type très particulier, sont des biens *sous tutelle.*

– **Le second marché** est celui de l'automédication et les biens qui y sont disponibles sont nommés produits OTC *(= over the counter)* ou produits grand public (produits en vente libre vendus uniquement en pharmacie et non remboursés par la Sécurité sociale).

Il s'agit d'un marché économique de type classique où le consommateur décide de sa consommation et la finance.

Il est clair que les règles classiques de l'économie de marché ne peuvent être appliquées aux biens sous tutelle. Il est donc nécessaire de rechercher des mécanismes de régulation de ce marché.

Plusieurs types de régulation peuvent être envisagés. Aucun n'est pleinement satisfaisant et leurs mécanismes sont souvent pervertis par les acteurs du système.

Une première action peut consister à contrôler les prix. C'est alors le législateur qui fixe les prix de telle sorte qu'un pseudo-équilibre s'établisse entre l'offre et la demande.

La stratégie du producteur consistera alors à jouer sur les quantités en essayant de convaincre les prescripteurs que pour le bien-être des patients, il est nécessaire que ceux-ci consomment plus.

Il est alors classique de mettre en accusation les dépenses de promotion des médicaments consenties par les laboratoires (ces dernières représentent en France environ 16 % du chiffre d'affaires de l'industrie pharmaceutique contre 8 % en dépenses de recherche).

En fait, il n'est pas certain que la promotion des médicaments soit coupable. En effet, comme le souligne Claude Le Pen, la publicité-promotion ne fait pas vendre davantage de médicaments car le nombre de conditionnements prescrits par consultation ou visite est stable. En revanche, les français consultent davantage leur médecin, ce qui peut difficilement être imputé à la publicité-promotion des laboratoires. La croissance du prix moyen de la boîte prescrite laisse à penser que la promotion fait vendre les produits les plus récents (et les plus chers...) au détriment des produits les plus anciens. Il n'y a là rien de pervers si les pouvoirs publics parviennent à fixer les prix en fonction des qualités thérapeutiques des produits. La croissance des dépenses ne serait alors que la traduction du progrès médical auquel la société est très attachée.

Si ce n'est pas le cas, la publicité-promotion a un réel effet inflationniste, mais la faute doit alors être partagée avec le système administratif central.

Une action sur les prix peut également être réalisée par l'annonce d'un certain niveau de remboursement du produit en laissant à la charge du patient-consommateur la différence avec le prix de vente en pharmacie.

C'est l'une des approches préconisées par le plan Blum pour réduire les dépenses de santé en Allemagne.

Il est aussi possible d'envisager de s'appuyer sur le circuit de distribution du médicament, comme cela se fait aux Pays-Bas, en accordant aux pharmaciens le droit de substitution et en prenant des mesures les incitant à délivrer la spécialité la moins chère pour un même produit actif.

Une autre stratégie consiste non pas à exercer une action sur les prix, mais sur les quantités. Ce type de stratégie est le plus souvent fondé sur la surveillance du profil des prescriptions des médecins et sur la

mise en place d'un système de pénalités pour tout excès (encore reste-t-il à définir une norme !).
Une troisième façon d'agir consiste à définir une enveloppe globale pour les dépenses de produits pharmaceutiques, c'est-à-dire définir une contrainte budgétaire à l'intérieur de laquelle les acteurs pourraient agir « librement » sur les prix et les quantités. C'est dans cette direction que le gouvernement français a décidé de s'engager en 1994 en fixant un taux directeur annuel d'évolution des dépenses pharmaceutiques.
En fait, le danger d'une lutte trop active contre les profits de l'industrie pharmaceutique est, d'une part de négliger l'apport économique pour le pays d'une industrie dynamique, source d'emploi, d'investissements et d'exportations, d'autre part d'inhiber la recherche vers de nouvelles substances plus actives, plus efficaces et moins dangereuses. Ces nouveaux traitements pourraient en effet permettre, directement ou indirectement, d'importantes économies au niveau de la collectivité.

L'AUDIT MÉDICAL

La mission d'un système de santé étant de produire la meilleure qualité de soins possible à un moindre coût, il est logique de s'interroger régulièrement sur leur qualité. Comme il est impossible d'évaluer la qualité de tous les soins dispensés à l'ensemble des patients, des petites enquêtes ponctuelles peuvent être réalisées et peuvent ainsi contribuer à détecter certaines causes de mauvais fonctionnement des services de santé.
C'est le but des audits qui sont très utilisés dans le domaine de la gestion des entreprises ou des administrations. D'apparition relativement récente dans le secteur de la santé, ils s'appliquent surtout au niveau des institutions et en particulier de l'hôpital.
Un audit est donc une enquête d'évaluation des performances des services de santé afin de pouvoir proposer éventuellement des moyens pour les améliorer. Cette démarche est précieuse pour surveiller les effets pervers des contraintes budgétaires qui s'appliquent de plus en plus au domaine de la santé : par exemple un audit réalisé dans un service de chirurgie en France a pu trouver la cause d'une surconsommation coûteuse en compresses stériles consommables. Il s'agissait en fait d'un rationnement trop important en torchons qui imposait au personnel de s'essuyer les mains avec des compresses…
Donabédian est un auteur qui a beaucoup contribué à développer et à synthétiser les différentes méthodes qui peuvent permettre d'apprécier un problème d'évaluation des soins. Selon lui, un audit médical peut se faire à plusieurs niveaux :

Les structures de soins

Appréciation de l'organisation, de l'équipement ou de la compétence des personnels d'un service de santé (par exemple évaluation des connaissances réelles sur un échantillon de personnel).

Les procédures de soins

Appréciation de la bonne application des protocoles médicaux faisant l'objet d'un consensus scientifique (par exemple, évaluation des procédures d'antibiothérapie, voir ci-dessous).

Les résultats des soins

Appréciation (quand elle est possible) de la guérison, de la normalisation d'un symptôme ou de l'absence de complications (par exemple, évaluation de la fréquence des douleurs postopératoires dans un service de chirurgie).

L'orientation du malade dans les filières de soins

Appréciation de l'accessibilité dans le service adapté. Les difficultés d'accessibilité pouvant être d'ordre géographique mais aussi d'ordre organisationnel (par exemple, évaluation du fonctionnement du circuit d'admission aux urgences de l'hôpital).

Les difficultés de réalisation de ce type d'études que sont les audits viennent en grande partie de l'absence d'indicateurs adéquats. Par exemple, si la valeur de la tension artérielle est un indicateur pratique de surveillance de l'hypertension artérielle, il n'en existe pratiquement pas pour surveiller facilement et directement l'évolution d'une pathologie psychiatrique chronique.

En fait, la principale difficulté au développement des audits en médecine réside dans la réticence des personnels à être « jugés » sur leur lieu de travail. En effet, si le principe d'évaluation des soins est maintenant tout à fait rentré dans les mœurs dans les pays anglo-saxons, il n'en est pas encore de même en France où « évaluation » est encore synonyme de « contrôle ».

Pourtant l'utilité des audits n'est plus à démontrer. Ils peuvent réellement permettre aux médecins d'améliorer leur performance en cherchant les causes d'éventuelles différences entre une réalité observée et une réalité souhaitée puis en adoptant des mesures adaptées.

Cette démarche impose au préalable de définir un *niveau optimal de qualité*, sorte de consensus sur les objectifs de soins qu'un établissement est potentiellement capable de proposer. C'est le principe des *conférences de consensus* qui sont de pratique courante outre-atlantique et tendent peu à peu à se développer en Europe.

À titre d'exemple, voici comment peut se dérouler un audit hospitalier portant sur des procédures de soins admis par un consensus.

Un grand hôpital français s'est intéressé au problème de la prescription non rationnelle des antibiotiques dans ses différents services. Celle-ci serait responsable de l'émergence rapide de souches bactériennes résistantes, source de complications pour les malades et de dépenses directes et indirectes importantes pour l'hôpital.

Une conférence de consensus réunissant tous les chefs de service a donc été organisée afin de définir une « politique » cohérente de l'antibiothérapie à l'intérieur de l'établissement. Celle-ci préconise une utilisation hiérarchique donnée des différentes spécialités qui ont été

agrégées dans cette perspective en trois grands groupes selon leur spectre d'action, leur toxicité et leur risque spécifique de résistance.
Un audit a pu alors être entrepris pour mesurer l'écart entre les prescriptions réelles et ce consensus. Il a consisté à étudier les indications et la prescription d'antibiotiques sur les dossiers des patients hospitalisés dans cet établissement pendant une semaine donnée.
L'exploitation des résultats a montré que 30 % des patients hospitalisés ont subi une antibiothérapie et que la prescription est pertinente, c'est-à-dire compatible avec les règles du consensus, dans 87,4 % des cas. Les prescriptions qui s'écartent le plus de ce consensus concernent l'utilisation des pénicillines, des aminosides et du triméthoprime-sulfamide.
Un programme d'information et de sensibilisation des prescripteurs sur l'utilisation plus cohérente de ces 3 familles d'antibiotiques pourra ainsi être envisagé puis évalué ultérieurement.
Ainsi les audits dans le secteur médical peuvent permettre une réelle amélioration de l'efficacité de la production de soins car ils contribuent à susciter une remise en question de tous les processus de fonctionnement du système de santé.

Bibliographie

Bardy. *Système de santé et décentralisation régionale, Canada, Italie, Espagne*, MIRE, 1990.

Blanpain. *Comparaisons internationales des systèmes de santé*, CREDES, 1985, n° 652.

Donaredian. The quality of medical care, *Science*, 1978, 200, 856-864.

Groves. *Incentives in Teams*, Econometrica, vol. 41, 1973.

Launois. *Les réseaux de soins, médecine de demain*, éd. Economica, Paris, 1985.

Lombrail. *L'audit médical à l'hôpital*, Gestions hospitalières, 1987, 269, 507-510.

Mizrahi. *Le système de santé en france de 1950 à 1989*, CREDES, 1991, n° 883.

Mougeot. *Le système de santé*, Economica, 1986.

Mougeot. *Economie du secteur public*, Economica, 1989.

Rapin. Audit sur l'antibiothérapie : une expérience en milieu hospitalier, *Médecine et maladies infectieuses*, 1982, *12*, 2-bis 134-140.

Riondet. La progression du corps médical, *Revue du Praticien, 38*, 23, 1988, 1645.

Saprer. The theory of contractual incentives for cost reduction, *Quaterly Journal of Economics*, vol. 78, 1976.

Weitzman. The new soviet incentive model, *The Bell Journal of economics*, vol. 7, 1976.

Les méthodes et les outils de l'évaluation médico-économique

6

- CHOIX DE L'INSTRUMENT DE COMPARAISON
- LA DIMENSION TEMPORELLE : L'ACTUALISATION
- LA DIMENSION QUALITATIVE : ÉTUDES DE QUALITÉ DE VIE
- PRÉFÉRENCE ET UTILITÉ
- LES DIMENSIONS TEMPORELLES ET QUALITATIVES : LES QALYs
- LES ÉTUDES COÛT-AVANTAGE
- MODÉLISATION
- L'APPROCHE ÉCONOMÉTRIQUE
- L'APPROCHE STATISTIQUE
- L'APPROCHE ÉPIDÉMIOLOGIQUE
- L'APPROCHE ORGANISATIONNELLE

Introduction

- Étudier la santé sous un angle économique impose l'utilisation de différents outils de travail servant à l'observation et à l'analyse.
- La plupart de ces outils ont préalablement été perfectionnés par les économistes qui les ont éprouvés dans leur domaine.
- Ces méthodes constituent autant d'approches permettant de dégager des critères « objectifs » face à un problème d'économie de la santé. Leur connaissance permet donc d'acquérir un esprit critique original face aux différents problèmes posés par les systèmes de santé.

CHOIX DE L'INSTRUMENT DE COMPARAISON

Les spécificités et les nombreuses imperfections qui affectent le marché de la santé conduisent à rechercher des méthodes permettant d'éclairer les décisions et de guider les choix. Ces méthodes s'inspirent de celles développées il y a quelques années sous le nom de « rationalisation des choix budgétaires » (RCB) en France et *Planning Programming Budgeting System* (PPBS) aux États-Unis.

Évaluer une politique de santé, une stratégie de soins ou un programme de prévention consiste à porter un jugement sur la valeur de ceux-ci. Cette définition est vague et il convient de la préciser.

Il importe en effet de connaître qui porte le jugement, comment ce jugement est établi, quelle est l'échelle de valeur utilisée, c'est-à-dire quel est « l'instrument » qui permet de comparer une décision à d'autres décisions possibles. Cet instrument permettrait de pouvoir classer les différentes décisions possibles les unes par rapport aux autres et parfois même d'exprimer un degré de préférence.

Il est clair que le choix de « l'instrument » de comparaison et de l'ensemble des politiques ou stratégies qui seront comparées conditionnera le résultat de toute évaluation. C'est pourquoi il convient de connaître qui choisit cet instrument et comment les stratégies alternatives ont été sélectionnées.

Si par exemple, il s'agit d'évaluer une stratégie de soins utilisant une spécialité pharmaceutique X, il est possible de la comparer à une stratégie utilisant un placebo, ou à une ou plusieurs stratégies utilisant une spécialité concurrente. Il sera intéressant de savoir qui a décidé de l'ensemble des stratégies et qui a imposé la technique susceptible de générer le classement de ces stratégies les unes par rapport aux autres : l'entreprise qui produit la spécialité A, l'hôpital utilisateur, la caisse d'assurance maladie qui finance les soins...

Selon le regard qui est porté sur les politiques à évaluer, le résultat risque d'être différent alors que les diverses techniques comptables et statistiques appropriées ont été correctement utilisées. Le résultat final dépend donc le plus souvent du choix de l'instrument de comparaison adopté et un large consensus est important à constituer dans ce domaine.

Ces instruments de comparaison sont nombreux mais ils sont tous construits sur le même principe. Un ensemble de critères est défini pour décrire les conséquences de chaque stratégie participant à l'évaluation. Ces critères sont choisis de telle sorte qu'il soit possible de classer par rapport à chacun d'eux les conséquences des stratégies que l'on veut comparer.

Pour illustrer l'exemple précédent qui consiste à évaluer une stratégie utilisant une spécialité A en la comparant à une autre spécialité B, on pourrait utiliser les critères suivants se référant à des conséquences économiques et médicales : « dépenses engagées par l'utilisation d'une stratégie », « probabilité de guérison ».

On dira que la stratégie A est préférée à la stratégie B vis-à-vis du premier critère si les dépenses engagées en utilisant la stratégie A sont inférieures aux dépenses engagées en utilisant la stratégie B.

La stratégie B sera préférée à la stratégie A vis-à-vis du second critère si la probabilité de guérison en utilisant le produit B est supérieure à la probabilité de guérison en utilisant le produit A.

Il est clair que le choix de ces deux critères est loin d'être parfait ; il est bien trop grossier pour décrire les conséquences utiles et nécessaires pour comparer les deux stratégies.

L'établissement de la liste des critères qui seront utilisés dans un protocole d'évaluation, est une phase clef du processus évaluatif. Cette liste est appelée *nomenclature de l'évaluation.*

Il n'existe pas de nomenclature type, celle-ci doit être construite en fonction du problème à traiter et fait souvent l'objet de négociations difficiles.

En effet, sa remise en cause est souvent observée lorsque les résultats de l'évaluation sont communiqués aux intéressés. C'est pourquoi il importe qu'un accord clair, net et précis sur la composition de cette nomenclature soit acquis avant que toute mesure ne soit entreprise.

Bien que très simple, l'exemple précédent permet de mettre en lumière les problèmes techniques qui seront rencontrés lors de la mise en place d'un processus d'évaluation.

Le premier problème est celui des méthodes de mesure.

Comment par exemple déterminer le montant des dépenses engagées par l'utilisation d'une stratégie donnée ?

À partir d'un protocole de soins théorique, ou à partir de l'observation des dépenses effectuées pour soigner un échantillon de patients convenablement choisis ?

Dans ce cas, doit-on utiliser une dépense moyenne ou fonder le classement sur les propriétés de la distribution statistique des dépenses ?

De la même façon, il conviendra de définir le protocole statistique qui permettra de conclure que la probabilité de guérison avec l'une des stratégies est supérieure à celle utilisant l'autre stratégie.

La résolution de ces questions n'est pas simple et fait très largement appel aux méthodes statistiques, au calcul des probabilités, à l'épidémiologie et à l'économétrie.

Le second problème concerne la transformation des classements des stratégies critère par critère, en un unique classement global permettant de définir la stratégie qui est la meilleure (relativement au processus d'évaluation adopté).

Ce problème porte le nom *d'agrégation des préférences*. L'un des premiers à l'avoir étudié est le marquis de Condorcet (1743-1794).

Reprenons notre exemple. Les résultats des mesures ont donné :

– Stratégie A préférée à la stratégie B pour le premier critère.
– Stratégie B préférée à la stratégie A pour le second critère.

Que pouvons-nous alors conclure quant au classement de A par rapport à B ?

Quelle méthode nous permettra de décider de la réponse à donner ?

La plus simple des méthodes d'agrégation est due à l'économiste italien Pareto (1848-1923). Selon lui, A est préféré ou indifférent à B si et seulement si A est préféré ou indifférent à B pour tous les critères utilisés. Dans notre exemple, la stratégie A est préférée à la stratégie B si et seulement si elle est moins génératrice de dépenses et si elle a une probabilité de guérison supérieure à la stratégie B.

Cette procédure d'agrégation est excellente et ne possède qu'un inconvénient : celui de ne pouvoir conclure dans certains cas, par exemple si A est strictement préféré à B pour le premier critère et B strictement préféré à A pour le second critère.

Une autre procédure est l'*agrégation lexicographique* qui correspond à la relation qui est utilisée pour classer les mots dans un dictionnaire.

Elle permet toujours d'obtenir un classement mais elle a un inconvénient : elle impose de définir ses préférences sur les critères de la nomenclature.

Supposons que nous ayons privilégié le critère médical (critère numéro deux de l'exemple) au critère économique (critère numéro 1).

On dira que A est préféré à B si la probabilité de guérison en utilisant la stratégie A est strictement supérieure à la probabilité de guérison lorsqu'on utilise la stratégie B ; ou lorsque ces probabilités sont égales si les dépenses générées par la stratégie A sont inférieures ou égales à celles générées par la stratégie B.

Il existe encore de nombreuses règles d'agrégation des préférences. Il est important de connaître leurs principales propriétés car le choix d'une règle est parfois déterminant pour le résultat final (il est en effet bien connu que le choix d'une procédure électorale peut favoriser de façon importante un candidat...).

Comme pour la définition de la nomenclature et du protocole de mesure, il importe qu'un accord clair, net et précis s'établisse entre ceux qui auront à prendre en compte les résultats d'une évaluation sur la procédure d'agrégation qui sera utilisée.

Avant d'étudier sommairement les trois principales procédures d'agrégation des préférences de l'évaluation médico-économique, que sont les méthodes coût-bénéfice, coût-efficacité et coût-utilité, il est nécessaire de revenir sur les problèmes de mesure que peut poser l'utilisation d'un critère donné.

Le premier problème est celui posé par l'introduction de la dimension temporelle.

Le second problème concerne la mesure de dimensions qualitatives comme par exemple la « qualité de vie ».

Le troisième problème concerne la combinaison des dimensions temporelles et qualitatives.

LA DIMENSION TEMPORELLE : L'ACTUALISATION

Pour aborder le premier problème, nous nous appuierons sur l'exemple très simple suivant :

Il s'agit de classer deux stratégies de prévention appelées A et B. Parmi les critères sélectionnés pour constituer la nomenclature, le montant des investissements nécessaires à leur réalisation a été choisi. Or pour ces deux stratégies, ces investissements sont effectués en deux fois aux mêmes dates.

À la date 1, le montant des investissements nécessaires à la réalisation de la stratégie A est de 100 millions de francs et celui nécessaire à B de 10 millions de francs.

À la date 2, les montants nécessaires sont respectivement de 10 millions de francs pour A et 100 millions de francs pour B.

Pour simplifier encore notre exemple, nous supposerons que le taux d'inflation a été nul durant la période qui sépare les deux dates d'investissement.

Doit-on alors conclure que les stratégies A et B sont équivalentes pour le critère « investissement » puisque le montant total des deux investissements s'élève pour chaque stratégie à 110 millions de francs ?

Les économistes répondent à cette question par la négative.

En effet, même en l'absence d'inflation, il n'est pas équivalent de posséder 1 franc à la date 1 et de posséder 1 franc à la date 2. Pour désigner la situation qui est préférable, il est toujours nécessaire de se situer à une même époque afin de comparer des sommes d'argent disponibles au même instant.

Si nous possédons 1 franc à la date 1, nous pouvons l'utiliser immédiatement à divers usages comme par exemple le prêter à notre banquier jusqu'à la date 2. Il nous assurera alors pour ce prêt une rémunération calculée à partir du taux d'intérêt auquel il emprunte ce franc. Si ce taux est de 10 % pour la période considérée, il nous rendra à la date 2 la somme de 1 franc plus 10 %, soit 1,10 francs.

Si nous nous basons sur cet emploi de notre franc à la date 1, nous en déduisons sa valeur à la date 2 qui est de 1,10 francs. Nous sommes alors conduits à préférer 1 franc à la date 1 à 1 franc à la date 2, puisque 1 franc possédé à la date 1 équivaut à 1,1 franc à la date 2.
Avec ce même raisonnement, nous aurions pu également nous ramener à la date 1, en cherchant quelle était la somme que nous devions posséder à la date 1 pour que cette somme soit équivalente à 1 franc possédé à la date 2, lorsque nous souhaitons utiliser les services de notre banquier. Cette somme x est telle que :

$$\mathbf{x + 0{,}1x = 1}$$
$$\mathbf{soit\ x = 1 / (1 + 0{,}1) = 0{,}91\ francs}$$

Bien évidemment, nous aurions pu utiliser notre franc d'une autre façon : le placer sur un marché avec un taux d'intérêt différent, acheter un objet qui serait revendu à la date 2, etc.
L'évaluation du rapport de ce franc durant une certaine période est donnée grâce à un taux appelé *taux d'actualisation.*
Si effectivement nous envisageons de prêter notre argent à notre banquier au taux d'intérêt de 10 %, le taux d'actualisation sera égal au taux d'intérêt du prêt, c'est-à-dire 10 %.
Le choix d'un taux d'actualisation est toujours difficile car il intègre nos préférences pour l'immédiat vis-à-vis du futur et relève donc pour une grande part du domaine subjectif. La détermination de ce taux doit donc être le résultat d'un consensus entre les acteurs qui auront à l'utiliser.
Si, dans notre exemple nous décidons d'utiliser un taux d'actualisation de 10 %, le montant des investissements pour la stratégie A, calculé à la date 1 sera égal à :

$$\mathbf{100 + 10 / (1 + 0{,}1) = 109{,}09\ millions}$$

et celui nécessaire pour la stratégie B, calculé à la même date, sera égal à :

$$\mathbf{10 + 100 / (1 + 0{,}1) = 100{,}91\ millions}$$

Pour ce critère, la stratégie B sera donc préférée à la stratégie A qui est plus chère.
Cette technique d'actualisation est délicate à utiliser à cause du choix du taux d'actualisation lorsqu'on manipule des sommes d'argent. Elle l'est encore plus lorsqu'il s'agit de l'utiliser pour des critères non monétaires comme par exemple des années de vie potentiellement gagnées par deux stratégies de prévention.
Le problème est alors de comparer une année de vie gagnée à la date 1 avec une année de vie gagnée à la date 2.
En général, par analogie avec ce qui est fait dans le cadre monétaire, on choisit un taux d'actualisation et on applique la formule mathématique du *calcul actuariel* (présenté dans tous les ouvrages de gestion...) au nombre d'années de vie gagnées. L'ennuyeux est que dans ce cas, aucune théorie crédible ne cautionne cette méthode qui a l'avantage d'être simple et pratique pour manipuler les résultats d'une évaluation.

LA DIMENSION QUALITATIVE : ÉTUDES DE QUALITÉ DE VIE

Le second problème de mesure que nous souhaitons aborder est celui de la mesure de concept abstrait, possédant de nombreuses dimensions, comme le concept « d'état de santé » ou de « qualité de vie ». Ces notions sont souvent cernées par des questionnaires appropriés. Considérons le questionnaire suivant qui s'intéresse à trois dimensions de la qualité de vie : mobilité physique, bien-être, santé

Les trois questions suivantes sont posées et les modalités de réponses permises sont indiquées.

Question 1 :
Votre mobilité est : BONNE, ASSEZ, BONNE, RESTREINTE, TRÈS DIFFICILE

Question 2 :
Vous sentez-vous heureux ? : TOUJOURS, SOUVENT, QUELQUEFOIS, JAMAIS

Question 3 :
Votre santé est : BONNE, ASSEZ BONNE, PASSABLE, MÉDIOCRE
Ce questionnaire permet de définir des « types » d'individus.
Par exemple, les individus dont la mobilité est bonne, qui sont toujours heureux et dont la santé est bonne.
Ce petit questionnaire permet de définir ainsi 4^3 « types » d'individus, soit 64 types.
Il est clair qu'il n'est pas indifférent à un individu d'appartenir à l'un ou l'autre des 64 types possibles.
Tout le monde s'accordera à dire qu'il est préférable de : « posséder une bonne mobilité, se sentir toujours heureux et avoir une bonne santé » que : « posséder une mobilité très difficile, n'être jamais heureux et avoir une santé médiocre ».
En revanche, il est plus délicat d'exprimer sa préférence (ou son indifférence) sur des types tels que : « bonne mobilité, jamais heureux, santé médiocre » et : « mobilité très difficile, toujours heureux, santé médiocre ».
La construction d'une échelle de qualité de vie impose la définition d'un questionnaire pertinent (ce qui n'est certainement pas le cas de celui que nous avons utilisé pour notre exemple...) permettant de cerner des « types » d'individus ayant une signification vis-à-vis du concept de qualité de vie (concept de validité). Il est nécessaire que la compréhension de ce questionnaire par les personnes qui ont à y répondre soit parfaite.
Il doit être reproductible, c'est-à-dire donner les mêmes résultats lorsqu'il est utilisé sur des personnes semblables (vis-à-vis de la qualité de vie...), toutes choses étant égales par ailleurs.
Il doit en plus être sensible, c'est-à-dire repérer tout changement de la qualité de vie lors de la modification d'un paramètre de l'environnement (par exemple l'utilisation d'un traitement contre une maladie donnée).
Ces qualités — validité, reproductibilité et sensibilité — doivent être soigneusement étudiées lors de l'établissement d'un questionnaire.

Il existe de nombreux questionnaires dont les qualités ont été mesurées. Parmi les plus célèbres, citons le *Nottingham Health Profile* (NHP) qui décrit sept dimensions à travers 45 questions, le *Sickness Impact Profile* (SIP) qui décrit 12 dimensions à travers 136 questions, le Mac *Master Health Index Questionnaire* (MHIQ) qui décrit 3 dimensions à travers 59 questions, le *Rand Health Insurance Study* (RHIS) qui décrit 4 dimensions à travers 88 questions, le *Duke UNC Profile* (DUNC) qui décrit 4 dimensions à travers 63 questions, ainsi que le *Short Form 36* (SF 36) qui décrit 8 dimensions à travers 36 questions.
Le questionnaire doit, en outre, être conçu de telle manière qu'il soit possible de définir un classement entre tous les « types » d'individus qu'il permet de décrire. C'est là une contrainte extrêmement forte puisqu'elle impose d'exprimer sa préférence entre deux « types » quels qu'ils soient, l'abstention étant interdite et tous les profils étant comparables.
Nous sommes donc confrontés à deux problèmes, le premier concerne la façon de décrire des préférences, le second concerne la définition de celui qui exerce une préférence sur les états de santé : un expert, un panel d'experts, un patient, un échantillon d'usagers, etc.

PRÉFÉRENCE ET UTILITÉ

Les économistes ont coutume de modéliser les préférences d'un individu (ou d'un groupe d'individus) sur un ensemble d'objets par une relation appelée, par les mathématiciens, un « préordre total » et par les économistes une « relation de préférence ». Cette démarche impose aux individus un certain type de rationalité qui est traduite par les propriétés mathématiques du préordre total : réflexivité (tout objet est préféré ou indifférent à lui-même pour l'individu), transitivité (si un objet a est préféré ou indifférent à un objet b et si b est préféré ou indifférent à un objet c par un individu alors, pour ce dernier, l'objet a est préféré ou est indifférent à l'objet c) ; le préordre étant total, cela impose à chaque individu de toujours exprimer une préférence ou une indifférence entre deux objets qui lui sont présentés.
Il n'est guère aisé de manipuler des relations de préordre total, aussi les économistes utilisent-ils un procédé qui permet de substituer à celui-ci une fonction permettant de le décrire, c'est-à-dire de représenter la relation de préférence de l'individu considéré. Cette fonction est appelée fonction d'utilité (on a coutume de la noter u) qui est définie de la manière suivante :
Si un objet a est préféré ou indifférent à un objet b alors la valeur de la fonction pour a [notée u(a) et appelée utilité de a] est supérieure ou égale à la valeur de la fonction sur b [notée u(b) et appelée utilité de b] et réciproquement.
Si le type 1 est préféré ou indifférent au type 2, alors le nombre associé au type 1 par l'application $u(x)$ est supérieur ou égal au nombre associé au type 2 par l'application $u(x)$, et réciproquement.
Cette réciprocité est importante car si l'on admet une spécification de la fonction (c'est-à-dire la connaissance de son expression algébrique), il est facile d'ordonner les types décrits par le questionnaire.

Reprenons notre exemple et admettons que la « bonne fonction d'utilité » qui exprime nos préférences sur les 64 types que le questionnaire permet de définir est construite de la manière suivante :
Aux réponses possibles à chaque question, on associe les nombres comme il suit :

bonne = 4, assez bonne = 3, restreinte = 2, très difficile = 1
toujours = 4, souvent = 3, quelquefois = 2, jamais = 1
bonne = 4, assez bonne = 3, passable = 2, médiocre = 1

Puis à chaque « type » on associe le nombre égal à la somme des nombres associés aux réponses qui le caractérisent.
Par exemple au type : Bonne mobilité, toujours heureux, bonne santé, on associe le nombre 4 + 4 + 4 = 12.
au type : Mobilité très difficile, jamais heureux, médiocre, on associe le nombre 1 + 1 + 1 = 3.
Comme 12 ≥ 3, on en déduit que le premier type est préféré au second (ce qui ne nous choquera pas outre mesure...).
En revanche, cette manière de faire peut nous laisser quelque peu perplexes ; si l'on recherche les types auxquels est associé le nombre 6, donc théoriquement équivalents, on trouvera :

bonne mobilité, jamais heureux, santé médiocre
assez bonne mobilité, souvent heureux, santé médiocre
assez bonne mobilité, quelquefois heureux, santé passable
mobilité restreinte, souvent heureux, santé médiocre
mobilité restreinte, quelquefois heureux, santé passable
mobilité restreinte, jamais heureux, assez bonne santé
mobilité très difficile, souvent heureux, santé assez bonne
mobilité très difficile, quelquefois heureux, santé passable
mobilité très difficile, jamais heureux, santé médiocre
mobilité très difficile, toujours heureux, santé médiocre

Soit 10 types regroupés en un seul niveau car supposés indifférents entre eux.
En fait, la sensibilité de notre questionnaire se trouve considérablement réduite puisque seuls les niveaux d'utilité compris entre 3 et 12 peuvent être observés, alors que 64 types ont la possibilité d'être décrits !
Une autre critique, méritée par cette approche, est qu'elle repose sur un « acte de foi ». Il faut absolument admettre la spécification de la fonction *u(x)* ; or au lieu d'un modèle basé sur des additions, nous aurions tout aussi bien pu considérer un modèle basé sur des multiplications dans lequel le nombre associé à un type serait égal au produit des nombres associés aux réponses qui le caractérisent.
Dans ce cas, les niveaux d'utilité varieraient de 1 à 64, mais tous les niveaux ne pourront être observés.
Les fonctions d'utilité construites empiriquement selon ce type de méthode ne possèdent aucune garantie de sérieux scientifique et elles doivent être considérées avec beaucoup de méfiance.
La fonction d'utilité est en effet une entité mathématique abstraite qui ne doit être construite qu'à partir de l'observation des préférences des experts ou des individus. Elle ne doit pas arbitrairement définir elle-même ces préférences.

C'est pourquoi la validation des fonctions de scorage associées aux questionnaires que nous avons cités précédemment font l'objet de nombreux travaux.

Jusqu'à présent, nous avons utilisé cette fonction d'utilité pour représenter des classements. En terme mathématique, cette fonction est appelée *fonction d'utilité ordinale* car elle définit les choses selon un certain ordre.

En fait, il est aussi possible de vouloir introduire une notion d'intensité dans les préférences, par exemple traduire le fait qu'un « type » est deux fois plus préféré à un autre « type ». Il s'agira alors de construire cette fois une *fonction d'utilité cardinale.*

Dans notre exemple, si nous admettons que la première fonction d'utilité est une fonction d'utilité cardinale, cela signifie que le « type » – bonne mobilité, toujours heureux, bonne santé – dont le niveau d'utilité est égal à 12, est deux fois plus préféré au type – mobilité restreinte, souvent heureux, santé médiocre – dont le niveau d'utilité est égal à 6.

Une dernière échelle d'utilité est parfois utilisée. Il s'agit de l'échelle dite *d'intervalle* qui correspond aux fonctions d'utilité dites *neumanienne*. Les fonctions d'utilité neumanienne permettent de modéliser une intensité de préférence sur le passage d'un type à un autre type.

Supposons que la fonction d'utilité précédente soit neumanienne et considérons les trois types suivants :

Type 1 : bonne mobilité, toujours heureux, bonne santé

Type 2 : mobilité très difficile, jamais heureux, santé médiocre

Type 3 : mobilité restreinte, souvent heureux, santé médiocre

Nous avons : $u(\text{type } 1) - u(\text{type } 2) = 12 - 3 = 9$

$u(\text{type } 1) - u(\text{type } 3) = 12 - 6 = 3$

On préfère donc passer 3 fois plus du type 2 au type 1 que du type 3 au type 1.

Diverses approches expérimentales ont été développées pour observer des niveaux d'utilité neumanienne. Nous citerons pour mémoire le « marchandage temps » et les « loteries ». Le « marchandage temps » consiste par exemple à demander à un sujet dont l'espérance de vie est de x années s'il préfère vivre un temps x avec un handicap ou vivre un temps y ($< x$) en bonne santé. Le quotient $(x - y)/x$ est alors supposé être la valeur de l'utilité neumanienne attribuée au handicap considéré. Remarquons que ceci n'est qu'une supposition et qu'aucun argument scientifique ne permet de l'étayer.

Les méthodes de « loterie » consistent par exemple à demander à un sujet s'il préfère le contrat n° 1 suivant : « vivre avec certitude le reste de sa vie avec un handicap donné » au contrat n° 2 « subir une intervention qui lui permettra de vivre le reste de sa vie en bonne santé mais dont la probabilité de succès est égal à p et celle d'échec (la mort) est égale à $1 - p$ ». On demande alors au sujet de déterminer la valeur p^* pour laquelle les contrats n° 1 et n° 2 lui paraissent équivalents donc pour laquelle il choisira indifféremment l'un ou l'autre. C'est cette valeur qui est supposée être la valeur de l'utilité neumanienne attribuée au handicap considéré. Pour qu'il en soit ainsi il est nécessaire de faire deux hypothèses, la première consiste à admettre que l'utilité attribuée au handicap considéré est égale à l'utilité du contrat n° 1 qui, elle, a été déterminée dans un contexte d'incertitude. La validation de cette hypothèse n'est pas aussi évidente qu'il y paraît. En effet nous nous proposons de construire une utilité u sur un ensemble d'états de santé, or nous venons de construire une fonction d'utilité U sur un ensemble de contrats prenant en compte des états de santé et du risque. Il n'est alors pas si évident que :

u (handicap donné) = U (contrat n° 1)

La seconde hypothèse porte sur les préférences du sujet. Cette méthode lui impose des préférences sur les contrats modélisables par une fonction d'utilité neumannienne. Or on démontre facilement que dans ce contexte cela revient à supposer que le sujet est neutre vis-à-vis du risque, hypothèse difficilement soutenable car chacun a pu vérifier qu'il existe des personnes pour lesquelles le risque présente un certain attrait (individu « risque-prône ») et au contraire des personnes prudentes ou même excessivement prudentes (individu « risque-adverse »). Il est donc vivement recommandé la plus grande prudence vis-à-vis de ces méthodes dont la robustesse aux hypothèses qui les sous-tendent est extrêmement faible.

Ces mises au point ayant été faites, nous pouvons maintenant aborder les différentes approches coût-résultat qui comprennent les études coût-bénéfice, coût-efficacité et coût-utilité.

À titre d'exemple, nous supposerons que nous avons à évaluer des stratégies de prévention par rapport à une stratégie de référence qui consiste à ne rien faire.

LES DIMENSIONS TEMPORELLES ET QUALITATIVES : LES QALYs

Il peut être intéressant de comparer des situations du type « être en bonne santé durant 5 années », « être grabataire durant 10 années », c'est-à-dire des situations construites à partir d'une durée et d'un état de santé. On est alors amené à rechercher la relation de préférence d'un individu (ou d'un groupe) sur les couples (durée, état de santé), ainsi que, si elle existe, la fonction qui lui est associée. Une fonction d'utilité définie comme précédemment sur des couples de modalités, chacune étant associée à un critère (ici le critère durée et le critère qualité de vie) est appelée fonction d'utilité multi-attribut. L'étude des propriétés de ces fonctions est mathématiquement complexe et constitue une partie importante du domaine de la théorie de la décision. Un problème majeur est celui-ci : connaissant la fonction d'utilité v définie sur l'ensemble des durées et la fonction d'utilité u définie sur l'ensemble des états de santé, peut-on calculer la fonction d'utilité W définie sur les couples (durée, état de santé) ? Si la réponse est affirmative on dit que W est une fonction d'utilité séparable. La recherche des conditions qui permettent d'affirmer que W est séparable n'est pas aisée. Il existe des résultats dans ce domaine, les conditions demandées sont techniques et très contraignantes et il est difficile d'envisager qu'elles soient vérifiées dans la réalité. On distingue en général deux grandes classes de fonctions d'utilité multiattribut séparables : les fonctions additives et les fonctions multiplicatives.

Les fonctions additives sont de la forme :

W(durée, état de santé) = av(durée) + bu(état de santé)

a et b étant deux nombres réels.
Les fonctions multiplicatives sont de la forme :

W(durée, état de santé) = av(durée) + bu(état de santé) + (1 − (a + b)) v(durée) u(état de santé)

a et b étant deux nombres réels tels que a + b différent de 1.
Un corps d'hypothèses très techniques permet d'obtenir une fonction d'utilité multi-attribut multiplicative s'écrivant sous la forme :

W(durée, état de santé) = durée × u(état de santé)

L'une impose à l'individu dont les préférences sont décrites par W d'être neutre par rapport au risque, une autre, l'indépendance en utilité, exclue qu'on puisse considérer des états de santé « pire que la mort », états pourtant utilisés par certains auteurs comme nous le verrons dans la suite. Une troisième condition, la constance du taux de substitution des durées, exige par exemple que, lorsque le sujet considéré possède une espérance de vie de 20 ans en chaise roulante et qu'il est prêt à sacrifier 10 années, soit 50 % de son espérance de vie, pour vivre les années restantes sans handicap, alors si son espérance de vie est en fait seulement de deux années en chaise roulante, il sera encore prêt à sacrifier 50 % de son espérance de vie, soit une année, pour vivre sa dernière année sans handicap. Il est clair que ces conditions ne résistent pas aux faits, c'est pourtant sur cette théorie qu'est fondée la méthode QALY *(Quality Adjusted Life Year's).*
Par ailleurs il ne faut surtout pas oublier que la forme de la fonction W(durée, état de santé) égale au produit de la durée par l'utilité de l'état de santé n'est valable que dans un référentiel bien déterminé, c'est-à-dire pour un couple (durée, état de santé) origine, c'est-à-dire tel que W(durée, état de santé) = 0, et un couple (durée, état de santé) unité, c'est-à-dire tel que W (durée, état de santé) = 1, bien précis, ce que l'on a souvent tendance à oublier, à tort, comme le montre l'exemple suivant.
Supposons que nous voulions utiliser cette théorie pour choisir la façon de passer nos vacances. Deux possibilités s'offrent à nous :

- la première consiste à passer deux mois (la durée) dans une région où la température moyenne est de 5° C (la qualité) ;
- la seconde consiste à passer seulement un mois dans une région où la température moyenne est de 25° C.

Si nos préférences sont telles que nous préférons toujours une période de vacances plus longue à une plus courte et un climat plus chaud à un climat plus froid, et si nous choisissons pour fonction d'utilité sur les climats la température moyenne enregistrée en degrés Celsius, on a alors :

Région 1 : W(2 mois, 5° C) = 2 × 5 = 10
Région 2 : W(1 mois, 25° C) = 1 × 25 = 25

La théorie nous conduit alors à choisir la région 2, soit un mois de vacances dans un climat où la température moyenne est de 25 °C.
Si au lieu de mesurer les températures en degré Celsius, nous le faisons en degrés Fahrenheit, le résultat ne doit évidemment pas changer. Or qu'observons nous ?
5° C = 41° Fahrenheit et 25° C = 77° Fahrenheit
et on obtient :

Région 1 : W(2 mois, 41° Fahrenheit) = 2 × 41 = 82
Région 2 : W(1 mois, 77° Fahrenheit) = 1 × 77 = 77

La théorie nous conduit alors à choisir la région 1, soit deux mois de vacances dans un climat où la température moyenne est de 41° Fahrenheit soit 5 °C. C'est-à-dire exactement l'inverse du premier choix !
Il est clair que si la spécification de W est bonne pour le référentiel utilisant la mesure des température en degrés Celsius, elle ne l'est pas pour celui utilisant la mesure en degré Fahrenheit et réciproquement. Mais alors dans quel référentiel cette spécification est elle la bonne ? C'est la question qu'il faut absolument se poser avant d'utiliser la spécification classique des QALYs.
Dans sa forme première la méthode est utilisée pour comparer des couples (durée, état de santé) et utilise la fonction d'utilité multi-attribut W définie par la formule W(durée, état de santé) = durée × u (état de santé), où en général les états de santé sont décrits par deux dimensions : la douleur morale (*distress*) et la fonctionnalité. Le croisement de ces deux dimensions donne naissance à une grille constituée de 32 cases (dont 29 seulement sont utilisées) appelée grille de Rosser. Chaque case de la grille représente un état de santé auquel est associé un nombre, obtenu à partir de l'avis d'un individu (ou d'un groupe d'individus) sur les degrés de sévérité de chacun de ces états et sur l'état qu'il juge équivalent à la mort. Ce nombre est sensé représenter l'utilité de l'état de santé considéré. On trouvera ci-dessous la grille de Rosser obtenue auprès d'un groupe de patients.
Si nous admettons les hypothèses qui permettent d'écrire la fonction d'utilité du groupe sous la forme :

W(durée, état de santé) = durée × u(état de santé)

Alors il est équivalent pour le groupe en question de passer « une année sans dysfonction et aucune douleur morale » ou « un an neuf mois (très exactement 1,7637 an) grabataire avec une légère douleur morale ».
En effet :

W(une année, sans dysfonction et aucune douleur morale)
= 1 × 1 = 1

et

W (1,7730 année, grabataire et légère douleur morale)
= 1,7730 × 0,564 = 1

Tableau 6.I Grille de Rosser d'un groupe de patients *(in Gudex C., Kind P., The Q.A.L.Y. Toolkit.* Discussion paper 38, Centre for Health Economic, University of York).

Fonctionnalité / *Douleur morale*	*Aucune*	*Légère*	*Moyenne*	*Importante*
Pas de dysfonction	1,000	0,995	0,990	0,967
Légère dysfonction sociale	0,990	0,986	0,973	0,932
Dysfonction sociale importante et baisse de capacité au travail	0,980	0,972	0,956	0,912
Importante limitation de l'activité professionnelle, personnes âgées ménagères limitées à des tâches simples	0,964	0,956	0,942	0,870
Incapacité à tenir un emploi, à suivre des études, personnes âgées incapables de sortir seules, ménagères incapables d'effectuer des tâches ménagères	0,946	0,935	0,900	0,700
Condamné à la chaise ou à la chaise roulante, ne pouvant se déplacer dans la maison sans aide	0,875	0,845	0,680	0,000
Grabataire	0,677	0,564	0,000	– 1,486
Inconscience	– 1,028			

On remarquera que la grille de Rosser ci-dessus comporte des états jugés pires que la mort (dont l'utilité est fixée à zéro), ce qui est donc en contradiction avec l'une des hypothèses que nous avons énoncées. Certains auteurs ont généralisé le QALYs afin de pouvoir exprimer des utilités sur des situations du type :

[(2 années, sans dysfonction et sans douleur morale), (3 années grabataire et sans douleur morale)]

Ils écrivent que l'utilité de cette situation est égale à la somme des utilités des couples (2 années, sans dysfonction et sans douleur morale) et (3 années grabataire et sans douleur morale), soit avec la grille ci-dessus une utilité égale à :

$$\mathbf{2 \times 1 + 3 \times 0{,}677 = 4{,}031}$$

équivalente à la situation qui consiste à vivre 4,031 années sans dysfonction et sans aucune douleur morale.
Si cette façon de faire a l'avantage d'être pragmatique, elle ne repose en fait sur aucune justification scientifique, et, au lieu de la somme, nous aurions pu proposer avec autant de crédibilité (c'est-à-dire aucune) de faire le produit des utilités où, pourquoi pas, de calculer la racine troisième du logarithme népérien de ce produit...

En effet, quelques minutes de réflexion nous permettent de constater que les auteurs qui utilisent cette approche construisent en fait une fonction d'utilité multi-attribut additive V définie par :

V [(2 années, sans dysfonction et sans douleur morale),
(3 années grabataire et sans douleur morale)]
= W [(2 années, sans dysfonction et sans douleur morale)
+ W (3 années grabataire et sans douleur morale)]

C'est-à-dire V = aW + bW, avec a = 1 et b = 1.

Or les conditions qui permettent d'utiliser un modèle multiplicatif (pour la détermination de W) sont contradictoires avec celles qui permettent d'utiliser un modèle additif (pour la détermination de V), ce qui est singulièrement gênant !
De nombreuses études sont consacrées au calcul pour diverses interventions de santé du coût par année de vie gagnée pondérée par la qualité, ou plus brièvement au coût par QALY de ces interventions. On peut lire par exemple que le dépistage du cancer du sein coûte 5 780 £/ QALY, qu'une transplantation cardiaque coûte 7 840 £/QALY, et que le traitement par érythropoïétine pour l'anémie des dialysés coûte 126 290 £/ QALY. La comparaison de ces divers coûts semble très pratique pour un décideur mais il est nécessaire de prendre des précautions comme va le montrer l'exemple suivant.
Le coût par QALY d'une maladie A s'élève à 20,67 $ et celui d'une maladie B à 17,70 $.
Les coûts ont été calculés du point de vue de la Société, et la qualité de vie a été appréciée au moyen de la grille de Rosser.
Il semble donc plus avantageux de traiter en priorité la maladie B.
Il faut cependant se méfier d'indicateur aussi globaux que les coûts par QALY. En effet regardons plus en détail les éléments qui ont permis d'obtenir ces valeurs :

	Coût pour la société	*Résultat*
Maladie A	100 $	3 ans dans l'état 1 2 ans dans l'état 2 2 ans dans l'état 3
Maladie B	100 $	1 an dans l'état 1 2 ans dans l'état 2 3 ans dans l'état 3

Les états de vie de la grille de Rosser qui ont été observés sont les suivants :

État	*Invalidité*	*Douleur Morale*
État 1	Légère dysfonction sociale	Aucune
État 2	Importante limitation de l'activité professionnelle	Moyenne
État 3	Importante limitation de l'activité professionnelle	Importante

L'examen de ces résultats nous conduit évidemment à privilégier le traitement de la maladie A, ce qui est contraire au résultat obtenu par l'approche du coût par QALYs.

Que s'est il passé ?
L'étude dédiée à la maladie A a utilisé la grille de Rosser établie à partir des préférences d'un échantillon de médecins pour lesquels on a :
Utilité(état 1) = 0,981 Utilité(état 2) = 0,760 Utilité(état 3) = 0,187
D'ou le nombre de QALYs gagnés : 3 × 0,98 1 + 2 × 0,760 + 2 × 0,187 = 4,837
L'étude dédiée à la maladie B a utilisé la grille de Rosser établie à partir des préférences d'un échantillon d'infirmières pour lesquelles on a :
Utilité(état 1) = 0,992 Utilité(état 2) = 0,963 Utilité(état 3) = 0,911
D'ou le nombre de QALYs gagnés : 1 × 0,992 + 2 × 0,963 + 3 × 0,9 11 = 5,651
Les deux études, bien qu'utilisant « une » grille de Rosser n'ont donc pas été menées avec le même référentiel et il n'est donc pas surprenant d'aboutir à un résultat absurde.

▶ Pour l'ensemble de ces raisons il semble peu raisonnable, dans l'état actuel des choses, d'utiliser l'approche QALY bien qu'elle ait eu, sous l'effet d'une certaine mode, son heure de gloire.

Avant toute tentative de comparaison de coûts par QALY, il importe de bien vérifier que la qualité de vie a été mesurée dans un même référentiel (même origine et même unité) pour chaque maladie.
Il ne suffit pas de dire, pour justifier la comparaison des coûts par QALY, qu'un QALY égal un QALY ! Ce qui reviendrait à dire, si nous le transposons dans le domaine de la physique, qu'une température égale une température... (aucun physicien n'oserait prétendre que 1° Celsius = 1° Fahrenheit !).

Préférences individuelles et préférence collective

Comme nous venons de le voir la détermination d'un niveau d'utilité accordé par un sujet à un état de santé pose de nombreux problèmes méthodologiques. Supposons cependant ceux-ci résolus et considérons que nous avons obtenu de cinq sujets l'utilité que chacun accorde à l'état de santé « être grabataire ». Ces résultats sont contenus dans le tableau ci-dessous :

	Utilité
Sujet 1	0,5
Sujet 2	0,2
Sujet 3	0,3
Sujet 4	0,7
Sujet 5	0,3

Comment peut-on, à partir de ces résultats, déterminer l'utilité que le groupe des cinq sujets accorde à cet état de santé ?
De nombreux auteurs proposent de choisir la moyenne ou la médiane de la distribution des utilités, c'est-à-dire dans ce cas soit 0,4 soit 0,3. Avant d'accepter cette démarche il convient de réfléchir à sa signification.
Soit nous faisons l'hypothèse que tous les sujets ont la même préférence sur les états de santé qui leurs sont proposés : les différences de

niveau d'utilité observés s'expliquent alors par les aléas dus aux techniques de mesure. Il est alors parfaitement licite d'utiliser la moyenne, en faisant l'hypothèse que la valeur observée est égale à la valeur vraie de l'utilité (commune à tous les sujets) augmentée d'un terme aléatoire de moyenne annuelle et d'écart type constant qui représente les erreurs dues aux mesures.

Soit nous admettons que chaque sujet possède une opinion qui lui est propre sur les états de santé, éventuellement différente de celle des autres, et dans ce cas il est nécessaire de choisir une règle d'agrégation de ces préférences, la moyenne en est une, la médiane également, mais bien d'autres règles peuvent-être proposées : la valeur maximum observée, ou la valeur minimum, la somme des utilités individuelles si les théories « utilitaristes » de Bentham nous séduisent, la valeur recueillant le plus de suffrage...

Selon la règle choisie, on obtiendra pour valeur de l'utilité du collectif respectivement : 0,4 – 0,3 – 0,7 – 0,2 – 2 – 0,3.

Que choisir ? le choix d'une règle d'agrégation se fonde sur ses propriétés, étudiées par les experts, et est uniquement du ressort du politique à qui les inconvénients et les avantages de chacune auront été exposés. Ce choix ne doit en aucun cas être effectué par les techniciens de l'aide à la décision.

Un dernier exemple va éclairer cette position. Supposons que nous ayons surmonté les difficultés précédentes en admettant, par exemple, que tous les sujets possèdent la même opinion sur les états de santé suivants : « être en parfaite santé », « être sous dialyse », « mort » et qu'ils leurs accordent, respectivement les utilités (1 – 0,33 – 1).

Trois sujets sont dans les états de santé décrits dans le tableau suivant :

	État de santé	*Utilité*
Sujet 1	Être sous dialyse	0,33
Sujet 2	Être sous dialyse	0,33
Sujet 3	Être sous dialyse	0,33

L'utilité collective de ce groupe, s'il est « utilitariste », est égale à la somme des utilités individuelles soit 0,99. On peut alors remarquer que la situation suivante, décrite dans le tableau ci-dessous, est jugée préférable par la collectivité puisque son utilité collective est égale à 1.

	État de santé	*Utilité*
Sujet 1	Être en parfaite santé	1
Sujet 2	Mort	0
Sujet 3	Mort	0

Cet exemple illustre bien les limites méthodologiques et éthiques de l'approche utilitariste (basée sur le principe que l'utilité collective serait égale à la somme des utilités individuelles) puisqu'elle suggère de privilégier la stratégie « deux morts et un vivant en bonne santé » plutôt que la stratégie « 3 malades » !

LES ÉTUDES COÛT-AVANTAGE

Études coût-bénéfice

Les études coût-bénéfice sont destinées à relier les coûts d'une action médicale à ses conséquences exprimées en unités monétaires.
Elles mettent en œuvre une nomenclature qui traduit tous les critères en terme monétaire. Pour chacun de ces critères est calculée la valeur absolue de la différence entre la modalité possédée par la situation de référence et celle possédée par la stratégie qui est évaluée.
Le coût de la stratégie est obtenu en effectuant la somme des valeurs absolues de ces différences pour les critères dont la situation de référence est préférée à la stratégie.
Le bénéfice est obtenu en effectuant la somme des valeurs absolues des différences pour les critères dont c'est la stratégie qui est préférée à la situation de référence.
À titre d'illustration, considérons l'exemple suivant :
Il s'agit d'évaluer deux stratégies de prévention de l'ostéoporose par un traitement hormonal substitutif chez la femme ménopausée.

– la première stratégie consiste à administrer aux femmes ne présentant pas de contre-indications un traitement hormonal durant 15 années à partir de l'âge de 50 ans,

– la seconde stratégie consiste à administrer le même traitement durant toute leur vie aux femmes de 50 ans et plus ne présentant pas de contre-indications,

– la situation de référence est de ne rien faire.

L'évaluation est faite par l'organisme qui finance les soins et le traitement hormonal.

Les critères sélectionnés sont :

– les frais d'hospitalisation pour le traitement d'une fracture du fémur proximal,

– les frais de soins à domicile,

– les frais de soins en institution,

– les frais de traitement hormonal et de surveillance médicale.

Un modèle de simulation a été réalisé en retraçant l'histoire de 100 000 femmes selon la stratégie utilisée. Il donne les résultats suivants :

	Hôpital	*À domicile*	*Institution*	*Hormones*
Ne rien faire	670	626	8 946	0
15 ans	570	563	8 746	515
Toute la vie	301	485	8 551	1 127

Ces résultats sont exprimés en millions de francs suisses 1984 *(modèle de M. Van der Loos, thèse de doctorat – Lausanne).*
Le coût de la stratégie du traitement sur 15 années est égal à :

$$|0 - 515| = 515$$

Le bénéfice est égal à :

$$|670 - 570| + |626 - 563| + |8\,946 - 8\,746| = 363$$

On calcule de la même façon le coût et le bénéfice de la stratégie du traitement à vie :

Coût = 1 127
Bénéfice = 905

Il s'agit maintenant de décider laquelle des stratégies est préférée à l'autre. Nous avons le choix entre deux procédures *d'agrégation* :

- agrégation coût-bénéfice absolue,
- agrégation coût-bénéfice relative.

L'agrégation coût-bénéfice absolue consiste à préférer la stratégie qui procure le gain le plus élevé, c'est-à-dire la différence la plus élevée entre le bénéfice et le coût.
Dans notre exemple, le gain de la stratégie du traitement sur 15 ans est égal au bénéfice moins le coût :

363 – 515 = – 152 millions de francs suisses

Celui de la stratégie du traitement à vie est égal à :

905 – 1 127 = – 222 millions de francs suisses

Dans une perspective d'agrégation coût-bénéfice absolue, la stratégie du traitement sur 15 ans est donc préférée à la stratégie du traitement à vie.
L'agrégation coût-bénéfice relative consiste à préférer la stratégie pour laquelle le quotient coût sur bénéfice est le plus petit.
Dans notre exemple, ce quotient est égal à :

Stratégie sur 15 ans : 515/363 = 1,42
Stratégie à vie : 1 127/905 = 1,24

Dans la perspective d'une agrégation coût-bénéfice relative, ce sera cette fois-ci la stratégie du traitement à vie qui sera préférée à la stratégie du traitement sur 15 ans.
Tout en étant rigoureuses, ces deux méthodes de calcul aboutissent à des résultats opposés et peuvent rendre l'observateur perplexe !
En fait, en économie de la santé plus qu'ailleurs, ce sont rarement les résultats bruts qui sont intéressants à connaître mais la discussion même de ces résultats en fonction des hypothèses qui ont été émises. Toute conclusion peut en effet être remise en question par l'application d'une autre méthodologie fondée sur des hypothèses différentes.

Études coût-efficacité

Les études coût-efficacité sont destinées à relier les coûts d'une action médicale à ses conséquences exprimées en unités physiques (années de vie sauvées, nombre de malades évités, etc.).

Elles utilisent une procédure d'agrégation dont la nomenclature est composée d'un critère non monétaire (critère d'efficacité) et de critères dont les unités s'expriment en quantité de monnaie.

Les critères monétaires sont agrégés en un seul critère qui est le gain de la stratégie à étudier par rapport à une stratégie de référence (nous avons vu dans l'agrégation coût-bénéfice absolu comment calculer ce gain).

À chaque stratégie est associée son gain d'efficacité par rapport à la situation de référence.

Reprenons l'exemple précédent et ajoutons à la nomenclature le critère « espérance de vie à 50 ans » calculé en nombre de jours.

Le modèle de Van der Loos permet de calculer cette espérance de vie pour chacune des stratégies envisagées :

– stratégie « ne rien faire » : 12 143 jours,

– stratégie « hormonothérapie pendant 15 ans » : 12 163 jours,

– stratégie « hormonothérapie à vie » : 12 206 jours.

Les gains d'efficacité correspondent ici à l'espérance de vie à 50 ans :

– stratégie « hormonothérapie pendant 15 ans » : 20 jours,

– stratégie « hormonothérapie à vie » : 63 jours.

Lorsque la même stratégie est préférée en même temps sur le critère gain et sur le critère efficacité, il n'y a pas de problème de choix puisqu'elle paraît d'emblée la meilleure !

Si deux stratégies ont la même efficacité, la rationalité économique conduit tout naturellement à choisir celle qui présente le gain le plus élevé cette procédure très simple relève du principe du choix du coût minimum (études coût-coût).

Hélas, bien souvent la situation est plus complexe.

Dans notre exemple :

– La stratégie « traitement sur 15 ans » a un gain négatif égal à – 152 millions de francs suisses pour une efficacité de 20 jours.

– La stratégie « traitement à vie » coûte plus cher (gain négatif de – 220 millions de francs suisses) mais procure une efficacité plus grande : 63 jours.

Deux procédures sont à notre disposition pour nous aider à conclure : l'agrégation coût-efficacité en moyenne et l'agrégation coût-efficacité marginale.

L'une et l'autre ont le même objectif : se ramener à une situation où l'efficacité des deux stratégies est la même puis comparer leurs coûts respectifs.

Pour chacune d'elle, il est nécessaire de supposer que pour chaque stratégie, le gain (ou le coût si ce dernier est négatif) est fonction du niveau d'efficacité atteint.

L'agrégation coût-efficacité en moyenne suppose que cette fonction soit de type linéaire. Il est donc possible de calculer le gain d'une unité d'efficacité et la stratégie choisie sera celle dont le gain d'une unité d'efficacité sera le plus grand.

Dans notre exemple, le gain d'une unité d'efficacité pour la stratégie « traitement sur 15 ans » est :

– 152/20 = – 7,6 millions de francs suisses

Pour la stratégie « traitement à vie » ce gain est :

– 220/63 = – 3,49 millions de francs suisses

Si l'hypothèse de linéarité de la fonction de gain est acceptée, la procédure d'agrégation coût-efficacité en moyenne conduit à préférer la stratégie du traitement à vie.
Il faut en fait noter que cette hypothèse de linéarité est très rarement satisfaite à cause de l'existence fréquente de coûts fixes et de l'impossibilité d'accroître indéfiniment l'efficacité, quels que soient les moyens matériels affectés à une stratégie.
C'est donc dans les cas fréquents où cette hypothèse ne peut être satisfaite qu'il est possible de recourir à l'agrégation coût-efficacité marginale.
L'agrégation coût-efficacité marginale est délicate à mettre en œuvre car elle suppose que les gains et les efficacités des deux stratégies à comparer sont voisins.
Il est par ailleurs nécessaire de décider pour lequel des deux niveaux d'efficacité sera effectuée la comparaison des gains : au niveau de l'efficacité de la première stratégie ou de la seconde stratégie.
Supposons que le gain d'efficacité de la seconde stratégie soit supérieur à celui de la première et que nous ayons décidé de comparer les deux stratégies à ce niveau d'efficacité.
La procédure coût-efficacité marginale consiste à estimer quel serait le gain monétaire d'une unité supplémentaire d'efficacité pour la stratégie 1 à partir du niveau d'efficacité à laquelle elle a conduit pour le gain qui est observé.
Connaissant ce gain et supposant que le coût varie linéairement sur l'intervalle qui sépare les niveaux d'efficacité des deux stratégies, il est alors facile de calculer le coût de la stratégie 1 pour le même niveau d'efficacité.
Considérons l'exemple suivant :

– la stratégie 1 amène un gain de – 1 000 et une efficacité de 100,
– la stratégie 2 amène un gain de – 1 200 et une efficacité de 105.

On souhaite comparer ces deux stratégies au niveau d'efficacité 105 et on a établi que pour passer du niveau d'efficacité 100 au niveau 101 (gain d'une unité d'efficacité à partir du niveau 100), il fallait dépenser 100 unités monétaires.
Si l'on admet la linéarité de la fonction qui lie le gain monétaire à l'efficacité sur l'intervalle 100 – 105, le gain de la stratégie 1 pour un niveau d'efficacité 105 sera égal à :
– 1 000 + 5 (– 100) = – 1 500 unités monétaires.
Au niveau 105, c'est donc ici la seconde stratégie qui est préférée. Ce résultat est alors opposé à celui qui serait obtenu avec une procédure d'agrégation coût-efficacité en moyenne.

Études coût-utilité

Les études coût-utilité relient les coûts d'une action médicale à ses conséquences exprimées en variables qualitatives.
Elles font intervenir une nomenclature qui comporte plus d'un critère non monétaire. C'est par exemple le cas lorsqu'on s'intéresse aux coûts liés à des nombres d'années de vie gagnées et à la qualité de vie associée à ces années gagnées.

Il est donc nécessaire d'agréger ces trois critères en un seul. On essaie alors de construire une fonction d'utilité cardinale sur les couples nombre d'années de vie – qualité de vie au cours de ces années. Cette fonction doit par exemple pouvoir permettre de calculer le niveau d'utilité de 10 ans de vie avec une mobilité restreinte ou de 5 ans de vie avec une mobilité moyenne comme nous l'avons vu dans le paragraphe sur la qualité de vie.

Lorsque la fonction d'utilité est construite, nous sommes ramenés aux mêmes problèmes que ceux posés par l'agrégation coût-efficacité ; les niveaux d'efficacité étant alors seulement remplacés par des niveaux d'utilité.

Il est inutile de souligner les difficultés théoriques d'une telle approche. Plusieurs méthodes d'application ont été tentées comme les coûts par QALY *(Quality Adjusted Life Years)*, les coûts associés aux loteries ou aux marchandages-temps, des combinaisons de ces méthodes comme les coûts par HYE *(Healthy Years Equivalent)* ou par AVCI (Année de Vie Corrigée du facteur d'Invalidité – méthode utilisée par la Banque mondiale). Les principales critiques de ces méthodes résident dans leurs hypothèses qui ne sont pas vérifiées (cardinalité, neutralité au risque, constance dans le temps du comportement face au risque, reproductibilité des réponses, etc.). Certaines méthodes d'analyse multi-dimensionnelles de données issues de questionnaires d'État de santé écartent la plupart de ces écueils en évitant de construire une utilité collective par la simple addition des utilités individuelles.

MODÉLISATION

La modélisation consiste à relier des paramètres par une ou des formules mathématiques afin de réaliser des simulations ou des prédictions. Il existe autant de types de modélisations que de formules mathématiques. Les plus utilisés en économie de la santé sont les arbres événementiels, les chaînes de Markov et les méthodes de Monte-Carlo.

Arbres événementiels

Une stratégie de soins se décompose souvent en une succession d'événements dont les modalités varient en fonction de la réponse ou des réponses du patient à la stratégie considérée. L'évaluation d'une telle stratégie implique alors de prendre en compte tous les événements et l'incertitude qui en découle. Il est alors nécessaire de disposer d'un cadre méthodologique précis pour représenter et prendre en compte les principaux déterminants de la stratégie de soins à évaluer. La théorie des probabilités est l'un de ces cadres.

La première méthode pour évaluer les résultats de différentes stratégies possibles est celle des *arbres événementiels* qui formalisent les situations intermédiaires. L'arbre représente donc tous les événements possibles à envisager affectés de leurs probabilités respectives, sachant que l'on se trouve dans la situation précédente.

Dans le cas où les événements peuvent être contrôlés par un décideur, en l'occurence le thérapeute, on parle d'*arbres de décision.*

Les arbres comportent des embranchements ou nœuds (appelés nœuds d'éventualité ou nœuds de décision selon qu'il s'agisse d'un arbre événementiel ou d'un arbre de décision) et des chemins qui aboutissent aux conséquences respectives des événements ou des décisions qui ont été prises. L'exploitation de l'arbre suggère alors de favoriser la stratégie ou la sous-stratégie qui en moyenne comporte l'avantage clinique le meilleur, le risque le plus faible, le coût le moins cher, ou encore le meilleur ratio coût-avantage, bien qu'il faille manier ce critère avec beaucoup de prudence.
Considérons par exemple un patient souffrant d'une affection rhumatologique chronique relevant d'un traitement par anti-inflammatoires non stéroïdiens (AINS).
Ce patient peut répondre très favorablement à ce traitement et bien se porter. Il peut aussi mal tolérer le traitement, en particulier au niveau digestif haut où l'AINS prescrit peut induire un ulcère du duodénum. Lui-même est aussi susceptible de se compliquer d'une perforation ou d'une hémorragie. Le stade ultime, rare heureusement mais possible, est la mort du patient.
La figure 18 représente l'arbre des événements résumant le pronostic de ce patient traité par AINS.
Le premier nœud, nommé AINS, a deux branches nommées BIEN TOLÉRÉ et ULCÈRE. La branche ULCÈRE se décompose elle-même en trois sous-branches : STABLE, HÉMORRAGIE, PERFORATION. Les sous-branches HÉMORRAGIE et PERFORATION peuvent être chacune létales ou non létales. La branche bien toléré aboutit au résultat bien portant.
Si l'on cherche à attribuer à la stratégie AINS une « valeur », quelle que soit la façon dont on cherche à l'exprimer (utilité, coût, etc.), celle-ci est alors la somme des valeurs propres de ses conséquences possibles pondérées par leurs probabilités respectives.

➤ **Fig. 6.1.** Arbre simple modélisant certaines complications du traitement par AINS. ➤

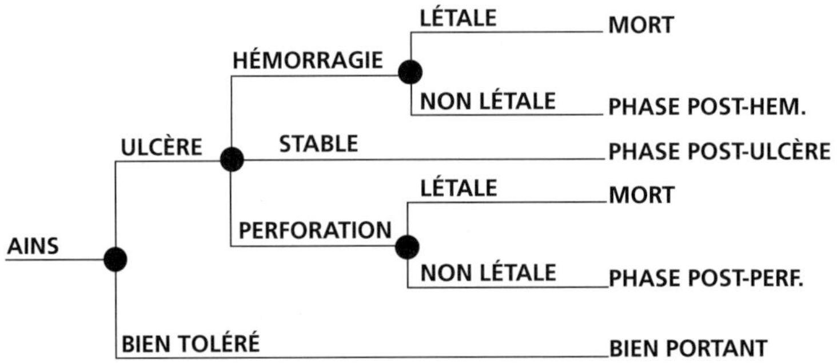

On remarquera que ce critère utilisant l'espérance mathématique du gain associé à une stratégie est intéressant lorsqu'il s'agit d'une décision portant sur une population, mais tout à fait dénué d'intérêt pour une décision portant sur un individu. Dans ce cas, c'est la distribution des probabilités des gains associés à chaque stratégie qui doit être utilisée. Bien évidemment, la grande difficulté de cette approche réside dans l'estimation des probabilités de chaque événement, c'est pourquoi il est prudent lors de son utilisation d'effectuer des analyses de sensibilité sur les résultats fournis.

Chaînes de Markov

Nicolaïs Markov (1856-1922) est un mathématicien connu pour ses travaux portant sur le calcul des probabilités et plus particulièrement pour la théorie des chaînes et des processus qui portent son nom.
Les processus de Markov permettent de modéliser l'évolution dans le temps d'une population à travers un nombre donné d'états.
Considérons cet exemple extrêmement simple. Les états considérés sont au nombre de trois : Bonne santé, Malade et Mort.
Au temps t0 les 1 000 individus qui composent la population étudiée sont répartis de la façon suivante dans les trois états cités :
Bonne santé : 800 Malade : 200 Mort : 0
On sait que lorsque à l'instant t0 on est dans l'état Bonne santé, la probabilité à l'instant t0 + 1 d'être encore en bonne santé est 0,7, celle d'être malade 0,2 et celle de mourir 0,1.
Si à l'instant t0 on est dans l'état Malade, la probabilité à l'instant t0 + 1 d'être en Bonne santé est égale à 0,3, celle d'être Malade à 0,2 et celle de mourir à 0,5.
Enfin, il est clair que si l'on est dans l'état de Mort, on ne peut rester que dans cet état (état absorbant).
Ces informations peuvent être rassemblés sous la forme d'un tableau appelé *matrice markovienne :*

$$M = \begin{matrix} 0{,}7 & 0{,}2 & 0{,}1 \\ 0{,}3 & 0{,}2 & 0{,}5 \\ 0 & 0 & 1 \end{matrix}$$

Les éléments de cette matrice sont appelés *probabilités de transition*.
On remarquera que la somme des éléments de chaque ligne de cette matrice est égale à 1.
À partir de cette information, on peut déterminer le nombre d'individus présents dans chaque état à l'instant t_{0+1} :

nombre d'individus dans l'état Bonne santé : $800 \times 0{,}7 + 200 \times 0{,}3 + 0$
nombre d'individus dans l'état Malade : $800 \times 0{,}2 + 200 \times 0{,}2 + 0$
nombre d'individus dans l'état Mort : $800 \times 0{,}1 + 200 \times 0{,}5 + 0$

Si nous faisons l'hypothèse que les probabilités de la matrice M ne varient pas dans le temps et que seul l'état t_{0+1} conditionne l'état dans lequel se trouve un individu à l'époque t_{0+1}, on peut déterminer le nombre d'individus présents dans chaque état pour toutes les périodes t_{0+1}, t_{0+2}, t_{0+3}, ...
Il s'agit d'un problème extrêmement simple qui s'écrit formellement grâce au calcul matriciel sous la forme :

$$E\,t_{0+1} = E\,t_0 \times M$$
$$E\,t_{0+2} = E\,t_{0+1} \text{ x } M = E\,t_0 \times M \times M = E\,t_0 \times M^2$$
...

$E\,t_{0+n} = E\,t_0 \times M^n$
où $E\,t_0$ est la matrice (800, 200, 0)
et x le produit matriciel.

Un modèle de ce type est appelé une *chaîne de Markov.*
Si le temps est continu et si les probabilités de passage varient avec le temps, on parle alors de *processus de Markov.*
Les modèles de Markov sont souvent utilisés pour simuler l'histoire d'une cohorte d'individus. Considérons par exemple l'histoire d'une population féminine âgée de 50 ans à la période initiale et pour laquelle on envisage un ensemble d'états décrivant les divers événements que peuvent rencontrer ces femmes à chaque période du modèle : cancer de l'endomètre, fracture du col du fémur, séjour à l'hôpital, long séjour, décès, etc.
Les probabilités de transition sont estimées pour diverses stratégies : traitement hormonal durant 15 ans, traitement hormonal à vie, pas de traitement...
Pour chacune de ces stratégies, le modèle de Markov, permet de reconstituer l'histoire de la cohorte et il est possible à partir de celle-ci d'effectuer des calculs économiques et d'estimer des critères d'efficacité tel le nombre de jour de vie gagné.

Méthode de Monte-Carlo

La méthode de Monte-Carlo consiste à utiliser des techniques aléatoires pour résoudre des problèmes non aléatoires, comme par exemple certains calculs d'intégrales peu sympathiques, ou l'estimation des distributions d'estimateurs dont les propriétés ne sont pas connues, faute d'hypothèses consistantes sur la distribution des phénomènes observés.
Cette méthode s'appuie sur la capacité de reproduire le hasard à partir de règles algébriques, c'est-à-dire sur la possibilité de générer des suites de nombres, appelés nombres pseudo-aléatoires. Ces nombres sont calculés au moyen d'une formule mathématique classique et peuvent être considérés comme étant des réalisations d'une variable aléatoire suivant une loi donnée.
Il est par exemple possible de générer une suite de nombres qui peuvent être considérés comme les réalisations d'une variable aléatoire uniformément distribuée sur [0,1] par la procédure suivante :

– choisir trois nombres entiers a, b, m,

– le premier nombre de la suite, x1, est égal au quotient par m du reste y1 de la division euclidienne de a x b par m,

– le second nombre de la suite, x2, est égal au quotient par m du reste y2 de la division euclidienne par m du nombre y1 multiplié par b,

– et ainsi de suite...

Par exemple, si a = 1 000, b = 3, m = 7
on trouve :
x_1 = 0,57142857, x2 = 0,71428571, x3 = 0,14285714, x4 = 0,42857143, etc.
Il faut noter que la qualité de cette suite est étroitement liée aux valeurs choisies pour a, b et m.
La méthode de Monte-Carlo est de plus en plus utilisée depuis que la puissance des ordinateurs s'est considérablement accrue. Deux exem-

ples d'applications vont nous permettre de l'illustrer qui concernent les simulations de la distribution d'échantillonnage d'un estimateur.

Cas où le caractère étudié a été mesuré sur toute la population

Supposons que nous nous intéressons à des bases de données volumineuses et exhaustives gérées par exemple par les caisses de Sécurité sociale. À partir de telles bases, il est possible d'étudier divers problèmes comme celui de la liaison linéaire entre le volume des actes remboursés de chirurgie côtés en K et celui des actes remboursés de radiologie côtés en Z. Cette liaison est appréciée par la valeur du coefficient de corrélation linéaire.

Calculer ce coefficient sur l'ensemble de la population est un travail énorme compte tenu de la taille du fichier qui doit être manipulé.

Une stratégie intéressante consiste alors à tirer au sort un échantillon de prescriptions remboursés de taille n et à calculer sur cet échantillon la valeur du coefficient de corrélation linéaire.

Il est clair que cette valeur est en général différente de la valeur de ce même coefficient calculé sur l'ensemble des prescriptions remboursées et qu'elle dépend de la composition de l'échantillon obtenu.

À tout échantillon de taille n, on associe donc le coefficient de corrélation linéaire qui est calculé sur cet échantillon. On définit ainsi une application (au sens mathématique du terme) qui est appelé *estimateur*. Un estimateur est donc une variable aléatoire définie, non pas sur la population des « actes remboursés », mais sur la population des « échantillons de taille n des actes remboursés ».

C'est la connaissance de la distribution de cette variable aléatoire qui nous permet de réaliser des estimations par intervalle de confiance. Elles nous fournissent une information sur la précision de l'estimation (fourchette) et sur le risque qui est consenti lorsqu'on fait confiance à l'estimation.

Or, pour calculer cette distribution, il est nécessaire de connaître : la distribution des actes en K, la distribution des actes en Z et les relations que ces deux distributions entretiennent, ce que nous cherchons précisément à étudier.

Il n'est donc pas possible de calculer cette distribution. En revanche, il est possible de tirer au hasard 1 000 échantillons de taille n et calculer pour chacun d'eux le coefficient de corrélation linéaire. On obtient ainsi 1 000 observations de ce coefficient, ce qui nous permet de construire la distribution empirique de l'estimateur de ce paramètre, et à partir de celle-ci, une estimation par intervalle de confiance.

Cas où le caractère étudié a seulement été mesuré sur un échantillon aléatoire extrait de la population : le Bootstrap

Il s'agit du cas le plus fréquent. Reprenons l'exemple précédent et supposons maintenant qu'une fois le premier échantillon de taille n tiré, on ne puisse recommencer cette opération.

Le Bootstrap consiste à considérer cet échantillon comme une « bonne représentation » de la population. On applique alors la technique précédente en tirant les 1 000 échantillons de taille n au sein de cette nouvelle population. Bien évidemment les tirages sont effectués avec remise (sans cela, les 1 000 échantillons seraient tous semblables à l'échantillon de départ !).

Comme précédemment, la distribution empirique de l'estimateur considéré est obtenue, ainsi qu'une estimation par intervalle de confiance.

Illustrons cette technique par un exemple simple traitant d'un problème complexe auquel on est fréquemment confronté dans les études d'évaluation : l'estimation par intervalle de confiance de la moyenne du rapport Coût-Efficacité d'une stratégie thérapeutique.

Imaginons que l'étude coût-efficacité d'une stratégie thérapeutique n'ait pu être réalisée que sur un échantillon de 10 patients seulement et que les résultats obtenus sont les suivants :

Patient n°	*1*	*2*	*3*	*4*	*5*	*6*	*7*	*8*	*9*	*10*
Coût	1 128	1 455,5	1 779	130	491,5	1 694	1 153	1 289	1 091,5	1 040
Efficacité	6,3	13,19	10,07	8,67	9,51	8,25	9,07	9,08	7,12	11,22
C/E	179,05	110,35	176,66	118,80	51,68	205,33	127,12	141,96	153,30	92,69

Rien ne nous empêche d'effectuer une estimation du coût moyen et de l'efficacité moyenne de cette stratégie. Etant dans le cas d'un petit échantillon, l'estimation par intervalle de confiance n'est possible que sous l'hypothèse que les variables coût et efficacité sont distribuées suivant une loi normale, ce qui n'est pas évident à tester !

Si nous admettons cette hypothèse, on sait que les distributions des estimateurs des moyennes suivent une loi de Student à 9 « degrés de liberté » (10-1).

On obtient alors les résultats suivants :

Estimation du coût moyen : 1215,15

Intervalle de confiance : [894,03 ; 1536,27]

Estimation de l'efficacité moyenne : 9,25

Intervalle de confiance : [7,54 ; 10,96]

Nous cherchons à estimer le coût-efficacité moyen de cette stratégie thérapeutique.

Une première idée peut consister à calculer le ratio « coût moyen/efficacité moyenne » qui est égal à 131,39 et de le compléter par une analyse de sensibilité s'appuyant sur les intervalles de confiance des moyennes du coût et de l'efficacité. Celle-ci permet de conclure que ce ratio est compris entre 81,57 et 203,75.

Mais nous n'avons nullement répondu à la question posée qui était de calculer l'estimation de la moyenne du ratio coût-efficacité (qui n'est évidemment pas égal au ratio « coût moyen/efficacité moyenne »).

Une seconde idée consiste donc à estimer à partir de l'échantillon la moyenne de la variable statistique égale au ratio coût-efficacité. Pour ce faire, il faut admettre que cette variable est distribuée selon une loi Normale (ce qui constitue plus un acte de foi qu'un acte scientifique). Si nous franchissons ce pas, on trouve que l'estimation ponctuelle de cette moyenne est égale à 135,69 et que l'intervalle de confiance au niveau 0,95 est égal à [97,03 ; 174,36].

La technique du Bootstrap va nous permettre d'abandonner l'hypothèse (fort gênante) de la normalité du ratio coût-efficacité, et également d'affiner son estimation par intervalle de confiance.

Construisons 1000 échantillons de taille 10 en tirant au hasard, avec « remise », les patients de l'échantillon que nous possédons ; chaque patient de cet échantillon ayant la même probabilité d'être tiré au sort. Pour chaque nouvel échantillon, on calcule l'estimation ponctuelle de la moyenne du ratio coût-efficacité. Par exemple pour les trois premiers échantillons construits par cette méthode, on obtient :

échantillon n° 1

Patient n°	*4*	*5*	*1*	*10*	*2*	*2*	*7*	*7*	*4*	*6*	*Moyenne C/E*
C/E	118,80	51,68	179,05	92,69	110,35	110,35	127,12	127,12	118,80	205,33	124,13

échantillon n° 2

Patient n°	*7*	*1*	*2*	*6*	*4*	*6*	*9*	*5*	*1*	*7*	*Moyenne C/E*
C/E	127,12	179,09	110,35	205,33	118,80	205,33	153,30	51,68	179,05	127,12	145,71

échantillon n° 3

Patient n°	*10*	*3*	*9*	*7*	*10*	*6*	*3*	*2*	*1*	*4*	*Moyenne C/E*
C/E	92,69	176,66	153,30	127,12	92,69	205,33	176,66	110,35	179,05	118,80	143,27

On obtient ainsi 1 000 valeurs de la moyenne du ratio coût-efficacité qui nous permettent d'obtenir la distribution empirique de son estimateur dont l'histogramme figure ci-dessous.

➤ **Fig. 6.2.** Distribution empirique de l'estimateur de la moyenne du ratio coût-efficacité. ➤

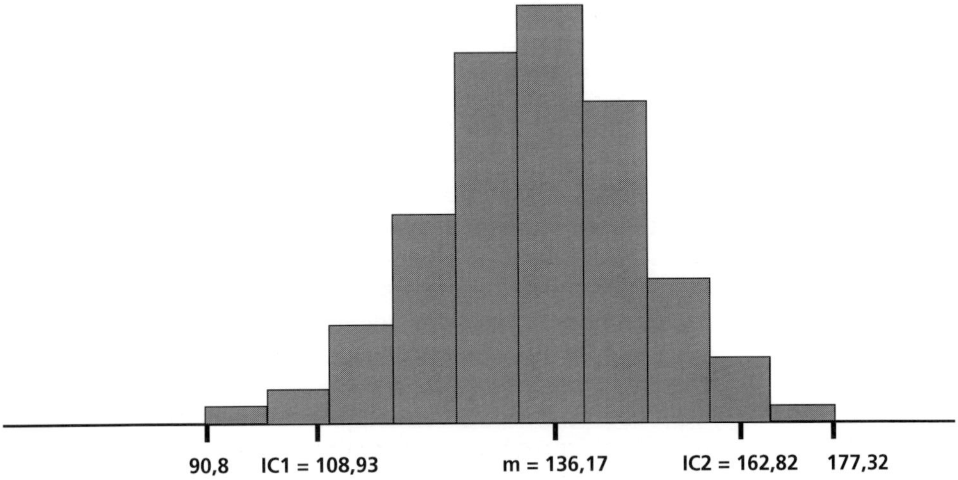

La connaissance de cette distribution nous permet de dire, sous l'hypothèse que l'échantillon d'amorçage (Bootstrap) est aléatoire, que l'estimation ponctuelle de la moyenne du ratio coût-efficacité est égale à 136,17 avec un intervalle de confiance au niveau 0,95 égal à :

[108.93 ; 162.82]

On remarquera que ce résultat, qui répond à la question posée, est plus précis et ne nécessite qu'une hypothèse : le bon respect des règles de méthode d'échantillonnage, hypothèse imposée par toutes les autres méthodes évoquées précédemment.

Cas des études de sensibilité dans un modèle

Lors d'une épidémie, une étude a montré que dans un échantillon aléatoire de 60 personnes recrutées en population générale 18 étaient atteints de la maladie.
Une autre étude effectuée sur un échantillon aléatoire de 200 patients atteints de la maladie a permis d'observer que 20 avaient développé des complications.
Afin de mettre en place les moyens nécessaires pour lutter contre la prochaine épidémie on souhaite connaître, pour une population de 100 000 habitants, le nombre de personnes qui, ayant contracté la maladie, développeront des complications.
Une première réponse est qu'il est de l'ordre de :

$$\mathbf{100\,000 \times 0{,}3 \times 0{,}\ 1 = 3\,000 \text{ personnes}}$$

Nous ne pouvons écrire, bien sûr, qu'il est exactement égal à 3 000 personnes. En effet nous faisons ici une prévision qui s'appuie sur des estimations ponctuelles de la prévalence de la maladie, ainsi que sur la probabilité de développer des complications sachant que l'on est malade. Mais nous savons que les estimateurs de ces probabilités suivent des lois normales respectivement de moyenne 0,30 et 0,1 et de variance 0,0035 et 0,00045.
Leur estimation par intervalle de confiance au seuil 0,95 est donc égale respectivement à :

$$\mathbf{[0{,}1840\ ;\ 0{,}4159], \text{ et } [0{,}0584\ ;\ 0{,}1415]}$$

Une étude classique de sensibilité conduit à conclure que le nombre de personnes qui seront atteints de la maladie et qui développeront des complications est compris entre :

$$\mathbf{100\,000 \times 0{,}1840 \times 0{,}0584 = 1\,074 \text{ habitants}}$$
$$\mathbf{\text{et } 100\,000 \times 0{,}4159 \times 0{,}1415 = 5\,885 \text{ habitants}}$$

C'est une information très frustre pour le décideur et la méthode de Monte-Carlo va nous permettre de l'améliorer.
Nous connaissons en effet les distribution des estimateurs des probabilités de contracter la maladie (P_1) et de développer des complications sachant que l'on est malade (P2). Il est donc possible de simuler, par exemple, un échantillon de 500 épidémies en tirant au sort pour chaque épidémie virtuelle les valeurs de P1 et P2 selon leur distribution de probabilité. On obtient ainsi la distribution empirique du nombre d'habitants qui développeront des complications.

Nb. habitants	*de 885 à 1498*	*de 1498 à 2111*	*de 2111 à 2724*	*de 2724 à 3336*	*de 3336 à 3949*	*de 3949 à 4562*	*de 4562 à 5175*
Probabilité	0,014	0,146	0,236	0,280	0,210	0,074	0,040

On peut alors dire, avec 5 chances sur 100 de se tromper, que ce nombre d'habitants sera compris entre 1642 et 4170, et si l'on accepte

➤ **Fig. 6.3.** Distribution empirique du nombre d'habitants qui développeront des complications. ➤

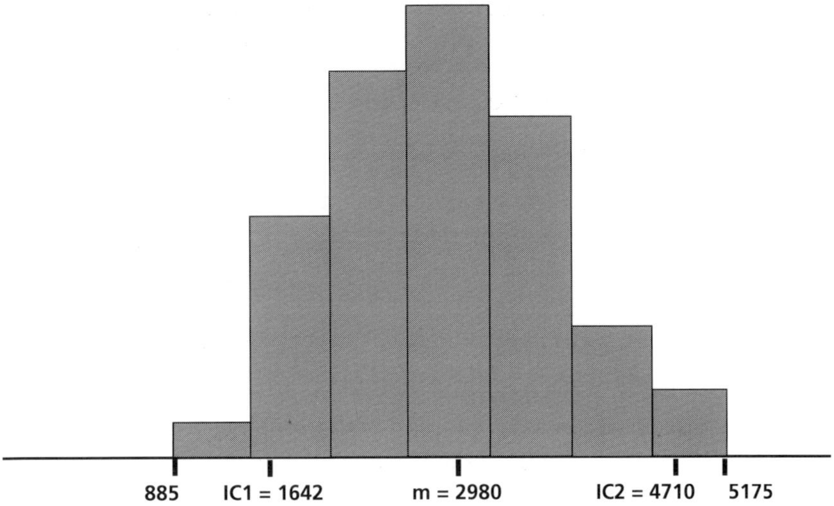

de se tromper 1 fois sur 10 on pourra alors énoncer que ce nombre est compris entre 1766 et 4 522.

L'APPROCHE ÉCONOMÉTRIQUE

L'économétrie est une démarche scientifique dont le but est d'identifier, expliquer et prévoir les phénomènes de nature économique. Pour cela elle s'appuie sur des outils formalisés pour créer, mesurer, structurer et modéliser l'information relative à ces phénomènes.
L'importance de cette démarche mérite d'être illustrée par quelques exemples.
La consommation pharmaceutique est l'une des grandes préoccupations des organisations chargées de son financement. Or, on lit fréquemment dans la presse que la France détient le record de consommation des médicaments. Cela est peut-être vrai, mais il faut le prouver et cela n'est pas facile.
Pour y parvenir, il faut dépasser le discours qui expose une affirmation et construire une argumentation fondée sur des critères indiscutables qui, seule confortera ou réfutera les suppositions.
Si nous souhaitons apporter quelques éléments de connaissance sur la consommation médicamenteuse, il conviendra tout d'abord de bien définir de quoi on parle. C'est à cette seule condition qu'il sera possible d'utiliser l'approche économétrique.
L'économètre doit savoir très précisément sur quels concepts économiques il va travailler et de quelle manière ils pourront être quantifiés.
Travailler sur le concept de consommation pharmaceutique totale a très peu de sens. En effet, suivre l'évolution de cette consommation dans le temps ne présente guère d'intérêt si on ne peut l'expliquer et l'associer avec des concepts d'efficacité thérapeutique. Pour cela il est alors nécessaire de travailler soit sur des consommations par classe pharmaceutique, soit par pathologie.

Ce choix étant fait, il convient de déterminer dans quelle unité seront constituées les séries chronologiques qui intéressent l'économètre : en valeur, en volume (valeur divisée par un indice de prix) ou en quantité. Les deux premières unités présentent de multiples inconvénients, en particulier lorsqu'on désire effectuer des comparaisons internationales. En effet, le processus de formation des prix du médicament est très différent d'un pays à l'autre. Par ailleurs, le problème des parités des monnaies à des instants variés n'est pas aisé à traiter.
Il reste les quantités, mais quelles quantités ?
Le nombre de boîtes vendues a souvent été utilisé mais on comprendra sans difficulté que cette unité pose de nombreux problèmes liés au conditionnement des médicaments.
Taboulet a proposé d'utiliser le concept de dose quotidienne définie (*Defined Daily Dose* ou DDD) qui est déterminée pour chaque principe actif et exprimée en masse de substance. Elle correspond aux posologies moyennes d'entretien pour adultes vis-à-vis de l'indication principale de la substance considérée. Les consommations sont mesurées en DDD pour 1 000 habitants par jour. On obtient ainsi des séries chronologiques qui sont des suites de chiffres observés à des dates différentes.
Le premier travail de l'économètre consiste à étudier ces séries chronologiques, c'est-à-dire à étudier les variations de la quantité mesurée en fonction du temps. Ceci permet de déterminer la tendance de ces séries et de mettre en évidence, lorsque cela est possible, les éventuelles variations saisonnières...
La connaissance de ces caractéristiques sera nécessaire pour tenter de prévoir l'évolution de la consommation dans le futur.
Ces prévisions s'appuient sur des modèles probabilistes, c'est-à-dire sur des relations de « comportement » complétées par un terme dit « aléatoire » qui résume notre ignorance sur tous les phénomènes qui n'ont pas été pris en compte.
Pour prévoir, par exemple, la consommation ambulatoire en France d'antibiotiques systémiques à partir des chiffres disponibles des années précédentes, on pourrait utiliser (l'économètre dira « spécifier ») le modèle mathématique suivant :

Consommation à l'époque t =
a × consommation à l'époque (t – 1) + b + terme aléatoire

Les modèles de ce type ont été étudiés par Box et Jenkins. Leur utilisation est complexe, mais ils permettent d'obtenir des résultats pour lesquels sont calculés une précision et un risque de se tromper en les considérant comme vrais.
Une deuxième préoccupation de l'économètre est de soumettre à l'épreuve des faits les théories économiques.
Imaginons qu'un économiste propose la théorie suivante :
« La consommation d'antibiotiques systémiques en France dépend directement du budget annuel de promotion des firmes pharmaceutiques pour ces produits et du nombre de français touchés par la grippe chaque année ».
L'économètre va devoir spécifier un modèle à partir de cette théorie, c'est-à-dire choisir les variables « à expliquer » (appelées également

variables endogènes), les variables « explicatives » (ou *variables exogènes*) et les relations qui lient ces variables entre elles.
Dans l'exemple simple que nous étudions, le choix des variables est aisé :
La consommation d'antibiotiques systémiques en France à la date t exprimée en DDD / 1 000 heures / jour est la variable à expliquer ou variable endogène.
Les variables explicatives, ou exogènes, sont :

– le budget annuel de promotion des antibiotiques systémiques en France de l'industrie pharmaceutique à la date t exprimé en francs constants (c'est-à-dire pondéré par l'inflation de l'année en cours par rapport à une année de base) ;
– le nombre de français touchés par la grippe à la date t.

On notera respectivement C(t), P(t) et G(t) ces trois variables.
Il est maintenant nécessaire de définir la relation qui les lie. La théorie de l'économiste ne dit rien sur cette dernière et l'économètre a le choix entre de multiples relations.
De la plus simple du type :

$$\mathbf{C(t) = a\ P(t) + b\ G(t) + c + \text{terme aléatoire}}$$

aux plus compliquées comme :

$$\mathbf{C(t) = a\ P(t)^{2/3}\ G(t)^{-1} + b\ e^{G(t)} + c + \text{terme aléatoire}}$$

mais il existe des relations encore plus complexes...
Le choix de l'économètre prendra en compte les résultats de l'analyse descriptive des données qui sont à sa disposition, les difficultés techniques posées par des spécifications sophistiquées, le nombre d'observations disponibles... Il prendra également en compte la qualité de l'ajustement qui sera réalisé.
En effet, chacune des spécifications possibles contient un terme aléatoire qui résume les erreurs de spécifications et qui, pour chaque observation, est égal à la différence entre la consommation observée et celle calculée à partir des valeurs observées des variables explicatives.
Intuitivement, une « bonne » spécification est une spécification pour laquelle ces écarts sont tous très petits.
Pour décider du modèle qui sera adopté et définir sa qualité, l'économètre est amené à faire un ensemble d'hypothèses sur la distribution de probabilité du terme aléatoire. Ces hypothèses doivent impérativement être testées et le résultat de ces tests statistiques doit figurer à côté du modèle.
Ces hypothèses permettent :

– d'estimer le modèle, c'est-à-dire de calculer des estimations ponctuelles et par intervalle de confiance des paramètres du modèle,
– de tester la pertinence du modèle,
– de tester le pouvoir explicatif de chaque variable exogène.

Si nous choisissons le modèle :

$$\mathbf{C(t) = a\ P(t) + b\ G(t) + c + \text{terme aléatoire}}$$

c'est-à-dire un modèle de type linéaire, il nous faudra estimer les trois paramètres a, b et c.
Les techniques d'estimation sont classiques et bien connues des statisticiens et des épidémiologistes.
Pour ne pas dépasser le cadre de cet ouvrage, retenons simplement que pour un tel modèle il conviendra de présenter non seulement les estimations ponctuelles de a, b et c, mais aussi d'effectuer un certain nombre de calculs statistiques :

– la valeur calculée du coefficient de corrélation multiple (plus le modèle est bon, plus ce coefficient est proche de 1) ;

– la valeur p du test F de Fisher ;

– les valeurs p des tests de Student (vérifiant que chacun des paramètres a, b, c est significativement différent de 0, sinon ils annuleraient la variable étudiée) ;

– le résultat du test de Durbin et Watson (permettant d'analyser les problèmes « d'autocorrélation » des résidus aléatoires au cas où ces résidus ne seraient pas si aléatoires que ça...). Le lecteur intéressé pourra se reporter aux nombreux ouvrages statistiques consacrés à l'utilisation de ces tests.

C'est à partir de ces indications que sera évaluée la théorie de notre économiste.

Imaginons que le coefficient r de corrélation linéaire multiple soit égal à 0,85, que les valeurs p du test de Student pour les paramètres a, b et c soient respectivement 0,7, 0,001 et 0,0001.
Quelles conclusions peut-on en tirer ?
La qualité du modèle apparaît bonne (r est relativement proche de la valeur idéale du modèle parfait qui est 1) mais on ne peut rejeter l'hypothèse $a = 0$ car la valeur p du test de Student sur le coefficient a est de 0,7 (supérieur à 0,05 qui est la limite du risque dit alpha généralement admis en statistiques). La variable P(t) (Budget de promotion) ne peut donc, au vu des résultats du modèle, être considérée comme une variable explicative de la consommation d'antibiotiques systématiques en France, ce qui dans ce cas remet en cause la théorie de notre économiste !
Cet exemple très simple montre combien les discours sur la consommation pharmaceutique doivent être prudents.
Ils doivent s'appuyer sur des modèles incontestables au niveau du choix des variables utilisées, de leur mesure (unités choisies, méthodes d'échantillonnage utilisées), de la spécification des modèles (vérification des hypothèses probabilistes fondant le modèle, des méthodes d'estimation et des tests statistiques utilisés).
Il existe peu de travaux dans ce domaine respectant ces règles de *bonnes pratiques*. En revanche, il existe beaucoup de discours... contradictoires, bien entendu !
En fait, les modèles économétriques sont souvent plus complexes que celui présenté dans l'exemple précédent qui ne concerne qu'une variable endogène et n'utilise qu'une seule équation de comportement.
Le modèle de Tibouti, qui a pour objet la construction d'un indicateur mesurant l'état de santé d'une population, en est un exemple. Il appar-

tient à la classe des modèles dite MIMIC (*Multiple Indicator Multiple Causes*, Joreskog et Goldberger, 1975).
Ce modèle repose sur l'idée suivante :
L'état de santé d'une population est la résultante d'un ensemble de facteurs et influe sur le niveau des indicateurs classiques utilisés pour cerner l'état de santé de cette population (tels que l'espérance de vie à la naissance ou le taux de mortalité infantile).
Tibouti présuppose que la démographie, l'offre de soins, le niveau de nutrition de la population et sa répartition spatiale sont les facteurs qui influent le plus fortement sur l'état de santé d'une population.
La spécification du modèle consiste, comme nous l'avons vu, à choisir les variables qui seront utilisées, à définir leur statut (endogène ou exogène), à écrire les équations de comportement qui traduisent les liens qu'entretiennent entre elles les variables du modèle.

Les variables exogènes retenues sont :

– le taux de population de moins de 15 ans du pays, noté DEMO(i),
– le nombre d'habitants par médecin, noté MEDE(i),
– le nombre de calories par jour et par habitant, noté CALO(i),
– le taux de population urbaine, noté URBA(i).

Les variables endogènes sont :

– l'espérance de vie à la naissance, notée ESPV(i),
– le taux de mortalité infantile, noté MORT(i),
– un indicateur de l'état de santé de la population du pays i, noté ÉTAT(i).

Nous remarquerons que toutes les variables choisies peuvent être mesurées pour chaque pays sauf la variable endogène ÉTAT(i) qui n'a pas été définie.
C'est en fait le modèle lui-même qui va nous permettre de calculer les valeurs de cet indicateur qui résultent des valeurs des autres variables et des liaisons que ces dernières entretiennent.
Après l'utilisation des modèles économétriques pour prévoir et pour expliquer, nous nous trouvons face à une troisième utilisation possible : la construction de variables latentes.
Les relations à tester entre les variables exogènes et endogènes sont les suivantes :

– L'espérance de vie à la naissance est fonction du taux de population de moins de 15 ans, du nombre d'habitants par médecin et du niveau d'état de santé de la population.

– Le taux de mortalité infantile est fonction du taux de population de moins de 15 ans, du nombre de calories par jour et par habitant et du niveau d'état de santé de la population.

– Le niveau d'état de santé de la population est fonction du nombre d'habitants par médecin, du nombre de calories par habitant et du taux de population urbaine.

Il reste donc à définir la forme exacte de ces liaisons. On suppose avant tout, pour des raisons techniques et de simplicité, que ces relations sont linéaires du type $y = ax + b$. La qualité de cette hypothèse de linéarité devra être étudiée à partir de différents tests statistiques dont dispose l'économètre.

L'écriture formelle des équations de comportement est très facile et se calque directement sur l'expression verbale des trois relations citées ci-dessus. On obtient :

ESPV(i) = a DEMO(i) + b MEDE(i) + c ÉTAT(i) + d + Terme aléatoire
MORT(i) = c DEMO(i) + k CALO(i) + m ÉTAT(i) + n + Terme aléatoire
ÉTAT(i) = p MEDE(i) + q CALO(i) + s URBA(i) + Terme aléatoire

Les économètres disent qu'ils ont écrit la *forme structurelle* du modèle. On remarquera qu'une équation de comportement peut contenir plus d'une variable endogène comme c'est le cas dans les deux premières équations.

Il n'est pourtant pas licite d'estimer une équation comportant plus d'une variable endogène. Il est donc nécessaire de transformer mathématiquement la forme structurelle de telle sorte que chacune des équations du modèle se présente sous la forme : « une variable endogène fonction de variables exogènes ».

Dans notre exemple, cela est très simple. Il suffit de remplacer dans les deux premières équations la variable endogène ÉTAT (i) par son expression fournie par la troisième équation. On obtient alors ce que les économètres nomment la *forme réduite* du modèle :

ESPV(i) = A DEMO(i) + B MEDE(i) + C CALO(i) + D URBA(i) + E + ALÉA
MORT(i) = K DEMO(i) + M MEDE(i) + N CALO(i) + S URBA(i) + T + ALÉA
ÉTAT(i) = p MEDE(i) + q CALO(i) + s URBA(i) + Terme aléatoire

avec :

A = a	B = b + cp
C = cq	D = cs
E = d	K = e
M = pm	N = k + mq
S = sm	T = n

Les termes ALÉA étant des combinaisons linéaires des « Termes aléatoires ».

Il est alors possible d'estimer selon les règles de l'art statistique les paramètres A, B,…, T des deux premières équations de la forme réduite du modèle.

À partir de ces estimations, l'économètre pourra (parfois mais pas toujours…) proposer des valeurs précises pour les paramètres de la forme structurelle. Cette étape est celle de *l'identification du modèle*. Un modèle est identifiable lorsqu'il est possible de calculer la valeur des paramètres de la forme structurelle à partir des estimations des paramètres de la forme réduite.

Souvent les modèles ne sont que partiellement identifiables, c'est-à-dire que seules les valeurs de quelques paramètres de la forme structurelle peuvent être calculées. Il se peut que ce soit cependant suffisant pour l'objectif poursuivi par le modèle.

C'est effectivement le cas présent car nous souhaitons seulement connaître les valeurs des paramètres p, q et s afin de pouvoir calculer la valeur de ÉTAT(i) pour chaque pays i. Ce calcul est en effet possible dès lors qu'on connaît MED(i), CALO(i) et URBA(i) grâce à la troisième équation de la forme structurelle du modèle.

Il est très facile de calculer l'expression de p, q et s en fonction des paramètres de la forme réduite. Il suffit de faire quelques interversions mathématiques sur les formes exprimées plus haut pour trouver :

$$p = MD / c\,S$$
$$q = C / c$$
$$s = D / c$$

Cela permet de calculer pour toute valeur de c une estimation des paramètres sous la forme :

c ÉTAT(i) = (MD / S) MEDE(i) + C CALO(i) + D URBA(i)

Fixer une valeur de c est équivalent à choisir une unité pour l'échelle sur laquelle est mesurée l'indicateur. La valeur la plus commode est alors l'unité.

Estimée sur un échantillon de 94 pays pour des données relatives à l'année 1973, la formule permettant de calculer ÉTAT(i) est :

ÉTAT(i) = – 0,275 MEDE(i) + 0,199 CALO(i) + 0,100 URBA(i)

Cette équation nous permet de pouvoir calculer un indice d'état de santé par pays permettant d'intéressantes comparaisons. Plus sa valeur sera élevée, plus l'état de santé de la population du pays considéré sera bon.

De plus, cette relation finale permet d'envisager différents scénarios, c'est-à-dire de pouvoir prévoir la valeur d'une variable (par exemple l'état de santé du pays) en en faisant varier une autre (le taux d'urbanisation ou le nombre de calories consommées...).

La valeur de cet indicateur d'état de santé pour 1973 est égal à 28,4 pour l'Éthiopie, 40,69 pour le Tchad, 80,49 pour l'Irak, 92,89 pour la Suisse, 96,38 pour les États-unis et 98,58 pour la France.

On trouvera dans le tableau suivant les niveaux d'état de santé de 11 pays européens pour les années 1960, 1973 et 1980. Le modèle a été *calé* (c.à.d. les paramètres de ÉTAT(i) estimés) sur les données de 1973.

En résumé, la démarche de l'économètre fait un large usage des méthodes de modélisation, de création de données et de leurs traitements statistiques.

En cela, l'économétrie est très proche de l'épidémiologie. L'une s'intéresse au domaine de l'économie, l'autre à celui des maladies mais leur démarche est semblable et leurs outils sont souvent les mêmes.

L'APPROCHE STATISTIQUE

L'approche économétrique s'appuie sur une théorie qui donne naissance à un modèle. Une information est alors construite qui permet d'estimer ce modèle et de tester la pertinence de la théorie.

Cette approche est dite rationaliste et s'oppose à la démarche empirique de l'analyse des données. Celle-ci est parfois appelée, lorsqu'elle est utilisée dans le champ de l'économie, économétrie sans modèle.

Tableau 6.II Indicateurs d'état de santé pour les pays européens (excepté Luxembourg) pour 1960, 1973, 1980. D'après Auray, Duru, Lamure, Pelc, *Les fondements théoriques de l'évaluation en économie de la santé*, Éd. Lacassagne, 1991.

	1960	*1973*	*1980*
Portugal	80,53	86,57	87,73
Grèce	82,92	90,96	95,46
Espagne	85,95	91,60	96,35
Irlande	89,91	92,23	96,05
Allemagne	93,50	95,40	98,58
Belgique	91,95	95,58	98,62
Italie	88,80	95,94	96,63
France	95,25	98,58	98,67
Pays-Bas	100,00	99,43	102,60
Royaume-Uni	99,84	99,62	99,81
Danemark	99,20	100,20	99,80

L'analyse des données utilise toujours une information très volumineuse, ce qui explique l'adjectif « multidimensionnel » fréquemment employé pour qualifier cette approche.

À notre époque ces données volumineuse sont disponibles, elles sont stockées et organisées dans des *Ware-House* (hangars de données). La « fouille de données » (*Data Mining*) très utilisée dans les domaines de la finance, du marketing, et du management en général, l'est encore peu dans le domaine de la santé, où portant ces bases de données existent mais sont peu exploitées.

L'analyse des données multidimensionnelles (Data Mining)

Il s'agit d'une méthodologie essentiellement descriptive qui fournit des synthèses de l'information disponible des données disponibles, les transformant en information utile pour la connaissance, et met en évidence des phénomènes latents résultant de la prise en compte simultanée de plusieurs facteurs.

Les adeptes de la méthode rationaliste affichent en général un certain dédain pour cette approche mais s'en passer complètement serait négliger un champ important de la statistique. En fait, l'analyse des données, utilisée dans ses limites, permet de construire des modèles souvent plus performants que ceux élaborés à partir d'une théorie ne s'appuyant pas sur l'observation.

D'après Braudel *(L'identité de la France),* « la théorie résume les faits mais ne les commande pas ».

Guitton rappelle à ce sujet l'image que proposait Bacon (1561-1626) au sujet des empiristes et des rationalistes :
« Les empiriques, semblables aux fourmis, ne savent qu'amasser et user ; les rationalistes, semblables aux araignées, font des toiles qu'ils tirent d'eux-mêmes. Le procédé de l'abeille tient le milieu entre les deux ; elle recueille ses matériaux sur les fleurs des jardins et des champs, mais elle les transforme et les distille par une vertu qui lui est propre ».
La démarche du scientifique doit être celle de l'abeille et ne doit pas se priver, souvent par manque de connaissance, des approches empiriques et rationalistes.
Les outils privilégiés de l'analyse des données sont l'analyse en composantes principales et l'analyse des correspondances simples ou multiples et la classification automatique.
Nous illustrerons ces deux techniques par des exemples.

L'analyse en composantes principales

Pour étudier l'évolution sociale et sanitaire des pays d'Amérique latine, on dispose pour vingt de ces pays des valeurs de cinq indicateurs mesurées en 1950, 1960 et 1980.
Ces indicateurs sont la consommation annuelle de papier par habitant, le nombre de lits d'hôpitaux par habitant, le nombre de médecins par habitant, le taux de mortalité infantile et le taux d'analphabétisation.
Nous sommes donc en présence d'un tableau de nombres qui comporte 60 lignes et 5 colonnes. Il y a une ligne par pays à une date donnée : par exemple Argentine 1950, Argentine 1960, Argentine 1980, Cuba 1950, Cuba 1960, Cuba 1980.
Dans le vocabulaire de l'analyse des données, ces « pays datés » sont appelés *individus*. Les colonnes correspondent aux cinq indicateurs qui ont été choisis et que nous appellerons des variables. Voici un extrait de ce tableau :

Tableau 6.III Extrait du tableau des données sanitaires et sociales pour 20 pays d'amérique latine. D'après D.C. Lambert, 1984.

	Papier	*Lits d'hôpital*	*Médec.*	*Mortalité infantile*	*Analphabétisme*
Argentine 50	7,8	6,4	128	73,9	13,6
Argentine 60	8,3	6,40	130	59,0	8,6
Argentine 80	7,4	5,68	187	62,0	6,0
Bolivie 50	0,6	1,80	25	123,1	97,9
Bolivie 80	1,4	4,91	54	151,0	27,0
Brésil 50	1,6	3,40	33	170,0	50,6
Brésil 60	3,3	3,30	40	128,0	39,4
Brésil 80	1,8	3,76	59	95,0	30,0
etc.					

L'analyse comparative de ces 20 pays sur 3 périodes demande d'étudier simultanément les 300 nombres contenus dans ce tableau.
Qu'aimerions-nous savoir à partir de ce tableau ?

– Quels sont les pays qui « se ressemblent » à une même date ou à des dates différentes, par rapport à l'ensemble des variables retenues ?

– Quels sont les pays qui sont nettement différents ?

– Quels pays ont eu des évolutions similaires dans le temps vis-à-vis de l'ensemble des cinq variables ?

Répondre à ces questions serait aisé si nous ne disposions que de deux indicateurs car il suffirait de faire un dessin. Chaque individu (pays daté) serait situé dans un système d'axes orthonormés ; on porterait sur l'axe horizontal les valeurs du premier indicateur et sur l'axe vertical celui du deuxième.
Si nous utilisions seulement les variables Papier et Lits, Argentine 50 serait par exemple représenté par le point de coordonnées (7,8 – 6,40) et Brésil 80 par le point de coordonnées (1,8 – 3,76). On obtiendrait ainsi le *nuage de points* dont un extrait est représenté par la figure 6.4. Il est évident que deux points (pays datés) qui ont les mêmes coordonnées sont superposés et que les individus qu'ils représentent se ressemblent parfaitement par rapport aux deux variables sélectionnées. On conçoit alors facilement que la ressemblance entre les individus soit représentée par la distance qui les sépare. Compte tenu de cette remarque, on pourra alors repérer visuellement sur le graphique les pays ayant des comportements semblables par rapport aux deux indicateurs choisis.

➤ **Fig. 6.4.** Représentation du nuage de points : pays datés dans l'espace Papier-Lits. ➤

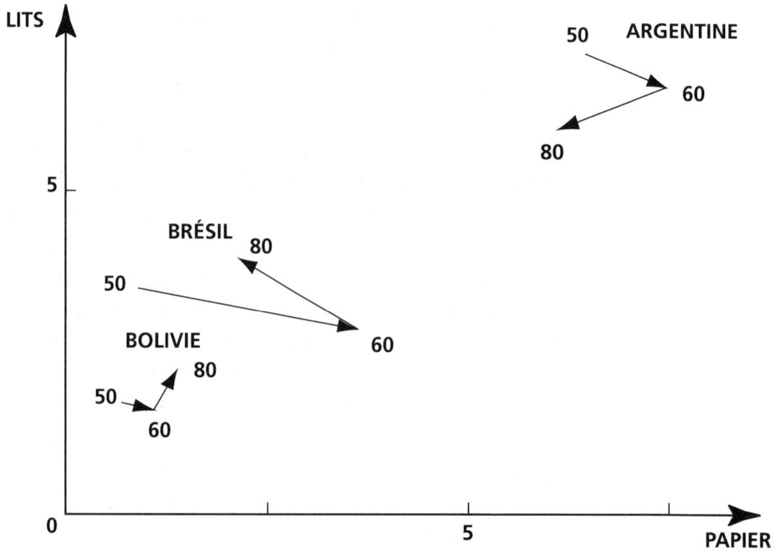

Si nous introduisons une nouvelle variable, il est encore possible de représenter graphiquement le nuage de points. Chaque point a maintenant trois coordonnées : on dit qu'ils sont situés dans un espace de dimension trois.

Si une nouvelle variable est de nouveau introduite, chaque point possède alors quatre coordonnées et nous devons représenter le nuage de points dans un espace de dimension quatre (ce que nous ne savons pas faire sur un papier !).

Dans l'exemple que nous traitons, chaque « pays daté » possède cinq coordonnées. Le nuage de points qui les représente réside donc dans un espace de dimension cinq. Il n'est donc pas possible de visualiser ce nuage, à moins de le ramener sur un plan, c'est-à-dire dans un espace de dimension deux.

Le problème qui se pose est donc d'obtenir dans un plan, la représentation d'un nuage de points situé dans un espace de dimension supérieure à deux.

En fait, tout un chacun a souvent l'occasion de résoudre ce problème pratique. En effet, cela arrive chaque fois qu'on photographie des objets, des personnes ou un paysage : ceux-ci sont constitués de points situés dans un espace de dimension trois et la photographie reproduit ces objets dans un espace de dimension deux.

Bien évidemment, l'information contenue dans une photo dépend de l'angle de prise de vue, c'est-à-dire de l'orientation du plan de la pellicule sur lequel sont projetés les photons qui parviennent des objets photographiés.

Le principe de l'analyse en composante principale est le même. On cherche l'orientation du plan sur lequel seront projetés orthogonalement les points du nuage. Il faut pour cela définir un critère permettant de choisir la meilleure orientation.

Or, nous avons vu que l'information qui nous intéressait, était la distance qui séparait les points du nuage. Nous choisissons donc le plan de projection pour lequel les distances entre les points projetés sont les plus représentatives des distances réelles entre les points.

Techniquement, on recherche le plan de projection tel que la somme des carrés des distances entre les points projetés pris deux à deux soit maximale et on appellera ce plan *carte factorielle.*

Il est clair que certaines distances seront bien représentées alors que d'autres le seront moins. Un ensemble de calcul permet alors de construire certains indicateurs destinés à apprécier la qualité globale de la représentation du nuage de points obtenu dans le plan, ainsi que la qualité de la représentation de chaque point projeté.

Il est extrêmement dangereux d'analyser les graphiques fournis par une analyse en composantes principales sans utiliser ces indicateurs car cela peut très facilement conduire à de très grossières erreurs d'interprétation.

Il est également important de se souvenir que cette représentation n'est qu'une description obtenue à partir des données disponibles et qu'elle ne pourra donc jamais être utilisée pour valider une théorie (elle pourra à la grande rigueur l'illustrer).

La figure 6.5 présente dans le cadre de notre exemple un extrait du nuage de points projetés.

L'indicateur de qualité globale de cette représentation est égal à 0,812 (cet indicateur varie entre 0 et 1 ; lorsqu'il est égal à 1, cela signifie que le nuage projeté est égal au nuage initial).

La représentation que nous avons obtenue est donc globalement bonne. Malgré cela, il faudra vérifier pour chaque point la qualité de sa représentation et ne garder que ceux pour lesquels cette qualité est acceptable.

La carte factorielle de la figure 6.5 suggère que, quelle que soit l'année, l'Argentine et Haïti ont des comportements très différents vis-à-vis des indicateurs sélectionnés. Le Chili, le Costa Rica, la Colombie et le Salvador ont des trajectoires semblables bien qu'étant différents. De leur côté, le Chili et le Costa Rica semblent avoir des comportements voisins en 1980.

➤ **Fig. 6.5.** Extrait de la carte factorielle de qualité globale 0,812. ➤

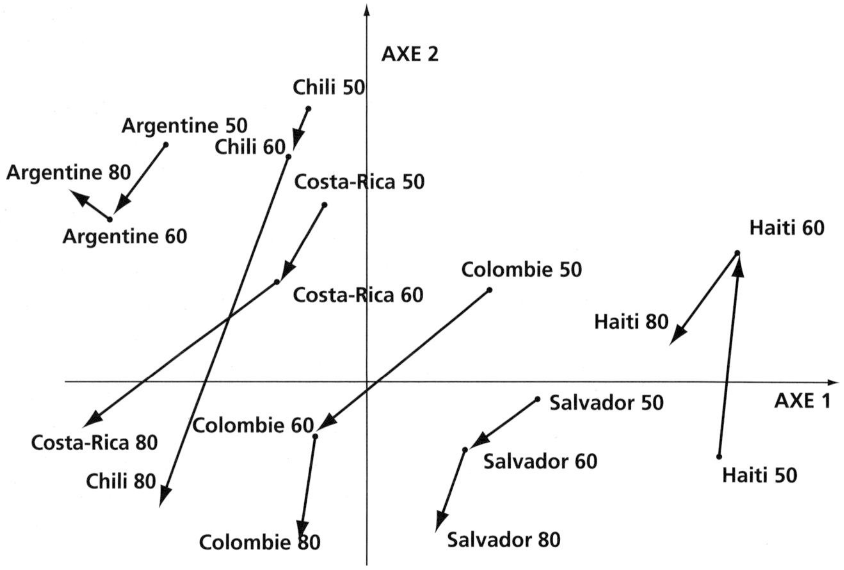

Ces impressions visuelles doivent en tous cas être confirmées en revenant vers le tableau des données dont on trouvera l'extrait nécessaire dans le tableau ci-dessous :

Tableau 6.IV Extrait du tableau de données.

	Papier			*Médecin*			*Analphabétisme*			*Lits*			*Mortal. inf.*		
Année	50	60	80	50	60	80	50	60	80	50	60	80	50	60	80
Chili	4	3	5	56	62	62	20	16	6	5	5	3	150	128	38
Costa R.	2	3	7	36	39	72	21	16	10	5	5	4	100	80	24
Colombie	1	2	3	36	43	50	38	27	22	3	3	2	142	70	40
Salvador	1	2	3	17	18	29	61	51	60	2	2	2	109	76	53
Argentine	8	8	7	128	130	187	14	9	6	6	6	6	74	59	62
Haïti	0	0	0	9	11	17	90	85	77	1	1	1	109	200	149

À la lumière de ces données, il est possible d'émettre l'hypothèse que les pays se répartissent dans la carte factorielle selon la règle suivante :
L'axe horizontal représente une variable latente mesurant le niveau culturel du pays, ce niveau étant d'autant moins élevé que l'abscisse du pays est grande.
L'axe vertical mesure un niveau d'état de santé. Plus l'ordonnée du pays est grande, moins son état de santé est bon.
Ces remarques ayant été faites, il est alors très facile d'étudier le comportement relatif de chaque pays en repérant sa trajectoire sur la carte factorielle, en vérifiant les indicateurs de qualité de sa représentation et en revenant enfin au tableau de données.
L'analyse en composantes principales d'un tableau de données doit, en premier lieu, être considérée comme une aide à la lecture des grands tableaux de nombres afin d'en extraire une éventuelle information pertinente (il existe en effet des tableaux dans lesquels ne figure que de l'information « parasite » et où il est impossible de dégager une ou plusieurs structures).
Mais ce type d'analyse peut apporter plus. Nous n'avons jusqu'à maintenant étudié que le nuage de points des individus alors que l'analyse en composantes principales permet également de travailler sur les variables.
Or nous avons vu que, dans l'approche économétrique, on cherchait à expliquer des variables (les variables endogènes) par des variables explicatives (les variables exogènes). Le choix des unes et des autres se fonde sur la théorie qui est utilisée pour spécifier le modèle. C'est ensuite qu'à partir d'une information créée selon les règles de l'art, la pertinence de cette explication est testée.
En fait, une autre stratégie peut être envisagée. Elle consiste à choisir un nombre donné de variables explicatives inférieur au nombre de variables à expliquer. On calcule ensuite, par une technique appropriée, les valeurs que doivent prendre ces variables sur les individus pour que leur liaison avec chaque variable à expliquer soit maximale.
On construit ainsi des variables artificielles, encore appelé *variables latentes*, qui représentent la meilleure synthèse possible vis-à-vis du type de liaison envisagé (cette liaison est linéaire en analyse en composantes principales).
L'inconvénient majeur de cette technique réside dans le fait que si nous connaissons les modalités de ces variables artificielles (puisque nous les avons calculées), nous ne savons pas à quel phénomène elles sont associées (c'est pour cela qu'elles sont calculées et non mesurées).
Deux attitudes sont alors possibles :

- considérer ces variables comme des indicateurs faisant la synthèse d'une réalité multidimensionnelle et étudier leurs propriétés,
- rechercher les phénomènes latents qui leur sont associés, les mesurer et tester sur une information bien construite la pertinence de la liaison que l'analyse en composantes principales nous a suggérée.

Reprenons l'exemple des vingt pays d'Amérique latine et considérons les cinq variables qui ont été mesurées comme des variables à expliquer linéairement par deux variables artificielles que nous noterons ARTI1 et ARTI2.
Pour chaque « pays daté » i, nous devons calculer les valeurs ARTI1(i) et ARTI2(i) prises par les variables artificielles pour que nous ayons :

PAPIER(i) = a ARTI1(i) + b ARTI2(i) + ERREUR
MEDE(i) = c ARTI1(i) + d ARTI2(i) + ERREUR
LITS(i) = e ARTI1(i) + p ARTI2(i) + ERREUR
MORT. INF.(i) = q ARTI1(i) + s ARTI2(i) + ERREUR
ANALPHAB.(i) = t ARTI1(i) + u ARTI2(i) + ERREUR

et que la somme des carrés des erreurs soit minimum.
L'analyse en composantes principales opère sur des variables à expliquer dites *centrées et réduites*, c'est-à-dire qu'elles sont obtenues en ôtant de la variable sa moyenne et en divisant le résultat par l'écart-type (cette nouvelle variable est alors de moyenne nulle et d'écart type 1). Elle est destinée à proposer une solution au type de problème que nous avons pris pour exemple.
Elle propose également un ensemble d'indicateurs statistiques : *coefficients de corrélation linéaire* entre variables à expliquer et variables artificielles, *coefficients de corrélation linéaire multiple*, etc. Ces indicateurs permettent d'apprécier la pertinence des variables qui ont été créées et les liaisons privilégiées qu'elles entretiennent avec certains groupes de variables à expliquer.
Enfin, elle fournit des cartes factorielles des variables qui sont des représentations graphiques commodes des résultats obtenus.
La figure 6.6 présente la carte factorielle correspondant à l'exemple que nous traitons.
Quelques « trucs » doivent pourtant être connus pour lire efficacement de telles cartes. Ils sont fondés sur des propriétés mathématiques de l'analyse en composantes principales et peuvent se trouver dans l'ouvrage de Auray, Duru, Zighed *« Analyse des données multidimensionnelles »*.

➤ **Fig. 6.6.** Carte factorielle des variables (qualité globale de la représentation : 0,812). ➤

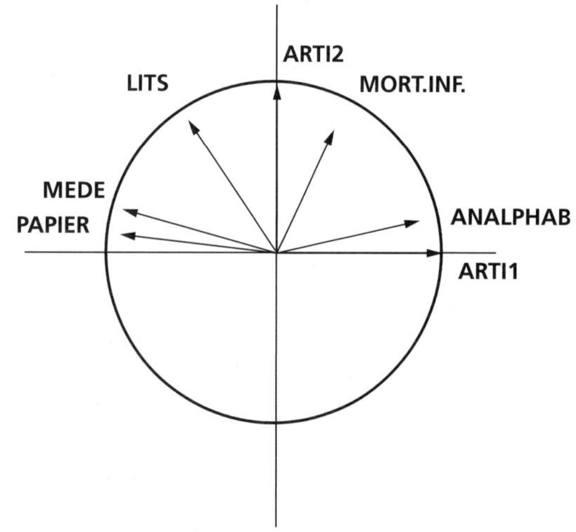

Les variables sont représentées par des vecteurs. La représentation graphique d'une variable est d'autant meilleure que l'extrémité du vecteur qui la représente est proche du cercle de rayon unité appelé *cercle des corrélations.*

Le coefficient de corrélation linéaire entre deux variables est égal au cosinus de l'angle formé par les deux vecteurs qui représentent ces variables. Par suite, pour deux variables bien représentées sur la carte factorielle, des vecteurs représentatifs colinéaires indiquent que les variables sont corrélées linéairement :

– négativement si les vecteurs sont opposés,
– positivement si les vecteurs sont de même sens.

Si les deux vecteurs sont orthogonaux, cela indique une corrélation linéaire nulle.

La figure 6.6 permet donc de voir que les variables à expliquer sont correctement représentées (proximité du cercle de corrélation). Les variables PAPIER, MEDE, ANALPHAB et ARTI1 sont bien corrélées deux à deux (angle de vecteurs voisin de 0 ° ou 180 °). Elle montre également qu'il existe une très faible corrélation linéaire entre ces variables et la variable MORT. INF. (angle des vecteurs proche de 90 °), mais qu'en revanche, il existe une bonne corrélation linéaire entre ARTI2 et MORT. INF.

Ces remarques suggèrent que ARTI1 est une variable latente prenant en compte le phénomène culturel alors que ARTI2 pourrait être lié à l'état de santé de la population. Si cette hypothèse, fondée sur les données qui sont disponibles, s'avère vraie, il faudrait en conclure qu'il n'existe pas de liaison simple (c'est-à-dire de type linéaire) entre niveau culturel et niveau de santé dans les pays d'Amérique latine étudiés.

Ce sont là les prémisses d'une théorie qu'il conviendrait de compléter et de soumettre à l'expérience.

L'inconvénient majeur de l'analyse en composantes principales est qu'elle ne peut opérer que sur des données quantitatives et ne repère que des liaisons linéaires.

Un autre type d'analyse des données utilisant la même démarche permet d'éviter ces inconvénients. Il s'agit de *l'analyse des correspondances multiples.*

L'analyse des correspondances multiples

Les enquêtes sur la qualité de vie des patients utilisent le plus souvent des questionnaires volumineux dont les questions suscitent des réponses qualitatives.

C'est par exemple le cas de cette enquête qui a porté sur l'étude de 793 personnes habitant en France et souffrant périodiquement de céphalées.

Afin d'analyser les effets des crises de céphalées dans la vie quotidienne de ces gens, un questionnaire contenant vingt-sept questions a été élaboré. Il lui a été associé vingt-sept autres questions permettant de qualifier la gêne que procurent ces effets. Ces cinquante-quatre questions ont permis la construction de 24 variables statistiques qualitatives construites comme il suit :

Question 1 (Q1) : « Être sujet à des maux de tête perturbe-t-il votre vie sexuelle ? ».

Deux réponses possibles sont proposées : « oui » ou « non ».

Dans le cas d'une réponse affirmative, on posait alors la question 2 (Q2) : « cela vous gêne-t-il ? » à laquelle on pouvait répondre par les modalités « assez peu », « modérément », « beaucoup », « énormément ».

On a fabriqué alors la variable statistique notée X (.) dont les cinq modalités étaient :

« non à Q1 »
« oui à Q1 et assez peu à Q2 »
« oui à Q1 et modérément à Q2 »
« oui à Q1 et beaucoup à Q2 »
« oui à Q1 et énormément à Q2 »

ou plus brièvement :
NON, ASSEZ PEU, MODÉRÉMENT, BEAUCOUP, ÉNORMÉMENT.
Chacune des 24 variables, semblables à celle que nous venons de construire, peut alors être décrite par un codage appelé *codage logique* (ou encore *codage dichotomique*) obtenu comme il suit :
Les modalités de chaque variable sont classées dans un ordre défini *a priori*, par exemple les cinq modalités de X(.) peuvent être classées dans l'ordre suivant :
NON, ASSEZ PEU, MODÉRÉMENT, BEAUCOUP, ÉNORMÉMENT
(N, AP, M, B, E)
On construit alors un tableau où chaque colonne représente une modalité d'une variable et chaque ligne un individu.
À chaque intersection d'une ligne et d'une colonne correspond donc un individu donné associé à une modalité d'une variable.
On note 1 si cet individu possède cette modalité et 0 s'il ne la possède pas.
Un tableau semblable à celui ci-dessous est alors obtenu où à tout individu est associée une liste ordonnée de 1 et de 0 qui représente les réponses positives ou négatives de cet individu au questionnaire.

Tableau 6.V Tableau logique décrivant les réponses des individus à un questionnaire comportant deux variables ayant chacune 5 modalités.

	Effets de la crise sur la vie sexuelle					*Effets de la crise sur les relations sociales*				
	N	AP	M	B	E	N	AP	M	B	E
Individu 1	1	0	0	0	0	0	1	0	0	0
Individu 2	0	0	0	0	1	0	0	1	0	0
Individu 3	0	0	1	0	0	0	1	0	0	0
Etc.										

Les réponses de l'individu n° 1 sont décrites complètement par la liste (1, 0, 0, 0, 0, 0, 1, 0, 0, 0) et constitueraient les coordonnées d'un point dans un espace de dimension 10.
Plus généralement, tout individu qui a participé à l'enquête peut être représenté par un point situé dans un espace de dimension égale au nombre total des modalités observées des variables construites à partir de ce questionnaire.
Or, notre objectif est de repérer dans ce tableau les individus qui ont des profils de réponses semblables, mais également de mettre en évidence des liaisons entre les variables du questionnaire.
Cette démarche ressemble beaucoup à celle de l'analyse en composantes principales (il a été démontré que ces deux démarches sont chacune des cas particuliers d'un même modèle de la statistique : *l'analyse canonique*).

Elle consiste en tous cas à définir une distance entre les points représentant les individus. Cette distance est nulle entre deux individus ayant le même profil de réponses et augmente lorsque les différences entre les réponses s'accroissent.

Ces différences entre les profils de réponses doivent prendre en compte la fréquence des accords sur une même réponse. Un désaccord rare, c'est-à-dire peu observé, est considéré comme une information importante et traitée comme telle (une distance satisfaisant à ces principes a été proposée par Benzecri, c'est la distance du CH12).

Il suffit alors de doter le nuage de points représentant les réponses au questionnaire de cette métrique, puis de construire, selon le même principe que l'analyse en composantes principales, le nuage de points projeté sur le plan dont l'orientation déforme le moins les distances du CH12 entre les points projetés.

On montre qu'il est licite de projeter également les modalités des variables sur ce même plan.

Il est clair que, comme dans l'analyse en composantes principales, il est indispensable d'analyser les cartes factorielles obtenues en s'appuyant sur des indicateurs de qualité globale et locale qui sont fournis. L'utilisation de certains « trucs » pourra faciliter la lecture de ces cartes factorielles. Ils ne seront en tous cas valables que pour les points « individus » ou « modalités » dont la représentation est correcte (voir les indicateurs).

Deux individus proches sur la carte factorielle ont des profils de réponses similaires. Plus le nombre de modalités communes à deux individus sera grand, plus ces individus tendraient à être proches. Une discordance entre deux individus contribue d'autant plus à leur éloignement que celle-ci porte sur des modalités peu observées.

Lorsque deux modalités sont proches et qu'elles appartiennent à la même variable, cela signifie que de nombreux individus possèdent ces deux modalités.

Si ces deux modalités appartiennent à des variables différentes, un nombre élevé de concordances par observation simultanée de ces deux modalités est favorable à leur proximité.

Lorsqu'un point individu est proche d'un point modalité, cela signifie que cet individu est pratiquement le seul à posséder cette modalité.

Enfin, lorsque toutes les modalités de deux variables sont proches deux à deux, cela signifie qu'il existe certainement une liaison entre ces deux variables.

On remarquera que cette dernière propriété permet de repérer entre deux variables des liaisons autres que les liaisons linéaires. Ces liaisons ne sont pas forcément quantitatives mais peuvent également être logiques (dans le sens suivant : si un individu possède la modalité a de la variable A, alors il possède la modalité b de la variable B).

La figure 6.7 représente un extrait de la carte factorielle calculée pour l'exemple sur lequel nous nous sommes appuyés.

Les indicateurs de qualité globale et locale sont ici d'un très bon niveau. On constate que les variables utilisées sont liées (modalités proches) et que les individus se répartissent de la gauche vers la droite du graphique en fonction de l'intensité décroissante des effets de gêne des crises de céphalées.

Si on distingue parmi les points individus ceux qui sont atteints de migraines vraies de ceux qui souffrent de céphalées simples, on constate que ces derniers se situent à droite de la figure, c'est-à-dire dans le domaine des individus pour lesquels les effets des crises sont les moins gênants.

Ces remarques nous amènent à conclure que l'abscisse d'un individu doit constituer un bon indicateur du niveau de désagrément causé par ses maux de tête.

C'est cette hypothèse qu'il conviendra ensuite de valider avec les outils classiques de la statistique.

➤ **Fig. 6.7.** Extrait de la carte factorielle de l'enquête « maux de tête ».

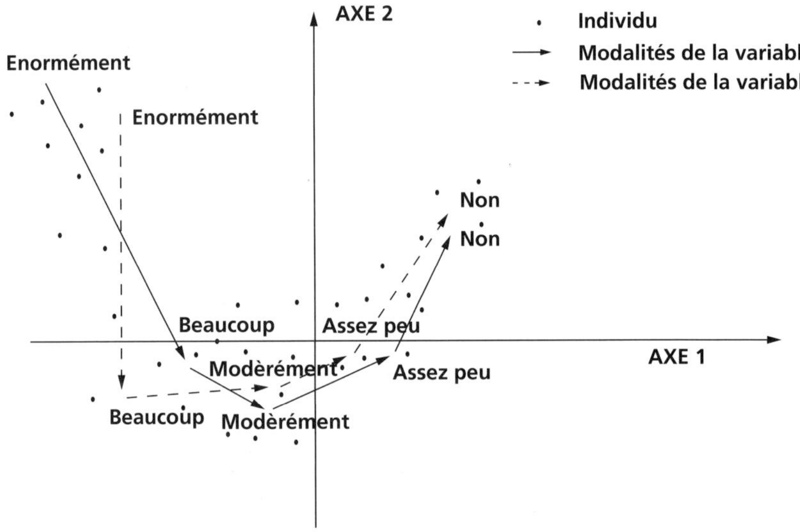

La classification automatique

Dans les approches précédentes, nous avons fait appel à nos sens et tout particulièrement à la vision pour repérer sur des dessins (cartes factorielles) des regroupement d'objets ayant des profils semblables par rapports aux caractères que nous avons sélectionnés pour l'étude que nous menons.

Nous pouvons également faire appel à notre raison pour construire des indicateurs de proximité entre ces objets (le plus habituel pour notre culture mathématique de base étant la distance euclidienne ; le plus habituel mais peut-être pas le meilleur pour le contexte du problème abordé) puis de demander à l'ordinateur de construire des regroupements des objets selon un critère pertinent que nous lui fournissons. Les techniques qui autorisent cette approche sont regroupées sous les termes de *classification automatique*. Il est clair que ces techniques sont nombreuses, puisqu'elles dépendent de l'indice de proximité et du critère de regroupement choisis. Les progiciels les plus connus de statistiques proposent diverses techniques, mais il est évident que le choix de la moins mauvaise technique (plutôt que de la meilleure, dont l'existence est à prouver) dépend du savoir-faire du chercheur, c'est-à-dire de sa faculté à traduire en terme concret *l'indice de proximité* et le critère de regroupement qui lui sont proposés afin d'en apprécier leur pertinence pour son problème particulier.

Nous nous contenterons ici d'illustrer par un exemple une technique de classification automatique.

Imaginons que nous ayons à notre disposition un échantillon de 300 patients atteints d'une maladie donnée et que nous possédions la valeur des ressources mobilisées pour la traiter répartis en trois postes : consultations en médecine générale notée « MG », soins à domicile notée « SA » et hospitalisation notée « H », mesurées au cours de 6 périodes (six mois par exemple). L'extrait de cette base de données est décrit dans le tableau 6.VI.

Pour traiter sa maladie, chaque patient a parcouru dans le temps (les six périodes) une trajectoire figurée par les six points de l'espace euclidien de dimension 3 dont les coordonnées respectives sont respectivement : (MG1, SA1, H1), (MG2, SA2, H2), (MG3, SA3, H3), (MG4, SA4, H4), (MG5, SA5, H5), (MG6, SA6, H6) est décidé dans le tableau 6.VI.

La figure 6-8 présente la trajectoire du patient n° 1. Il est clair que si les trajectoires des patients étaient caractérisées par plus de trois caractères numériques nous ne pourrions les représenter, celles-ci étant tracées dans un espace euclidien de dimension supérieure à 3. Néanmoins bien que nous ne puissions véritablement les « voir », ces trajectoires existent.

Une question intéressante se pose alors : Existe-t-il parmi ces 300 trajectoires des groupes de trajectoires qui se ressemblent ?

Les techniques de classification automatique permettent d'apporter des éléments de réponse.

Dans ce cas, la mesure de ressemblance appropriée est certainement la distance euclidienne classique. Le nombre de trajectoire à classer étant grand, nous choisirons parmi les nombreuses techniques à notre disposition, la technique des *nuées dynamiques*.

La mise en œuvre de cette technique nécessite de déterminer le nombre de classes que nous souhaitons fabriquer, c'est à dire le nombre de groupes que nous souhaitons obtenir ; chaque trajectoire appartenant à un groupe et un seul.

Choisissons, par exemple, de regrouper les 300 trajectoires en 3 classes. L'algorithme de classement choisi ensuite au hasard trois trajectoires qui seront appelés *noyaux des classes*. Il affecte ensuite chaque trajectoire à la classe dont le noyau est le plus proche de celle-ci. Pour chacune des 3 classes, il est possible de calculer les coordonnées de la trajectoire moyenne ainsi que la dispersion de ces trajectoires dans la classe, appelée *inertie intra-classe*. Plus ces dispersions sont petites, meilleure est la classification obtenue. Un bon indicateur de la qualité de la classification obtenue est la somme de ces inerties intra-classe. La procédure de classement est ensuite reprise, mais cette fois en choisissant comme noyau les trois trajectoires moyennes obtenues précédemment. La somme des inerties intraclasse de ce nouveau classement, caractérisée par trois nouvelles trajectoires moyennes, est calculée. Ce processus est poursuivi jusqu'à ce qu'on atteigne une valeur acceptable pour la somme des inerties intra-classe (par exemple une différence entre la valeur de l'indicateur à l'étape n° i et celle de l'étape n° i-1, inférieure à un seuil donné).

➤ **Fig. 6.8.** Représentation de la trajectoire du patient n° 1. ➤

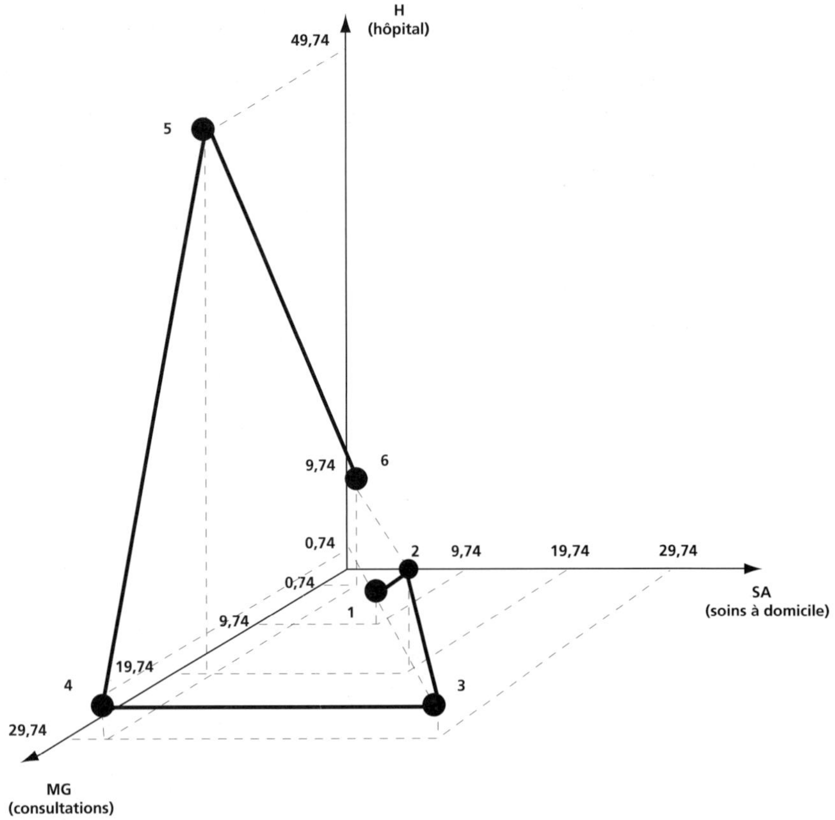

Dans l'exemple proposé, l'algorithme converge en deux étapes. Les trois groupes finaux sont caractérisés par leur trajectoire moyenne qui sont décrites ci-dessous :

Chaque classe comprend 100 trajectoires. À chaque trajectoire est associé le numéro de sa classe. Par exemple les trajectoires des patients 1, 2, 8, 9 appartiennent à la classe n° 3, celles des patients 3, 5, 7, 300 à la classe 2 et celles des patients 4, 6, 10 à la classe 1.

La classe 1 regroupe les patients dont la prise en charge lourde a été tardive, avec une forte consommation hospitalière en fin d'épisode.

La classe 2 regroupe les patients pour lesquels une prise en charge lourde a été très tôt décidée (trois premières périodes), pour s'achever par une prise en charge légère.

La classe 3 regroupe les patients dont la prise en charge a été régulière sur toute la durée de l'épisode.

L'analyse des données multidimensionnelles (*Data Mining*) permet de repérer les structures latentes dans les grandes bases de données (*Ware House*) pour construire de l'information. Il reste maintenant à comprendre ces structure, c'est la fonction de *l'analyse discriminante* (*Knowledge Discovery in Data Base*).

Tableau 6.VI Tableau des ressources mobilisées sur un échantillon de 300 patients.

	Période 1			*Période 2*			*Période 3*			*Période 4*			*Période 5*			*Période 6*		
Patient	**MG 1**	**SA 1**	**H 1**	**MG 2**	**SA 2**	**H 2**	**MG 3**	**SA 3**	**H 3**	**MG 4**	**SA 4**	**H 4**	**MG 5**	**SA 5**	**H 5**	**MG 6**	**SA 6**	**H 6**
1	9,74	9,74	0,74	19,74	19,74	9,74	29,74	29,74	0,74	29,74	0,74	0,74	19,74	0,74	49,74	0,74	0,74	9,74
2	9,09	9,09	0,09	19,09	19,09	9,09	29,09	29,09	0,09	29,09	0,09	0,09	19,09	0,09	49,09	0,09	0,09	9,09
3	19,81	9,81	0,81	0,81	0,81	99,81	0,81	0,81	199,81	0,81	0,81	0,81	0,81	0,81	0,81	0,81	0,81	0,81
4	0,78	0,78	0,78	0,78	0,78	0,78	19,78	29,78	0,78	29,78	59,78	0,78	19,78	0,78	99,78	0,78	0,78	49,78
5	19,38	9,38	0,38	0,38	0,38	99,38	0,38	0,38	199,38	0,38	0,38	0,38	0,38	0,38	0,38	0,38	0,38	0,38
6	0,51	0,51	0,51	0,51	0,51	0,51	19,51	29,51	0,51	29,51	59,51	0,51	19,51	0,51	99,51	0,51	0,51	49,51
7	19,63	9,63	0,63	0,63	0,63	99,63	0,63	0,63	199,63	0,63	0,63	0,63	0,63	0,63	0,63	0,63	0,63	0,63
8	10,47	10,47	1,47	20,47	20,47	10,47	30,47	30,47	1,47	30,47	1,47	1,47	20,47	1,47	50,47	1,47	1,47	10,47
9	10,78	10,78	1,78	20,78	20,78	10,78	30,78	30,78	1,78	30,78	1,78	1,78	20,78	1,78	50,78	1,78	1,78	10,78
10	0,17	0,17	0,17	0,17	0,17	0,17	19,17	29,17	0,17	29,17	59,17	0,17	19,17	0,17	99,17	0,17	0,17	49,17
...	...	...	...	...	...	...	...	...	...	...	...	...	...	...	...	...	...	...
300	19,96	9,96	0,96	0,96	0,96	99,96	0,96	0,96	199,96	0,96	0,96	0,96	0,96	0,96	0,96	0,96	0,96	0,96

Tableau 6.VII Tableau des trajectoires des trois groupes finaux.

	Période 1			*Période 2*			*Période 3*			*Période 4*			*Période 5*			*Période 6*		
Classe	**MG 1**	**SA 1**	**H 1**	**MG 2**	**SA 2**	**H 2**	**MG 3**	**SA 3**	**H 3**	**MG 4**	**SA 4**	**H 4**	**MG 5**	**SA 5**	**H 5**	**MG 6**	**SA 6**	**H 6**
1	0,99	0,99	0,99	0,99	0,99	0,99	19,99	29,99	0,991	29,99	59,99	0,99	19,99	0,99	99,99	0,99	0,99	49,99
2	20,20	10,20	1,20	1,20	1,20	100,20	1,20	1,20	200,20	1,20	1,20	1,20	1,20	1,20	1,20	1,20	1,20	1,20
3	10,04	10,04	1,04	20,04	20,04	10,04	30,04	30,04	1,04	30,04	1,04	1,04	20,04	1,04	50,04	1,04	1,04	10,04

L'analyse discriminante (knowledge discovery in data base : KDD)

L'analyse discriminante constitue un ensemble de techniques explicatives de la statistique multidimensionnelle. Ces techniques permettent d'affecter un individu à une classe d'individus à partir de la seule connaissance des modalités d'un nombre donné de variables statistiques mesurées sur cet individu et d'apprécier le risque associé à une telle décision.
Quelle que soit la technique utilisée, la procédure est la suivante : on doit disposer d'un échantillon de la population pour lequel on connaît, pour chaque individu, la classe à laquelle il appartient et les modalités des variables statistiques mesurées sur cet individu. Dans cet échantillon, on tire au hasard un échantillon de taille inférieure. Cet échantillon est appelé *ensemble d'apprentissage*. C'est sur cet échantillon que sera élaborée la règle d'affectation. Elle sera testée sur le complémentaire de l'ensemble d'apprentissage appelé *ensemble test*.
Il existe de nombreuses techniques pour élaborer la règle d'affectation : analyse factorielle discriminante, modèles de Sebestyen, segmentation... Donnons un exemple d'utilisation de l'une de celles-ci : l'analyse factorielle discriminante.
Un service de grands brûlés souhaite savoir dès son arrivée si un brûlé présente un risque d'infection dans les jours qui vont suivre sa brûlure. Ce service possède une base de données dans laquelle pour chaque malade sont enregistrés de nombreux paramètres dont l'âge, un indicateur (le BSA exprimé en %) qui traduit le degré de la brûlure aussi bien en superficie qu'en profondeur, ainsi que le devenir de ces patients, lequel permet de constituer trois sous populations appelées brièvement : « absence de septicémie », « septicémie sans décès », « décès à la suite d'un choc septique ».
Un échantillon est extrait de la réunion de ces trois sous-populations : ce sera l'ensemble d'apprentissage. Une analyse factorielle discriminante permet alors d'établir les deux fonctions discriminantes :

$$\mathbf{x = -\ 0{,}03475.\hat{a}ge - 0{,}05048.BSA + 3{,}12037}$$
$$\mathbf{y = 0{,}06803.\hat{a}ge - 0{,}01803.BSA - 1{,}65013}$$

et la surface de décision représentée ci-dessous :
Pour un individu donné dont on connaît l'âge et le BSA, on calcule les valeurs de x et de y. Le domaine dans lequel se situe le point de coordonnées (x, y) indique la sous-population à laquelle on doit affecter l'individu. Par exemple si il s'agit d'une personne de 12 ans ayant un BSA égal à 50 %, on trouve : x = 0,17937, et y = – 1,73527. Cette personne est donc affectée à la sous population « septicémie sans décès » (figure 6.9).
L'ensemble test permet d'apprécier le risque d'un tel pronostic. On calcule le taux de bien classés de l'ensemble test par la procédure établie sur l'ensemble d'apprentissage. Ce taux est égal à 90 % pour cet exemple.

➤ **Fig. 6.9.** Surface de décision.

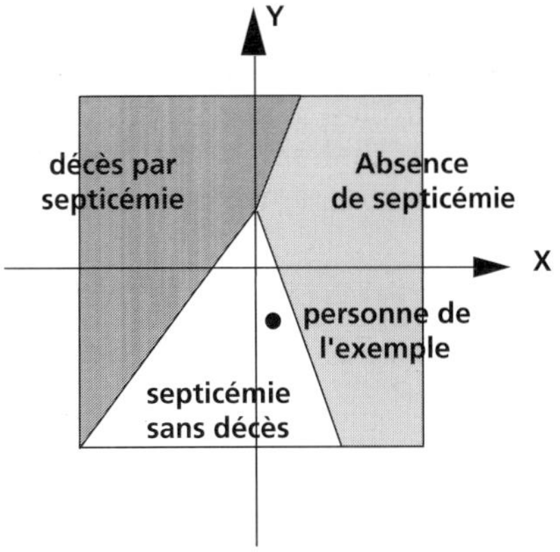

L'APPROCHE ÉPIDÉMIOLOGIQUE

L'épidémiologie est la science qui permet de mesurer la répartition des maladies dans les populations, de rechercher des relations éventuelles entre les maladies et certaines caractéristiques des individus, et de mesurer l'effet de certains facteurs sur la santé de ces individus.

Cette science utilise de façon privilégiée le calcul statistique puisque toutes les mesures épidémiologiques sont évaluées à partir d'un ensemble d'individus.

L'approche épidémiologique est extrêmement importante en économie de la santé car c'est elle qui permet de cerner quantitativement un problème de santé dans une population.

Elle permet ensuite de dégager éventuellement des facteurs de risque sur lesquels il sera peut-être possible d'agir.

Principaux types de variables utilisés en épidémiologie

Une variable *descriptive* est un caractère qui peut par exemple être lié à un individu.

Dans le cadre de l'économie de la santé, elle peut prendre différents états qui relèvent du domaine médical ou économique.

Il peut s'agir de :

– variables de *personnes* (âge, sexe, activité, niveau socioculturel),

– variables de *lieux* (région d'origine, pays, latitude…) ; les maladies et les ressources économiques sont toujours très hétérogènes dans l'espace,

– variables de *temps* (date de survenue d'un symptôme, durée d'un phénomène ou d'un état, etc.).

Ces variables sont nécessaires pour étudier des maladies longues mais posent le difficile problème de l'« actualisation » (nous avons déjà vu qu'il est très difficile de comparer un même phénomène dans le temps).

D'autre part, une variable descriptive peut être :

– *quantitative* si elle peut s'exprimer directement de manière numérique (par exemple le pouls, la tension artérielle, le revenu annuel d'un ménage...),
– *qualitative* si elle correspond à différents états de qualité non directement chiffrables (par exemple le sexe, le niveau d'instruction, la présence de symptômes, de signes extérieurs de richesses, etc.).

Principaux types d'études épidémiologiques utiles en évaluation médico-économique

L'épidémiologie rentre dans le cadre de la recherche appliquée. Elle consiste donc à réaliser des études (ou *enquêtes*).
Celles-ci reviennent toujours à confronter à l'aide d'un questionnaire un certain nombre de variables à une population donnée ou à une partie d'une population (obtenue selon des procédures précises et complexes permettant d'appliquer les résultats obtenus à la population entière : méthodes de sondages).
Les réponses à ce questionnaire seront dépouillées, soit de façon manuelle, soit le plus souvent à l'aide de l'outil informatique, ce qui facilite l'étude statistique de chaque variable par rapport aux autres (par exemple le type d'activité d'un diabétique insulino-dépendant âgé de plus de 60 ans comparé à sa tension artérielle...).
Selon les objectifs de l'étude et les moyens dont on dispose (une enquête épidémiologique peut être très coûteuse selon son importance et ses prétentions...), différents types de protocoles peuvent être utilisés.

Études dites « non expérimentales »

– **Études descriptives :** elles consistent à observer, à classifier et à compter les phénomènes tels qu'ils peuvent se présenter à l'observateur.
La déclaration obligatoire de certaines maladies ou les certificats de mortalité permettent de réaliser de telles études et c'est ainsi qu'il est possible de savoir que les maladies cardio-vasculaires représentent la première cause de mortalité dans les pays développés.

– **Études analytiques :** elles consistent à rechercher le rôle d'un facteur donné sur l'évolution d'une affection. Le rôle du facteur tabac dans le cancer du poumon a souvent été mis en évidence grâce à de telles études. Celles-ci peuvent être de type *cohorte* (ou prospective), quand les individus sont observés régulièrement pendant une durée plus ou moins longue à partir d'une date de début donnée.

Ces études de type cohorte sont très difficiles à organiser car il est problématique de suivre régulièrement sur une longue période un groupe d'individus sans en perdre de vue !
Elles sont en tous cas souvent indispensables pour connaître avec précision l'histoire naturelle d'une maladie (c'est l'objectif des *registres épidémiologiques* régionaux de certaines maladies).
D'autres études peuvent être du type *cas-témoins* (ou rétrospectives) quand on compare un groupe exposé à un facteur de risque à un autre groupe non exposé à ce même facteur (par exemple l'état

cardio-pulmonaire chez les personnes travaillant dans l'industrie chimique par rapport aux personnes n'y travaillant pas).

Études dites « expérimentales »

Les études expérimentales sont caractérisées par le fait que le chercheur peut manipuler le facteur qu'il étudie.

– **Études randomisées :** c'est l'affectation en deux groupes des individus issus d'une population par tirage au sort. Ces études sont très utilisées pour réaliser des essais thérapeutiques car elles permettent une approche comparative rigoureuse et un meilleur contrôle de l'influence des variables.

Par exemple, une population de personnes souffrant de lombalgies chroniques sera partagée en deux groupes par tirage au sort.
Un groupe « bénéficiera » d'un traitement anti-inflammatoire à tester, l'autre groupe recevra un placebo (ou un médicament de référence déjà connu).
La comparaison statistique de l'évolution des troubles sur ces deux groupes permettra de cerner l'éventuelle efficacité du produit actif.
L'expérimentation peut se faire *en simple aveugle* (le patient ne connaît pas la nature du produit qui lui est administré) ou *en double aveugle* (le patient et son médecin ne savent pas qui reçoit le médicament à tester).
Ces précautions sont destinées à éliminer au maximum les facteurs subjectifs qui peuvent influencer de façon importante les résultats.
Ceux-ci pourront ensuite être généralisés (ou *extrapolables*) à la population générale, ce qui est recommandé pour tout médicament.
Sur la base de ces essais cliniques, des études économiques peuvent être réalisées pour savoir quel est le protocole thérapeutique qui a le meilleur rapport coût-efficacité ou coût-utilité.

– **Études non randomisées :** c'est le chercheur qui affecte selon ses propres critères la répartition en deux groupes des individus.

Ces études concernent surtout les évaluations des programmes de santé.
Par exemple, pour évaluer un programme de prévention du sida par conférences dans les établissements scolaires, on soumet le même questionnaire à un groupe d'enfants qui n'a pas assisté à la conférence et à un groupe qui a assisté à cette conférence.
L'exploitation statistique comparée des réponses à ces questionnaires sur ces deux groupes permettra alors d'obtenir des résultats pouvant être utilisés pour l'évaluation du programme.
L'approche épidémiologique est donc une démarche quantitative originale qui utilise le calcul statistique pour étudier les phénomènes liés à la santé.
L'observation des événements au sein d'une enquête descriptive est le préalable à toute étude en économie de la santé car elle permet de cerner le développement réel d'un problème sanitaire donné dans la population.
Sur ces bases, des calculs simples permettent d'élaborer des *indicateurs de santé* dont les plus connus sont les différents taux de mortalité, de morbidité, d'espérance de vie, etc.

Études dites « en situation réelle »

Les contraintes de maîtrise des dépenses de santé ont favorisé le développement des études médico-économiques pour l'évaluation des nouvelles stratégies thérapeutiques. Comparer deux thérapeutiques revient à se demander laquelle à efficacité égale est la moins chère ou laquelle à coût égal est la plus efficace. En fait, l'activité thérapeutique propre d'un traitement est la résultante de plusieurs facteurs liés au patient, au traitement, aux conditions d'observance et de prescription qui ne sont pas pris en compte dans un essai clinique classique en double aveugle qui cherche au contraire à égaliser les contextes.

L'évaluation d'une pratique réelle implique donc de disposer d'études conduites en situation réelle si l'on veut pouvoir prétendre, grâce à une étude comparative, proposer aux décideurs une information pertinente. C'est par exemple le cas quand on souhaite comparer une stratégie « nouveau traitement » à une stratégie « thérapeutique habituelle ».

Les études en situation réelle (dites aussi études pragmatiques) permettent donc d'évaluer un traitement en terme d'utilité, de coût ou d'agrégation coût-avantage, ce qui suggère de prendre en compte tout un faisceau de critères d'appréciation susceptibles d'exprimer les aspects positifs et négatifs du traitement.

Ce type d'étude soulève dans cette perspective de multiples difficultés qui relèvent à la fois des sciences de la statistique et de l'économie.

– **Objectifs des études en situation réelle** : à la différence des études cliniques qui sont faites pour évaluer les effets d'une activité biologique propre au traitement (études explicatives), les études en situation réelle sont réalisées pour évaluer l'avantage d'un traitement pour tel type de patient. Cette différence d'objectifs entre les deux types d'étude a des implications méthodologiques immédiates et importantes. En effet, les études en situation réelle doivent s'appuyer sur des méthodes statistiques qui permettent que l'échantillon sélectionné soit une bonne représentation de la population cible dont il est issu et que les résultats observés possèdent les qualités statistiques qui permettent leur généralisation à la population.

– **Difficultés des études en situation réelle** : la première et principale difficulté rencontrée a trait à la représentativité de l'échantillon. Dans la grande majorité des cas, on s'intéresse au mode de prise en charge d'une pathologie donnée, le problème étant d'en évaluer le coût en situation quotidienne. Il est en fait très difficile, voire impossible, de disposer d'une base de sondage dans un tel cas. Aussi, la démarche communément adoptée consiste à sélectionner des médecins qui incluent chacun aléatoirement un nombre de cas précis, l'ensemble des patients ainsi obtenu constituant l'échantillon.

Plusieurs problèmes se posent alors :

– La représentativité des médecins sélectionnés doit être assurée. On espère ainsi que les patients qui seront observés reçoivent des soins adaptés à leur pathologie, de manière identique à l'ensemble des patients de sorte que les coûts estimés sur ses patients soient dépourvus de biais, et que les qualités d'efficacité et de convergence des estimateurs soient garanties.

– Les patients ainsi obtenus ne peuvent être, au mieux, que représentatifs de la population des patients qui consultent sur la période de l'étude. Un problème de saisonnalité peut apparaître et n'être pas pris en compte. Une solution couramment utilisée est de choisir des périodes d'étude s'accordant sur les saisonnalités connues des pathologies étudiées.

– Le fait de demander aux médecins d'inclure un nombre fixé de patients sur une période donnée, gomme les disparités d'activité de ces médecins sur la période. Cela pose le problème général du plan de sondage. Comment doit-on considérer les médecins de l'étude en termes de théorie des sondages ? *A priori*, une idée séduisante est de concevoir que la population des patients qui consultent est partagée en grappes, chaque grappe étant constituée par un médecin. Ces grappes sont ensuite tirées au sort pour constituer l'échantillon. Cette conception pose cependant quelques problèmes non résolus pour l'instant. Le premier est qu'avec cette manière de concevoir l'échantillonnage, il faudrait prendre, pour un médecin, tous les patients qui le consultent, dans la période fixée pour l'étude, pour la pathologie analysée. Le deuxième problème est que cette approche fait une impasse totale sur la possibilité pour un même patient de consulter, pour le même motif, plusieurs médecins, ce qui contredit le concept de grappe…

Il est ainsi bien difficile de pouvoir affirmer sans crainte que l'échantillon obtenu est représentatif, au sens statistique du terme (la probabilité de chaque individu d'avoir été sélectionné est connue). Une réflexion sérieuse doit être menée sur ce point, en s'appuyant sur les méthodologies de la théorie des sondages. Cette dernière offre suffisamment de techniques pour que l'on puisse espérer dégager quelques principes clés pour la représentativité des échantillons. Par ailleurs, on peut espérer également pouvoir évaluer les écarts à la représentativité, quand cela se produit, de manière à en calculer les conséquences sur les résultats de l'étude et à savoir les précautions à prendre lors de la présentation des résultats.

La seconde difficulté est de proposer des résultats généralisables à la population. En d'autres termes, il s'agit de construire, sur les distributions statistiques observées, des estimateurs corrects des paramètres qui intéressent le promoteur de l'étude. Cela signifie qu'il faut déterminer des estimateurs sans biais, efficaces et convergents de ces paramètres. La difficulté provient dans ce cas que, très souvent, même pour des paramètres simples, les techniques habituelles sont battues en brèche du fait de la nature des données ainsi que du mode de recueil de ces données. Il faut donc utiliser des méthodes de réduction de biais ou de réduction de variance pour retrouver de bons estimateurs. À ce niveau, certaines méthodes de simulation statistique comme celle du *bootstrap* peuvent éventuellement être utiles.

L'APPROCHE ORGANISATIONNELLE

L'approche organisationnelle considère les services de santé comme de véritables mécanismes dynamiques appelés organisations.

Schématiquement, la notion d'organisation peut être caractérisée par deux éléments :

– un ensemble de tâches à accomplir,
– une coordination de ces tâches.

L'approche organisationnelle prend de plus en plus de place dans l'étude de l'économie de la santé car elle conduit directement à améliorer l'efficacité des systèmes de santé en cherchant à optimiser l'organisation des services.
Corriger les dysfonctionnements d'un système impose selon cette méthode de pouvoir diviser le travail (rappelons que celui-ci consiste à produire des soins) et à analyser les différents mécanismes de coordination.
Dans le domaine de la santé, ceux-ci peuvent être de quatre types principaux :

Coordination par contrôle direct

C'est le cas du praticien qui contrôle directement son travail.
Ce type de coordination est par excellence celui du secteur libéral de la santé.

Coordination par supervision

Le travail d'une personne est soumis à la responsabilité d'une autre qui fournit les instructions.
Ce mode de coordination correspond au système hiérarchique qui prédomine en milieu hospitalier ou administratif.

Coordination par standardisation

Le contrôle du travail est réalisé par l'apprentissage préalable d'une succession précise de tâches à accomplir devant un problème donné.
Il y a donc acquisition d'automatismes qui sont précieux dans les activités où le temps de réflexion est limité (service des urgences, de réanimation, de chirurgie, etc.).

Coordination par exigence de qualifications

Ce mode de coordination du travail exige une formation préalable des personnels qui acquièrent ainsi un certain niveau de qualification.
Ce type de contrôle est utilisé par la plupart des systèmes de santé qui ont besoin de personnels diplômés dans le domaine paramédical et médical.
Ces différents modes de coordination du travail peuvent s'articuler (une infirmière pratique des actes standardisés sous contrôle médical) ou s'opposer (dans les hôpitaux, la hiérarchie médicale s'oppose souvent à la hiérarchie administrative).
La complexité de l'inter-relation des tâches et des pouvoirs dans le domaine de la santé explique en grande partie les difficultés rencontrées dans la coordination des moyens existants.
Ainsi, la méthode organisationnelle considère que l'inefficacité du système de santé est due à un manque de cohérence entre ces différents éléments.
Cette approche globale n'est pas destinée uniquement à fournir un *diagnostic* des mauvais fonctionnements d'un service. Elle est aussi capable de proposer éventuellement des solutions plus ou moins réalisables qui

pourront s'intégrer par exemple dans une planification nationale (programme de formation du personnel, réforme de l'hôpital public, etc.).
Une organisation énorme et complexe comme celle de la santé étant difficilement réformable en profondeur, l'approche organisationnelle permet aussi de mettre en évidence certains troubles de la productivité qui pourront s'améliorer grâce à des conseils simples (améliorer la communication à l'intérieur des services grâce à des réunions périodiques, motiver les personnels paramédicaux par des aménagements d'horaire, etc.).
Mintzberg avance qu'une organisation complexe (comme celle que représente un système de santé) impose une supervision de plus en plus adaptée. Cet auteur propose alors d'étudier les organisations complexes selon cinq parties :

Le centre opérationnel

Il est constitué des membres de l'organisation dont le travail est directement lié à la production de soins (personnel médical, paramédical...).

Le sommet stratégique

Le sommet stratégique correspond aux responsables les plus élevés dans la hiérarchie.
Il s'agit du gouvernement d'un pays si l'organisation considérée est le système de santé dans sa globalité.
Si l'organisation étudiée est un hôpital, le sommet stratégique est représenté par la direction générale pour le pouvoir administratif et par les chefs de service pour le pouvoir médical.

La ligne hiérarchique

Elle représente l'ensemble des personnes situées entre le plus bas et le plus haut niveau hiérarchique de l'organisation.
Dans le cadre de l'hôpital, cette ligne est double car l'activité administrative cohabite avec l'activité de soins. Chaque élément situé à un niveau donné de la ligne hiérarchique a la responsabilité du travail des agents évoluant à tous les niveaux inférieurs.

La technostructure

Elle représente les personnes qui sont chargées d'organiser le travail des autres.
Dans le domaine de la santé, il peut s'agir des services ministériels de planification sanitaire ou hospitalière, les services de formation professionnelle ou de recrutement, les services d'analyse comptable ou de gestion, etc.

Les unités logistiques

Elles représentent les services annexes qui ne concernent pas directement la production de soins mais sont utiles indirectement à la vie de l'organisation.
Dans un hôpital, les unités logistiques peuvent être le restaurant d'entreprise, la lingerie, la bibliothèque, le comité d'entreprise, les services du vaguemestre, de l'accueil, de l'entretien, les boutiques dans le hall d'entrée, les unités de recherche, etc.

Le nombre important de ces unités logistiques dans les hôpitaux provient du désir initial d'acquérir une autonomie maximale vis-à-vis des services extérieurs afin de mieux en contrôler l'activité.

Actuellement, le coût de ces services annexes est devenu très important et les établissements hospitaliers ont tendance à recourir de plus en plus à des sociétés de sous-traitance.

L'approche organisationnelle consiste à analyser la qualité des relations entre ces cinq éléments.

De nombreuses théories appréhendent ces rapports sous forme de communication, d'autorité, d'échange de biens ou de personnes, etc. selon une démarche qui peut être inspirée des sciences de l'économie, de la sociologie, du management ou de la psychologie.

Ces différentes inspirations permettent d'obtenir des éclairages différents d'un problème précis et peuvent parfois proposer des solutions.

La méthode organisationnelle est donc un outil original mais encore difficile à maîtriser pour les non-experts.

Elle gagne en tout cas à être employée dans le domaine de la santé chaque fois qu'un problème d'inefficacité est suspecté, c'est-à-dire dans presque tous les cas...

Bibliographie

Ansion. *Les méthodes de prévision en économie*, Armand Colin, 1990.

Auray, Duru, Zighed. *Analyse des données multidimensionnelles*, tome 1 : les méthodes descriptives, A. Lacassagne 1991.

Auray, Duru. *Analyse des données multidimensionnelles*, tome 3 : les méthodes explicatives, A. Lacassagne, 1991.

Auray, Duru. *Les fondements théoriques de l'évaluation en économie de la santé*, A. Lacassagne, 1991.

Beck. The Markov Process in Medical Prognosis, *Medical Decision Making*, vol. 3, n° 4, 1983, 419-458.

Bernard. *Mesures statistiques en épidémiologie*, Presses de l'université du Québec, 1987.

Bouvenot. *Essais cliniques-Théorie, pratique et critique*, Flammarion, 1995.

Gafni, Birch. Economies, health and health economics : HYEs versus QALYs, *Journal of Health Economics*, North-Holland, 1993, 12, n° 3, 325-339.

Guitton. *Statistique et économétrie*, Dalloz 3e éd., 1964.

Gudex C., Kind P. The QALY Toolkit, *Discussion paper 38*, Centre for Health Economic, University of York.

Lambert. *19 Amériques Latines*, Economica, 1984.

Lily Moto. *Santé et Multidisciplinarité, choix et décisions*, Hermès, 1995.

Mintzherg. *Structure & Dynamique des organisations*, Les éditions d'organisation, 1982.

Pliskin J.-S., Shepard D.S., Weinstein M.C. : Utility functions for life years and health status, *Operation Research*, 1980, *28*, 206-223.

Schwartz. *Le jeu de la science et du hasard, la statistique et le vivant*, Flammarion, 1994.

Sonnenberg. Markov models in Medical Decision Making. a pratical guide, *Medical Decision Making*, vol. 13, n° 4, 1993, 322-338.

Splilker B. *et al.*, Quality of life : bibliography and indexes, *Medical care*, 1990, suppl., *18*, 12.

Taboulet. Présentation d'une méthodologie permettant de mesurer en quantité et de comparer les consommations pharmaceutiques, *Journal d'Économie Médicale*, 1990, 8 n° 1, 37-63.

Tihouti. *État de santé, parités de pouvoir d'achat et croissance économique*, Thèse de sciences économiques, université Aix-Marseille II, octobre 1986.

Van de Ven, Hooumans : *The Mimic health status index (what it is is what it does)*, Econometrics of health care, G. Duru, J.H. Paelink Editors, Kluwer academic Publisher, 1990.

L'environnement idéologique

7

- IMPORTANCE DES IDÉOLOGIES DANS L'ÉVOLUTION DES SYSTÈMES DE SANTÉ
- ÉCONOMIE DE LA SANTÉ ET QUESTIONS ÉTHIQUES

Introduction

- Le développement des systèmes de santé est partout et toujours orienté par des idéologies, c'est-à-dire des représentations du monde et de l'histoire qui proposent pour chaque question une seule réponse recevable.
- C'est justement parce que les questions peuvent toujours être posées autrement qu'aucune idéologie n'est la panacée. Un système de santé, comme tout « système » a des effets pervers à traiter au coup par coup.
- Se posent alors de nombreux problèmes d'ordre éthique dont le principal est le concept même d'économie de la santé.

IMPORTANCE DES IDÉOLOGIES DANS L'ÉVOLUTION DES SYSTÈMES DE SANTÉ

L'étude des sciences sociales et économiques est une démarche qui utilise des comparaisons car son objet est de chercher à expliquer comment les différentes sociétés ont interprété et appliqué leur propre organisation.

Son intérêt est donc concentré sur les différences et les diversités de ces sociétés.

Le concept d'idéologie peut être considéré comme l'ensemble des représentations mentales qui apparaissent dès que des hommes tissent des liens entre eux.

Les mythes, les religions, les principes éthiques, les coutumes et les programmes politiques sont, dans cette perspective, des idéologies.

Or, les peuples ont toujours eu recours aux idéologies car ils ont besoin de se situer dans une représentation cohérente du monde, c'est-à-dire une proposition de réponses aux questions qu'ils se posent.

Il s'agit donc en quelque sorte d'un besoin d'interpréter le monde, sorte de prix à payer par les hommes pour construire leur avenir au milieu des incertitudes et des conflits...

Ces différences de perception du monde influent ainsi directement sur l'organisation des services de santé.

Dans cette perspective se dessine un conflit entre la population *active* et l'ensemble des populations *inactives* (personnes âgées, malades, invalides, enfants, chômeurs...) qui entendent bénéficier de conditions de vie comparables à celles des actifs.

Il convient de remarquer le vieillissement du discours qui distingue l'actif de l'inactif. Il s'agit en effet d'une distinction qui se justifie de moins en moins dans la mesure où l'inactif joue un rôle économique essentiel, celui de consommateur. Au plan économique, il devient absurde de regarder le consommateur comme inactif parce qu'il ne produit rien ! Le concept de production est donc lui aussi à affiner...
Le « pauvre », l'« exclu », est un producteur de services ; il produit de la bonne conscience en échange de l'assistanat et cet assistanat est une forme parmi d'autres de rétribution. Les organisations caritatives sont de plus en plus nombreuses et puissantes et jouent un rôle économique de moins en moins négligeable aujourd'hui.
En tout état de cause, les tensions sociales existent et les institutions (états, partis, syndicats...) continuent à exploiter le tandem actif-inactif par commodité et pour des besoins de « communication ». Les thèmes développés dans cette perspective alimentent une peur collective en s'articulant ainsi :

– fin du capitalisme si les revendications des personnes improductives sont excessives,

– méfiance vis-à-vis des populations déshéritées qui peuvent abuser frauduleusement de certaines prestations,

– thème du gaspillage cher au discours écologiste,

– etc.

Voici par exemple comment tendent à évoluer les systèmes de santé en fonction des deux grands types de collectivité qui coexistent actuellement dans le monde : les sociétés dites « en voie de développement » et les sociétés dites « développées ».

Sociétés dites « en voie de développement »

Dans les collectivités primitives, les idéologies sont basées en grande partie sur le principe d'autorité (chef de famille, chef de village, chef de tribu...).
Le développement de ces sociétés est figé car le principe d'autorité consiste à reproduire les comportements et non à produire du nouveau.
La « vérité » ayant déjà été dite, le progrès est considéré comme une menace à l'intégrité du groupe. Les notions de maladies et même de mort sont considérées comme naturelles et inéluctables, ce qui explique l'absence de véritable système de santé et la persistance d'une médecine traditionnelle le plus souvent contemplative.
En ce qui concerne l'organisation sociale des sociétés en voie de développement, les personnes âgées ont une fonction importante de transmission de l'idéologie tandis que les femmes sont souvent dévaluées et cantonnées aux tâches de l'alimentation.
Les jeunes, en revanche, sont considérés comme la véritable force du groupe car ce sont eux à qui revient la tâche de reproduire le passé dans un éternel présent.
En Afrique sub-saharienne par exemple, les débuts de la colonisation ont permis la mise en place d'un embryon de système de santé faisant ainsi suite à des millénaires de médecine traditionnelle. Il s'est peu à peu créé des centres médicaux dans les grandes agglomérations et quelques dispensaires peu nombreux et éparpillés dans les territoires.

La densité de ces différentes formations diminuait du littoral vers l'intérieur en fonction des quelques voies d'accès. Seul un très faible pourcentage de la population habitant à proximité de ces structures ou pouvant s'y faire transporter pouvait espérer bénéficier de ces prestations sanitaires.

Malgré des améliorations avec le temps, le fonctionnement des services de santé en Afrique est encore très inefficace. Ceci tient en grande partie au fait que ce modèle d'organisation de la santé est d'inspiration occidentale et ne se transpose pas facilement à un environnement traditionnel.

En outre, l'inefficacité a une cause politique. Le principe de non-ingérence prime encore aujourd'hui le principe du devoir d'assistance à personne en danger. Autrement dit, la politique prime l'éthique. Il s'ensuit que des notables de certains pays en voie de développement peuvent continuer impunément à détourner des fonds destinés à améliorer la santé.

La communauté internationale subit la pression des États qui la composent. C'est pourquoi, lorsqu'elle recommande une certaine écologie de préservation des organisations locales plutôt que de faire du dirigisme sanitaire, elle parle une *langue de bois* institutionnelle qui signifie : *Il faut ménager les dirigeants locaux pour qu'ils nous soient utiles, même si cela leur permet d'utiliser autrement l'aide internationale destinée à la santé.*

On réalise ainsi combien les programmes de santé dépendent de la politique et des idéologies. Une réelle réflexion en santé publique conduit alors à revoir les notions telles que « indépendance, non-ingérence, néocolonialisme », etc.

Sociétés dites « développées » et régressions totalitaires

Les collectivités du type occidental se sont développées car les infrastructures économiques ont toujours été basées sur des échanges complexes.

Les différentes idéologies qui se succèdent n'ont jamais réussi à installer la société dans un présent éternel et le progrès est considéré comme une promesse plus que comme une menace.

Cette espérance d'un monde « meilleur » a permis à la médecine de se développer pour combattre les maladies au lieu de les subir.

En fait, ces sociétés ne se sont pas développées de façon régulière. Des périodes de stagnation plus ou moins prolongées (Moyen Âge) ont alterné avec des périodes d'évolution rapide (Renaissance italienne, période moderne) et des périodes de régression (totalitarismes). Ces périodes de régression sont marquées par un retour à une idéologie archaïque basée sur la peur de l'avenir et le recours à un régime politique de type dictatorial (fascisme, communisme de type soviétique ou chinois...). L'idéologie officielle, dès lors qu'elle est obligatoire, compromet les valeurs humaines.

Comme dans les sociétés en développement, des notions de répétitivité sont introduites mais appliquées dans ce cas à une société complexe. Le principe d'autorité devient pour un temps la norme et rassure même les populations.

Dans ces circonstances totalitaires, le système de santé est le reflet de l'idéologie dominante :

– Les programmes de santé favorisant l'enfance sont privilégiés car l'enfant est éduqué de façon conservatrice et représente le futur répétitif.

– La notion de famille est souvent idéalisée car elle s'emboîte dans celle de patrie. Tous les comportements en contradiction avec la politique nataliste sont alors combattus (lutte contre l'avortement, interdiction de la contraception...).

– Les personnes considérées indésirables, comme les personnes âgées ou les malades dépendants, sont défavorisées car l'individu doit rester utile au groupe.

– Les personnes en contradiction avec l'idéologie dominante sont considérées soit comme des intrus, soit comme de véritables malades mentaux (ce qui peut favoriser le développement d'établissements « psychiatriques »).

– Les professionnels de santé passent au service de l'État et ne servent plus l'individu.

Ces exemples schématiques illustrent bien le rôle fondamental de l'histoire idéologique d'une collectivité dans le développement de son propre système de santé.
Actuellement, les sociétés démocratiques sont appelées à s'orienter parfois vers une politique « libérale » de la santé, parfois vers une politique « sociale » de la santé.
Selon leur propre histoire, beaucoup de pays aménagent ces deux orientations selon un mélange subtil :

– Le système de santé français tente de concilier une médecine libérale avec une protection sociale étendue *(différents régimes de la sécurité sociale).*

– Le système de santé anglais permet la cohabitation d'un système totalement social *(NHS)* à côté d'un système totalement libéral.

– Le système américain réserve sa protection sociale publique au seules personnes âgées et aux déshérités *(Medicare et Medicaid)* ; l reste de la population devant faire appel à des services de santé tota lement « libres ».

Tous ces systèmes connaissent en tous cas de graves difficultés éco nomiques par la progression constante de leurs dépenses de santé. Ils sont donc contraints en permanence de faire des choix et donc d privilégier directement ou indirectement une certaine catégorie de l population au détriment d'une autre, ce qui en matière de santé, pos de très difficiles problèmes d'ordre éthique.

ÉCONOMIE DE LA SANTÉ ET QUESTIONS ÉTHIQUES

La pratique de l'économie de la santé suscite de très nombreuse questions d'éthique. Celles-ci engagent profondément les convictior fondamentales de chacun et les valeurs collectives. C'est ce qui fait difficulté d'une réflexion sur l'éthique, tant au niveau de la cohérenc personnelle que de l'harmonie entre les différentes approches.

En fait, toutes les grandes disciplines scientifiques posent des problèmes éthiques car la science est par définition amorale (elle considère les faits et non les valeurs). De plus, la santé peut difficilement être considérée comme un bien au même titre que les autres biens économiques. Elle correspond plutôt à un modèle imaginaire.

Dans cette perspective, il est compréhensible que les besoins en « santé » soient illimités et imposent, par conséquent, une gestion délicate des ressources que la société peut consacrer à la santé de sa population.

Michel Foucault (1926-1984) écrit :

« Le problème soulevé est donc celui de la mise en rapport d'une demande infinie avec un système fini... Il va falloir décider que telle maladie, tel type de souffrance ne bénéficieront plus d'aucune couverture, que la vie même dans certains cas, ne relèvera plus d'aucune protection... C'est à cet endroit qu'une certaine rationalité devient elle-même scandale. »

Cette rationalité, dès lors qu'elle pose comme finalité l'établissement d'une méthode, se heurte à des problèmes d'ordre éthique pour la simple raison qu'elle procure des critères pour choisir des priorités afin de faciliter une décision.

Dans les milieux de l'industrie du médicament, un produit « éthique » est un produit agréé et remboursé par les organismes d'assurance. Le terme *éthique* s'éloigne ici nettement de son sens réel mais l'utilisation de ce concept par les entreprises souligne tout de même le problème général de la sélection en matière de santé.

Sélectionner, c'est bien évidemment, privilégier des êtres humains au détriment de certains autres. C'est, par exemple, décider que la vie d'un enfant a priorité sur celle d'un adulte, ou bien que la vie d'un adulte chargé de famille a priorité sur celle d'un adulte célibataire etc.

L'économie de la santé se trouve donc confrontée à l'éthique, dès qu'elle pose les questions toutes simples nécessaires à la formulation de priorités.

Se pose alors une question préalable : l'éthique, dont les principes sont du domaine de la philosophie, voire de la théologie, doit-elle précéder l'économie de la santé et lui imposer de se conformer à un programme qui respecterait ses propres critères (prix de telle vie relativement à une autre, limites du prix de la vie, etc.) ?

Ou bien au contraire l'économie de la santé peut-elle contribuer, par sa propre démarche, à l'élaboration de critères d'ordre éthique susceptibles d'être admis par tous les humanistes ?

S'il est difficile de proposer une réponse claire et définitive, il est possible de s'aider en se plaçant dans une perspective historique.

À la fin du XVIIIe siècle, Condorcet (1743-1794) avait déjà recherché une solution mathématique au problème de la prise en compte des opinions individuelles pour former une opinion commune. Il s'est heurté à des difficultés d'ordre logique qu'il a été le premier à mettre en évidence à propos du fonctionnement des assemblées politiques où sont mises en œuvre des procédures de vote majoritaire. Le problème revenait à savoir comment intégrer les préférences des minorités sans compromettre le choix du pouvoir majoritaire ! Les nombreuses difficultés d'ordre éthique soulevées par ce problème ont incité Condorcet à en approfondir la dimension philosophique.

Des résultats plus généraux ont, bien longtemps plus tard, été proposés par Arrow (1921-) qui a exprimé mathématiquement un fait que le sens commun révèle et que l'expérience historique confirme. Ce fait est celui-ci :

Lorsque les opinions individuelles sont trop discordantes, et lorsqu'il n'existe aucun principe objectif dont elles doivent tenir compte, il est à craindre que l'on ne puisse pas en dégager une opinion cohérente qui soit vraiment collective. Le risque est d'être alors enfermé dans l'alternative :

– soit accepter le choix d'un « dictateur »,
– soit se résoudre, faute de jugement de valeur collectif, à une action où la *lutte* jouera un rôle essentiel.

La stratégie politique de *la terreur* pendant la révolution française en est une illustration historique célèbre. Il est ainsi très facile, mais dangereux si l'on n'y prend pas garde, de trouver des fondements théoriques aux modèles qui conseillent un pouvoir fort et une direction idéale.

L'économie de la santé est pourtant une science qui a souvent l'occasion d'utiliser ce type de raisonnement. Le simple calcul des coûts d'une maladie pose déjà des problèmes moraux. En effet, nous avons vu dans le chapitre 4 qu'il est admis d'évaluer les coûts directs mais aussi les coûts indirects d'une pathologie. Dans ces coûts indirects entrent en compte les pertes indirectes de production correspondant à la valeur du travail qu'un sujet malade ne peut effectuer. Cela débouche directement sur le problème classique de l'éventuel prix d'une vie humaine. Toutes ces notions consistent en un arbitrage entre le présent et le futur et suscitent donc de multiples controverses.

Dans cette perspective se dégage une norme à peu près admise partout qui permet d'évaluer une vie humaine relativement aux autres :
Une vie est d'autant plus précieuse qu'elle a de chance de durer dans de bonnes conditions.

Mais, si des limites ne sont pas imposées à cette norme, l'euthanasie et la mise à l'écart des populations inactives deviennent naturellement légitimes ! Ce danger vient en grande partie du fait que les notions idéologiques de solidarité à l'intérieur d'une société sont difficilement formalisable par les mathématiques.

D'autre part, il est souvent constaté que plus la méthode est rigoureuse, plus un projet de santé à de chances d'aboutir. Cette affirmation, évidente *a priori*, défavorise en fait les projets qui demandent des enquêtes préliminaires difficiles, voire impossibles, par exemple ceux qui concernent les groupes marginalisés, dispersés, difficilement localisables ou interrogeables, les populations sans domicile fixe etc.

De plus la rigueur méthodologique peut impliquer, si elle est érigée en critère obligatoire, que la vie de personnes non identifiées soit plus négligeable que celle de personnes identifiées et repérées.

Cela aboutit à des paradoxes absurdes au plan économique et compréhensibles exclusivement au plan psychologique. Par exemple, il est fréquent de dépenser des sommes très importantes pour sauver une personne enfouie sous des décombres, bloquée dans un tunnel ou dans de la boue, ou même pour sauver des animaux en situation difficile, mais uniquement si ceux-ci sont considérés comme sympathiques... Comme, par exemple en octobre 1988 où trois baleines grises étaient prisonnières de la banquise en Alaska et ont déclenché la plus extraordinaire et la plus coûteuse opération de sauvetage international d'animaux jamais entreprise jusqu'à ce jour...

D'un autre côté, des petites actions simples pouvant sauver de nombreuses vies humaines ne sont pas réalisées car elles n'ont pas pu être budgétisées. C'est, par exemple, le cas du manque de signalisation routière aux endroits très dangereux, le manque de personnel dans certains services hospitaliers de soins intensifs ou urgents, etc.

Les faits de cette nature justifient le principe bien connu selon lequel la puissance publique favorise les investissements qui réduisent au maximum sa culpabilité. Ces faits soulignent également la distorsion entre la rationalité de tous les partenaires du système de santé et l'irrationalité des études d'évaluation qui mettent en jeu des êtres anonymes et des concepts probabilistes. Les études coût-avantage, par exemple, entrent dans le cadre de ces techniques évaluatives, elles-mêmes étant des applications de théories qui ne peuvent être éternelles.

Un paradoxe voisin de celui que nous venons d'évoquer est celui du groupe d'individus qui se sacrifie pour en sauver un seul. Comment pouvoir alors évaluer la vie humaine si une personne en difficulté prend soudainement plus de valeur que celle des dix personnes qui acceptent de risquer leur vie pour la sauver ? L'arithmétique simple ne permet pas de répondre à cette question car 1 n'est classiquement pas supérieur à 10 !

En fait, l'économie, en tant que science de l'allocation efficiente des ressources, peut s'émanciper de l'arithmétique. Il suffit d'intégrer le fait qu'une même vie humaine peut prendre des valeurs très différentes en fonction des circonstances.

Antoine de Saint-Exupéry (1900-1944) écrivit dans *Pilote de guerre* :

« Ma civilisation a fait chacun responsable de tous les hommes, et tous les hommes responsables de chacun. Un individu doit se sacrifier au sauvetage d'une collectivité, mais il ne s'agit point ici d'une arithmétique imbécile. Il s'agit du respect de l'Homme au travers de l'individu. La grandeur, en effet, de ma civilisation, c'est que cent mineurs s'y doivent de risquer leur vie pour le sauvetage d'un seul mineur enseveli. Ils sauvent l'homme. »

Un homme en difficulté devient ainsi le symbole de l'Homme et sa simple valeur d'individu se transcende en celle de l'humanité toute entière. C'est ce que les philosophes appellent la valeur « sacrée » de la vie humaine.

Saint-Exupéry ajoute plus loin dans son texte :

« Nous avons vu s'introduire insensiblement une morale du Collectif qui néglige l'Homme. Cette morale expliquera clairement pourquoi l'individu se doit se sacrifier à la Communauté. Elle n'expliquera plus, sans artifices de langage, pourquoi une Communauté se doit de se sacrifier pour un seul homme. Pourquoi il est équitable que mille meurent pour délivrer un seul de la prison de l'injustice. Nous nous en souvenons encore, mais nous l'oublions peu à peu. Et cependant c'est dans ce principe, qui nous distingue si clairement de la termitière que réside, avant tout, notre grandeur. »

C'est parce que la vie de chaque individu peut prendre dans cette perspective des valeurs très différentes que toutes les tentatives de comparaison et de classification de différentes études *(League tables)* de type coût par année de vie sauvée doivent être appréciées avec une prudence extrême.

Évaluer, c'est d'abord comparer, ce qui revient à choisir des préférences en définissant des critères. Mais réaliser une évaluation, c'est aussi énoncer un jugement de valeur sur un programme de santé ou une alternative thérapeutique. Or, nous avons vu que de tels jugements se fondent sur des critères qui deviennent normatifs. Toutes les tentatives d'évaluation constituent donc la mise en application de critères discutables pour énoncer un jugement indiscutable, puisque présidant à une décision. Les différents perfectionnements d'ordre méthodologique qui peuvent exister ne font que déplacer les critères d'arbitrage entre plusieurs projets, puisqu'il n'est pas possible de prendre en compte en même temps tous les besoins de santé.

Il est donc souhaitable que toutes les méthodologies soient critiquées et améliorées dans des directions toujours différentes. Ce n'est pas, en effet, de consensus méthodologique que les économistes de la santé pourraient avoir besoin, mais de diversification des pistes de recherches.

Afin d'inciter à la réflexion sur les conséquences éthiques de toute décision en santé publique et en économie de la santé en particulier, il est possible de proposer un exemple de démarche préliminaire en quatre étapes qui serait à appliquer avant chaque étude relative à l'économie de la santé :

1) choisir des critères pertinents,
2) avoir conscience des hypothèses normatives,
3) imposer à cette norme des limites,
4) établir des réserves.

La prise de conscience que toute méthode repose sur un choix critiquable au plan de l'éthique (même si elles peuvent procurer, par ailleurs, des satisfactions réelles dans cette même perspective), doit rendre les chercheurs en économie de la santé modestes et prudents.

Il est souvent demandé si l'éthique doit servir à autoriser des actions de recherche, ou à limiter des expériences. En fait, l'éthique doit être considérée comme un *laboratoire de réflexion* dont les fonctions ne sont pas d'autoriser ni de limiter. Le véritable danger consiste à ne privilégier qu'une seule méthode de calcul, ce qui aboutit inexorablement à sacraliser une règle et à générer un conformisme de type totalitaire. Chaque question a en effet plusieurs réponses également recevables. Ce qui compte, c'est de définir le champ hors des limites duquel elles cessent de l'être. Il est donc souhaitable que les théories soient toujours critiquées et améliorées dans des directions différentes. L'absence de recette idéale admise par les chercheurs entretient la remise en question permanente des méthodologies, ce qui est source de progrès.

Au-delà des controverses sur le sens des mots et la nature des fondements de l'éthique, nos sociétés sont traversées par un consensus sur l'urgence de réfléchir et de faire des choix. Pour être efficace, le souci éthique doit être présent tout au long de la recherche et ne pas se contenter d'intervenir après les résultats, comme pour en juger *a posteriori* le bien-fondé.

En tout état de cause, l'éthique ne peut être absente d'une réflexion en économie de la santé. Plus encore, l'éthique en est la finalité et doit être approchée hors des idées stéréotypées. Le *Bien-Être* est le maître mot de la délibération sur le *Bien-Faire*. Il convient dans cette

perspective de remarquer les emprunts que le droit fait à la thérapeutique. Celle-ci procure en effet toutes les métaphores utiles aux gestionnaires de la cité. Le discours sur la santé fonde le discours sur la normalité et l'anormalité, sur le bon et le mauvais, sur le bien et le mal. La société dite « corps social » se protège contre les souillures, les dangers, les agressions, les effets pervers, autant de notions d'ordre thérapeutique. Le mot « état » lui-même renvoie à l'être qui se protège s'il est sain et se soigne s'il souffre. L'État normal est l'État de droit et le droit est le traitement du corps social.
Pour conclure, référons-nous au mythe de l'apprenti-sorcier. L'apprenti sorcier découvre, expérimente et perd le contrôle des phénomènes qu'il crée, ce qui provoque un désastre.
L'éthicien est celui qui, au coup par coup, limite les effets du désastre. Il reconnaît la liberté de l'apprenti sorcier et la légitimité de ses expériences mais veille à ce que le profitable améliore la vie du plus grand nombre et essaie de prévoir les inévitables dégâts en les localisant. C'est alors seulement qu'il peut faire des propositions afin de protéger le corps social contre le préjudiciable.

Bibliographie

Baechler. *Qu'est-ce que l'idéologie ?* Coll. « Idées », Gallimard, 1976.

Batteau. *Analyse et agrégation des préférences*, Economica, 1981.

Beresniak D. *Comprendre la psychanalyse*, Éd. du Rocher, 1900.

Beresniak D. *La thérapie en question*, Éd. du Rocher, 1994.

Bonamour. Le coût de la mort, *Journal d'économie médicale*, 1983, 1, 1, 23-35.

Champagne. Un cadre conceptuel pour l'évaluation des programmes de santé, *Revue Ep. et Santé pub.*, 1985, *33*, 173-181.

Dupeyroux. *Droit de la sécurité sociale*, Dalloz, 1988, 1 087 p.

Guidorf. *De l'histoire des sciences à l'histoire de la pensée*, Payot, 1977.

Labourdette. L'analyse coût-efficacité, *J. Neuroradiology*, 1983, *10*, 91-93.

Labusquière. *Santé rurale et médecine préventive en Afrique*, Le François, 1979.

Le Net. *Le prix de la vie humaine*, La documentation française 1978, 4455.

Lévy. *Évaluer le coût de la maladie*, Dunod, 1977.

Mooney. Cost-benefit analysis and medical ethics, *Journal of medical ethics*, 1980, *6*, 177-179.

Saint-Exupéry. *Pilote de guerre*, Gallimard, 1942.

Walliser. *Les disparités des valeurs de la vie humaine*, Revue RCB ministère de l'Économie et des Finances, direction de la prévision, 1975, 23.

Woodward. Considering the effects of financial incentives and professional Ethics on « appropriate » medical care, *Journal of Health Economics*, 1984, *3*, 223-237.

Yerishalmy. A mortality index for use in place of the age-adjusted death rate, *American J. Pub. Health*, 1951, *41*, 907-922.

Pratique

Problèmes corrigés

Problème 1

Dans un pays, on cherche à évaluer 4 stratégies de traitement d'une pathologie particulière.
Ces stratégies sont les suivantes :
- S_0 : ne rien faire ;
- S_1 : traiter avec un traitement T_1 ;
- S_2 : traiter avec un traitement T_2 ;
- S_3 : traiter avec un traitement T_3.

Pour l'évaluation, on se limite, dans un premier temps, à la considération de critères monétaires.
Ces critères sont les suivants : coûts médicamenteux (M), coûts hospitaliers (H), coûts ambulatoire (V), autres coûts (A).
Pour tous ces critères, il s'agit de coûts restant à la charge de l'organisme obligatoire de protection sociale du pays considéré.
Par une enquête, on a obtenu une estimation ponctuelle de ces coûts pour chacune des quatre stratégies, et pour l'ensemble de la population concernée. Cette estimation est donnée en millions d'unité monétaire du pays.
Les résultats sont consignés dans le tableau ci-dessous qui donne, pour chaque stratégie et pour chaque critère, le coût correspondant exprimé en UM (unités monétaires).

Stratégie	*M*	*H*	*V*	*A*
S_0	0	780	450	200
S_1	850	280	230	120
S_2	950	250	190	110
S_3	1045	210	140	90

Questions

1. Agrégation coût-bénéfice

On se propose ici d'agréger ces 4 critères monétaires en un critère unique, au moyen d'une analyse coût-bénéfice. La stratégie S_0 est la stratégie de référence.

1.1. Donner le résultat d'une agrégation coût-bénéfice absolue.

1.2. Donner le résultat d'une agrégation coût-bénéfice relative.

2. Agrégation coût-efficacité

On suppose de plus que l'efficacité (E) de chacune des stratégies est mesurée en termes de gain d'espérance de vie à 50 ans par rapport à la stratégie de gain exprimé, en années, et que les résultats mesurés au travers de l'enquête ont été les suivants :

Stratégie	*E*
S_1	7
S_2	6
S_3	4

On dit qu'une agrégation coût-efficacité est **« parétienne »** quand une stratégie S_i n est préférée à une stratégie S_j
si et seulement si on a simultanément :
- S_i est préférée à S_j pour le critère de coût ;
- S_i est préférée à S_j pour le critère d'efficacité.

On dit qu'une stratégie est « optimale » au sens de Pareto si et seulement si il n'y a aucune autre stratégie qui lui soit préférée à la fois pour le critère de coût et pour le critère d'efficacité.

On notera que, dans cette définition, ce qu'on désigne sous le nom de critère de coût est un critère unique de coût obtenu par exemple par une agrégation coût-bénéfice.

2.1. Parmi les 3 comparaisons possibles (S_1-S_2), (S_2-S_3), (S_1-S_3), effectuer les 3 comparaisons coût-efficacité parétiennes et indiquer quelles sont les stratégies optimales au sens de Pareto :
– cas 1 : les critères de coûts sont agrégés par une analyse coût-bénéfice absolue ;
– cas 2 : les critères de coûts sont agrégés par une analyse coût-bénéfice relative.
Dans chacun des cas, on indiquera la ou les stratégies paréto-optimales et on donnera une interprétation du résultat obtenu.

2.2. Donner les résultats d'une analyse coût-efficacité en moyenne, dans les deux cas suivants :
– cas 1 : les critères de coûts sont agrégés par une analyse coût-bénéfice absolue ;
– cas 2 : les critères de coûts sont agrégés par une analyse coût-bénéfice relative.

3. Qualité de vie, QALY et coût par QALY

En définitive, on se propose de choisir entre la stratégie S_1 et la stratégie S_2. Pour affiner la décision, on se propose de faire appel à des critères de qualité de vie.

Il a été mis en évidence le fait que, alors que des patients non traités meurent rapidement, on peut prolonger la durée de vie des patients traités, sans toutefois leur assurer une qualité de vie égale à la bonne santé.

Des experts ont établi que le traitement T_1 de la stratégie S_1 permet, pour un coût de 100 UM, de prolonger, pour un patient traité, la durée de vie de 7 ans dans les conditions suivantes :
– 3 ans avec un léger dysfonctionnement et sans douleur morale (état 1) ;
– 2 ans avec un important dysfonctionnement et une douleur morale moyenne (état 2) ;
– 2 ans avec un important dysfonctionnement et une importante douleur morale (état 3).

Le traitement T_2 de la stratégie S_2 permet, pour un coût de 100 UM, de prolonger, pour un patient traité, la durée de vie de 6 ans dans les conditions suivantes :
– 1 an avec un léger dysfonctionnement et sans douleur morale (état 1) ;
– 2 ans avec un important dysfonctionnement et une douleur morale moyenne (état 2) ;
– 3 ans avec un important dysfonctionnement et une importante douleur morale (état 3).

3.1. Au vu de ces seules dernières informations, quelle stratégie choisiriez-vous ?
Une étude publiée par le célèbre Pr. Mad dans une revue internationale anglo-saxonne a utilisé une grille de correspondance d'utilité, une des fameuses « grilles de Rosser », dont les scores ont été obtenus à partir d'un échantillon de médecins (avec les valeurs suivantes : score état 1 = 0,981 ; score état 2 = 0,760 et score état 3 = 0,187) pour calculer le coût par QALY du traitement T_1.
Une étude publiée par le tout aussi célèbre Pr. Fuzzy dans une autre grande revue internationale a utilisé une grille de Rosser dont les scores ont été obtenus à partir d'un échantillon d'infirmières (avec les valeurs suivantes : score état 1 = 0,992 ; score état 2 = 0,963 et score état 3 = 0,911) pour calculer le coût par QALY du traitement T_2.

3.2. Calculer les Coûts par QALY obtenus par chacun de ces deux éminents chercheurs. Quelle décision en tirez-vous ? Comparez avec le résultat de la question 3.1. Quel est votre commentaire ?
Peu étonnés des résultats ci-dessus, des experts qui souhaitent à tout prix faire appel à des QALYs pour apprécier la qualité de vie on cherché à comparer à

nouveau les deux stratégies S_1 et S_2. Un premier expert propose de faire appel à une utilité « neumannienne » u définie sur l'ensemble des états de santé. Pour cette utilité u les deux états de santé « mort » (M) et « bonne santé » (BS) sont tels que :
– u(M) = 0 ;
– u(BS) = 1.

Cet expert estime que le traitement T_1 procure au patient une durée de vie de 7 ans dans un état e_1 qui, toutes variations confondues au cours des 7 années, est tel que :

$$u(e_1) = 0{,}25.$$

Il estime que le traitement T_2 procure au patient une durée de vie de 6 ans dans un état e_2 qui, toutes variations confondues au cours des 6 années, est tel que $u(e_2) = 0{,}30$. (Il pense donc, contrairement à ce qui a été mis en évidence en 3.1., que la qualité de vie procurée par le traitement T_2 est meilleure que celle procurée par le traitement T_1).

3.3.

3.3.1. Quelles sont les nombres de QALY procurés par chacun des deux traitements ?
Quel choix suggère ce résultat ?
Un second expert reprend les travaux de son collègue et compare lui aussi, en termes de QALYs les deux traitements T_1 et T_2.
Il reprend à son compte les augmentations de durées de vie de 7 ans (pour le traitement T_1) et de 6 ans (pour le traitement T_2) qui semblent admises pour l'ensemble des spécialistes de la question.
En revanche, pour ce qui est de la qualité de vie, il fait appel à une fonction d'utilité neumannienne v définie sur l'ensemble des états de santé. Cet expert estime qu'une utilité de valeur 0 correspond au « pire des états qui puisse exister » et il pense que la mort (M) n'est pas ce « pire de tous les états ». De ce fait, il a adopté, pour son utilité v les valeurs suivantes :
– v(M) = 0,2 ;
– v(BS) = 1.

Il estime aussi que son utilité neumannienne v et l'utilité neumannienne u employée par le premier expert traduisent exactement la même préférence sur les états de santé.
Il en résulte donc, en application de la théorie, qu'il existe deux nombres réels a et b (avec $a > 0$) tels que : $v = a\,u + b$.

3.3.2. Déduire de tout ce qui précède les valeurs de a et b.

3.3.3. En déduire les nombres de QALY procurés par les deux traitements, calculés par cet expert.
Quel choix suggère ce résultat ?

3.3.4. Comparer ce dernier choix avec celui du premier expert. Que pensez-vous de cette étude ?

Réponses

1. *Pour réaliser ces deux analyses, il faut déterminer les couts et bénéfices respectifs des stratégies S_1, S_2 et S_3 par rapport à la stratégie de référence S_0. Ces résultats sont les suivants :*

	Coût	*Bénéfice*	*Gain*	*Quotient Coût/Bénéfice*
S_1	850 – 0 = 850	(780 – 280) + (450 – 230) + (200 – 120) = 800	– 50	1,063
S_2	950 – 0 = 950	(780 – 250) + (450 – 190) + (200 – 110) = 880	– 70	1,080
S_3	1 045 – 0 = 1 045	(780 – 210) + (450 – 140) + (200 – 90) = 990	– 55	1,056

1.1. Agrégation coût-bénéfice absolue

Pour cette agrégation on considère les gains. On a donc $S_1 \geq S_3 \geq S_2$.

1.2. Agrégation coût-bénéfice relative

Pour cette agrégation on considère les quotients Coût/Bénéfice. On a donc cette fois $S_3 \geq S_1 \geq S_2$.

2.

2.1. Agrégation coût-efficacité parétienne

Dans chaque cas, chacune des stratégies est caractérisée par un couple (efficacité, coût).

Dans le cas 1, ces trois couples sont : $S_1 = (7\,;\, -50)$, $S_2 = (6\,;\, -70)$ et $S_3 = (4\,;\, -55)$.

La stratégie S_1 est donc la seule qui soit Paréto-optimale.

Dans le cas 2, ces trois couples sont $S_1 = (7\,;\, 1{,}063)$, $S_2 = (6\,;\, 1{,}080)$ et $S_3 = (4\,;\, 1{,}056)$.

La stratégie S_2 est dominée par S_1 qui est plus efficace et pour un coût d'unité de bénéfice plus faible.

En revanche S_3 n'est pas comparable à S_1. S_1 et S_3 sont paréto-optimales.

2.2. Agrégation coût-efficacité en moyenne

Dans le cas 1 les résultats sont les suivants : pour S_1, le coût de l'unité d'efficacité est 50/7 soit 7,15 ; pour S_2 il est de 70/6 soit 11,67 et pour S_3 de 55/4 soit 13,75. On a donc le classement $S_1 \geq S_2 \geq S_3$.

Dans le cas 2, les résultats sont plus délicats à interpréter, car ils représentent des coûts d'unité d'efficacité exprimés en termes de « coût d'unité de bénéfice ».

Pour S_1 le ratio est 7/1,063 soit 6,59, pour S_2 il est de 5,56, et pour S_3 de 3,79.

Le classement est alors le suivant : $S_3 \geq S_2 \geq S_1$.

Tout ceci montre bien à quel point les résultats d'une étude peuvent dépendre du choix des méthodologies.

3.

3.1. Stratégie préférée

Le simple examen des conditions montre que, pour 100 UM, la stratégie S_1 permet de vivre 7 ans dont 3 sans problème de qualité de vie, alors que S_2 ne permet de vivre que 6 ans dont une année seulement sans problème de qualité de vie. On choisit donc S_1 plutôt que S_2.

3.2. Coûts par QALY

La stratégie 1 produit donc au total, selon les investigations du Pr. MAD, le score suivant en « QALYs » : $3 \times 0{,}981 + 2 \times 0{,}760 + 2 \times 0{,}187 = 4{,}837$.

La stratégie 2 produit quant à elle, selon les recherches du Pr. Fuzzy, le score : $1 \times 0{,}992 + 2 \times 0{,}963 + 3 \times 0{,}911 = 5{,}651$.

On en déduit donc que le « nombre de QALYs » produits pour 100 UM est plus élevé avec la stratégie 2 qu'avec la stratégie 1. Si l'on se réfère à ces deux travaux publiés, alors on choisit la stratégie S_2 plutôt que S_1.

Ce résultat est contraire à l'intuition établie en 3.1.

Le paradoxe est facile à lever. En fait les deux études des Pr. Mad et Fuzzy, ne font pas références aux même grilles de Rosser : Mad se réfère à une grille (publiée) élaborée à partir d'avis de médecins, l'autre à partir d'avis d'infirmières. L'existence de ces deux grilles, ainsi que d'autre méthodes de mesure des QALY montrent en fait qu'il n'y a pas de véritable unité de mesure standard de la qualité de vie. Il n'y a pas de « QALY étalon », qui soit le même pour tous. Ces raisons font qu'il faut être très prudent lors de l'utilisation de QALYs, et éviter de baser toutes décisions sur la base de mesures comparatives de ce type.

Le « coût par QALY » de la stratégie S_1 est donc de $100/4{,}837 = 20{,}674$ et celui de la stratégie S_2 est : 17,696, mais cela n'a guère de sens, compte tenu de la remarque ci-dessus.

3.3.1. *Nombre de QALYs avec la fonction d'utilité u*

Ce nombre est donc de $7 \times 0{,}25 = 1{,}75$ pour la stratégie S_1 et de $6 \times 0{,}30$ pour la stratégie S_2 ce qui indique que $S_2 < S_1$.

3.3.2. *Paramètres a et b*

On doit avoir, pour tout état de santé s : $V(s) = a\,u(s) + b$.
On utilise cette relation pour les états M. et BS, et on en déduit $a = 0{,}8$ et $b = 0{,}2$.

3.3.3. *QALYs pour la fonction d'utilité v*

La stratégie S_1 produit les QALYs suivants : $7 \times v\,(e_1)$, soit $7 \times (0{,}8 \times u\,(e_1) + 0{,}2) = 7 \times (0{,}8 \times 0{,}25 + 0{,}2) = 2{,}80$.
La stratégie S_2 produit les QALYs suivants : $6 \times v\,(e_2)$, soit $6 \times (0{,}8 \times u\,(e_2) + 0{,}2) = 6 \times (0{,}8 \times 0{,}30 + 0{,}2) = 2{,}64$.
Il en résulte que ce nouvel expert établit $S_2 < S_1$.

3.3.4. *Interprétation*

Les tenants des QALYs établissent que le nombre de QALYs correspondant à la situation qui consiste à vivre t années dans un état de santé s est $t \times u(s)$ où $u(s)$ est l'utilité de l'état de santé s, mesuré au moyen de la fonction d'utilité u. Cette utilité u sur les états est, selon eux, de type neumannienne. Cela signifie que cette utilité traduit une préférence sur les états de santé, et que toute utilité v de la forme $v = a \times u + b$ où a est un réel strictement positif et b un réel exprime cette même préférence. Ainsi donc, si ces résultats étaient fondés, le classement des deux stratégies S_1 et S_2 devrait être le même, que l'on utilise la fonction u ou la fonction v. Comme ce n'est pas le cas, c'est que l'une au moins des hypothèses sur lesquelles s'appuient les tenants des QALYs n'est pas vérifiée. Peut-être est-ce celle qui suppose que la préférence sur les états de santé est neumannienne…

Problème 2

Dans un pays, on cherche à évaluer 2 nouvelles stratégies de traitement médicamenteux d'une pathologie. Ces stratégies sont notées M_1 et M_2. Elles sont susceptibles de se substituer à un ancien traitement médicamenteux noté M_0.

Pour l'évaluation de ces stratégies on se limite, dans un premier temps, à la considération de critères monétaires.

Les critères retenus sont les suivants : consultations et visites (C), produits pharmaceutiques (P), examens biologiques (B), dépenses diverses (D)- examens complémentaires, auxiliaires médicaux, etc.

Pour tous ces critères, on ne s'intéresse qu'aux coûts restant à la charge de l'organisme obligatoire de protection sociale du pays considéré.

Par une enquête, on a obtenu une estimation ponctuelle de ces coûts moyens pour chacune des quatre stratégies (par ailleurs, et dans chaque cas, la faible dispersion des valeurs observées nous autorise à travailler, dans la suite, avec ces coûts moyens), et pour l'ensemble de la population concernée. Le résultat de cette estimation est donné en millions d'Unités Monétaires (UM) du pays pour 1 000 personnes concernées. Les résultats sont consignés dans le tableau ci-dessous qui donne pour chaque traitement et pour chaque critère le coût correspondant.

Stratégie	*C*	*P*	*B*	*D*
M_0	650	1450	250	220
M_1	800	1250	450	300
M_2	900	1600	100	190

Agrégation « coût-bénéfice faible »

On se propose de travailler, en premier lieu, sur la base d'une agrégation dite « coût-bénéfice faible ».

Etant données deux stratégies M et M', on appelle coût de la stratégie M par rapport à la stratégie M' la somme des valeurs absolues des différences de coûts entre M et M', pour tous les critères pour lesquels M' est préférable à M, et on appelle bénéfice, ou avantage, de M par rapport à M' la somme des valeurs absolues des différences de coûts entre M et M' pour tous les critères pour lesquels M est préférable à M'.

La préférence obtenue par agrégation « coût-bénéfice faible » est celle qui consiste à décider que M est préféré à M' si et seulement si le bénéfice de M par rapport à M' est supérieur ou égal au coût de M par rapport à M'.

Dans une telle agrégation, toutes les stratégies sont traitées de la même façon et jouent des rôles équivalents.

Questions

1. Donner les résultats, sur l'ensemble {M_0, M_1, M_2} de la préférence obtenue au moyen d'une telle agrégation.

2. Agrégation « coût-bénéfice forte »

Dans une agrégation dite « coût-bénéfice forte », une des stratégies est choisie comme stratégie de référence. Si M_0 est la stratégie de référence, les coûts et bénéfices des autres stratégies sont calculés par rapport à cette stratégie de référence. Ainsi le coût de la stratégie M est la somme des valeurs absolues des différences de coûts entre M et M_0, pour les critères pour lesquels M_0 est préférable à M Le bénéfice de M est la somme des valeurs absolues des différences de coûts entre M et M_0, pour les critères pour lesquels M est préférable à M_0.

Il y a deux sortes d'agrégation coût-bénéfice forte.

La première, qui est appelée agrégation coût-bénéfice forte absolue consiste à construire la préférence suivante :

Étant données deux stratégies M et M' (évidemment autres que la stratégie de référence M_0), on dit que M est préférée à M' si et seulement si la différence « bénéfice de M moins coût de M » est supérieure à la différence « bénéfice de M' moins coût de M' ».

La seconde, qui est appelée agrégation coût-bénéfice forte relative consiste à construire la préférence suivante :

Étant données deux stratégies M et M' (évidemment autres que la stratégie de référence M_0), on dit que M est préférée à M' si et seulement si le ratio « coût de M divisé par bénéfice de M » est inférieur au ratio « coût de M' divisé par bénéfice de M' ».

Il est à remarquer que souvent, dans la littérature (y compris cet ouvrage !), on dit simplement agrégation coût-bénéfice au lieu de « coût-bénéfice forte ».

Dans la suite de ce problème, le traitement M_0 est considéré comme étant le traitement de référence.

Donner, en effectuant une agrégation coût-bénéfice forte absolue et une agrégation coût-bénéfice forte relative, la (ou les) préférence(s) du décideur. Comparer et commenter les résultats.

3. Agrégation coût-efficacité parétienne, en moyenne, marginale

On suppose désormais que les critères de coûts relatifs aux deux médicaments M_1 et M_2 sont agrégés en un seul critère qui est celui obtenu dans l'agrégation coût-bénéfice forte absolue.

À ce critère, on ajoute un critère d'efficacité qui est le « nombre de jours de crises évitées ».

Une enquête a donné, pour 1 000 individus de la population concernée, les résultats suivants en terme d'efficacité (exprimés ici en milliers de journées).

Stratégie	*Efficacité*
M_1	13,3
M_2	11,4

On rappelle que la préférence obtenue au moyen d'une agrégation coût efficacité parétienne est telle que une stratégie M. est préférée à une stratégie M' si et seulement si, M est préférée à M' à la fois sur le critère de coût et sur le critère d'efficacité.

3.1. Peut-on décider entre deux stratégies au moyen d'une agrégation coût-efficacité parétienne ? Qu'en serait-il entre M_1 et M_2 si, pour critère de coût agrégé, on avait pris le résultat donné par une agrégation coût-bénéfice forte absolue ? On ne reviendra pas ici sur les définitions des agrégations coût-efficacité en moyenne et marginale que l'on trouvera au chapitre 6 de cet ouvrage.

3.2. Laquelle des deux stratégies M_1 ou M_2 est-elle préférable si l'on se réfère à une agrégation coût efficacité en moyenne, les coûts étant ceux d'une agrégation coût-bénéfice forte absolue ?
Une analyse de sensibilité permet de penser que, pour ce qui est de la stratégie M_1, une variation d'efficacité de 1 (en milliers de journées en plus ou en moins) autour de l'efficacité estimée de 13,3 se traduit par une variation de coût égale à 4 (millions d'UM, en plus ou en moins). Les mêmes experts qui ont effectué cette agrégation pensent aussi que pour ce qui est de la stratégie M_2, une variation d'efficacité de 1 (en milliers de journées en plus ou en moins) autour de l'efficacité de 11,4 se traduit par une variation de coût égale à 5 (en plus ou en moins).

3.3. En fonction de cette information supplémentaire, et sachant que l'on souhaiterait obtenir un niveau d'efficacité de 13, indiquez la stratégie préférable au sens d'une agrégation coût-efficacité marginale.

4. Qualité de vie, loterie

On souhaite intégrer à cette agrégation une information sur la qualité de la vie. Pour cela, on envisage d'utiliser une procédure de loterie afin d'estimer, pour un patient donné, son utilité sur les états de santé.

Des experts en qualité de vie ont défini 5 états de santé caractéristiques de la pathologie considérée.

Ces états sont notés E_0, E_1, E_2, E_3, et E_4 : E_0 correspond à une atteinte perceptible uniquement à travers des examens cliniques et biologiques, E_1 correspond à une atteinte mineure, E_2 à une atteinte moyenne, E_3 à une atteinte sévère, et E_4 à une atteinte extrême.
Ces états forment un ensemble $\mathcal{E} = \{E_0, E_1, E_2, E_3, E_4\}$.

Il est établi que, au bout d'une durée donnée de traitement de 6 mois on obtient, pour des patients ayant le même niveau d'atteinte de la pathologie les résultats suivants en terme de qualité de vie :

– le traitement M_0 maintient dans l'état E_3 avec la probabilité 0,2 ou dans l'état E_4 avec la probabilité 0,8 ;
– le traitement M_1 maintient le patient dans l'état E_2 avec la probabilité 0,6 ou dans l'état E_3 avec la probabilité 0,3 ou dans l'état E_4 avec la probabilité 0,1 ;
– le traitement M_2 maintient le patient dans l'état E_1 avec la probabilité 0,2 ou dans l'état E_3 avec la probabilité 0,7 ou dans l'état E_4 avec la probabilité 0,1 ;
On considère un patient donné, et on cherche, dans un premier temps, à s'assurer que la propriété due aux utilités neumannienne définie sur l'ensemble des loteries sur E est vérifiée.
Avant de procéder à ce travail de vérification, on rappelle ici quelques propriétés et définitions.
L'ensemble $\mathcal{L}(\mathcal{E})$ des loteries sur $\mathcal{E}$ est l'ensemble des 5-uples de la forme $(p_0, p_1, p_2, p_3, p_4)$ où p_0, p_1, p_2, p_3 et p_4 sont des nombres positifs dont la somme est égale à 1. La loterie :

$$\ell = (p_0, p_1, p_2, p_3, p_4)$$

serait ainsi la loterie qui vous accorderait l'état E_0 avec une probabilité p_0, l'état E_1 avec une probabilité p_1, etc.

Si u est une utilité neumannienne sur $\mathcal{L}(\mathcal{E})$, et si on considère les loteries :

$$\ell_0 = (1, 0, 0, 0, 0)$$
$$\ell_1 = (0, 1, 0, 0, 0)$$
$$\ell_2 = (0, 0, 1, 0,0)$$
$$\ell_3 = (0, 0, 0, 1, 0)$$
$$\ell_4 = (0, 0, 0, 0, 1)$$

alors il est commode de noter :
$u(E_0)$ pour $u(\ell_0)$, $u(E_1)$ pour $u(\ell_1)$, $u(E_2)$ pour $u(\ell_2)$, $u(E_3)$ pour $u(\ell_3)$ et $u(E_4)$ pour $u(\ell_4)$ (bien que cette notation soit abusive et puisse prêter à confusion...).

Le fait que u soit neumannienne se traduit par la propriété fondamentale suivante :

si ℓ est la loterie $\ell = (p_0, p_1, p_2, p_3, p_4)$, alors on a
$u(\ell) = p_0\, u(E_0) + p_1\, u(E_1) + p_2\, u(E_2) + p_3\, u(E_3) + p_4\, u(E_4)$ (propriété 1)
Par ailleurs, si u_1 et u_2 sont deux utilités neumanniennes traduisant la même préférence sur l'ensemble $\mathscr{L}(\mathcal{E})$ des loteries, alors il existe deux réels α et β, avec $\alpha > 0$ tels que :

$u1 = \alpha\, u_2 + \beta$ (propriété 2)

On considère un patient donné dont la préférence sur l'ensemble $\mathscr{L}(\mathcal{E})$ est caractérisée par une utilité neumannienne. On a soumis ce patient à deux expérimentations différentes qui permettent de mesurer les valeurs de deux fonctions d'utilité u_1 et u_2 traduisant sa préférence sur les loteries donnant avec certitude chacun des lots de l'ensemble $\mathcal{E}$.

Les résultats transmis par l'expérimentateur sont les suivants :

	E_0	E_1	E_2	E_3	E_4
u_1 (.)	1,50	1,00	0,80	0,25	0,00
u_2 (.)	1,00	0,60		0,00	

4.1. Au vu de ce résultat, et admettant que u_1 et u_2 possèdent bien la propriété 1, peut-on s'assurer de la propriété 2 ?

4.2. En admettant que cette propriété 2 soit vérifiée, compléter le tableau ci-dessus, dont un expérimentateur maladroit a effacé deux cases.

4.3. En déduire la préférence du patient considéré sur l'ensemble $\{M_0, M_1, M_2\}$.

Réponses

1. *On effectue les comparaisons des stratégies deux à deux.*
Comparaison M_0 et M_1 :
ensemble des critères pour lesquels M_0 est préféré à M_1 : {C, B, D}
ensemble des critères pour lesquels M_1 est préféré à M_0 : {P}
coût M_1 par rapport à M_0 : $(800 - 650) + (450 - 250) + (300 - 220) = 430$
bénéfice de M_1 par rapport à M_0 : $(1450 - 1250) = 200$

Comparaison M_0 et M_2 :
ensemble des critères pour lesquels M_0 est préféré à M_2 : {C, P}

ensemble des critères pour lesquels M_2 est préféré à M_0 : {B, D}
coût de M_2 par rapport à M_0 :
$(900 - 650) + (1600 - 1450) = 400$.
bénéfice de M_2 par rapport à M_0 :
$(250 - 100) + (220 - 190) = 180$

Comparaison de M_1 et M_2 :
ensemble des critères pour lesquels M_1 est préféré à M_2 :
{C, P}

ensemble des critères pour lesquels M_2 est préféré à M_1 : {B, D}
coût de M_2 par rapport à M_1 :
$(900 - 800) + (1600 - 1250) = 450$.
bénéfice de M_2 par rapport à M_1 :
$(450 - 100) + (300 - 190) = 460$
Il en résulte que les gains sont les suivants :
Gain de M_1 par rapport à M_0 :
$200 - 430 = -230$
Gain de M_2 par rapport à M_0 :
$180 - 400 = -220$
Gain de M_2 par rapport à M_1 :
$460 - 450 = 10$
Par suite, pour l'agrégation coût-bénéfice faible, on à les relations suivantes :

$$M_0 \geq M_2 \geq M_1$$

2. *Les résultats de l'agrégation coût-bénéfice forte absolue sont les suivants.*

D'après ce qui a été établi ci-dessus, la différence « bénéfice de M_1 moins coût de M_1 », ce qui est encore appelé ci-dessus gain de M_1 par rapport à M_0 est – 230. De même, le gain de M_2 par rapport à M_0 est – 220.
Il en résulte que l'on a $M_2 \geq M_1$.
Les résultats de l'agrégation coût-bénéfice forte relative nécessitent le calcul des ratios suivants :
Coût de M_1/Bénéfice de M_1 = 430/200 = 2,15.
Coût de M_2/Bénéfice de M_2 = 400/180 = 2,22
Il en résulte que l'on a $M_1 \geq M_2$.

3. *Une agrégation parétienne peut ne pas permettre de comparer deux stratégies : c'est le cas si l'une est plus efficace que l'autre et en même temps plus coûteuse.*

3.1. *Pour ce qui est de M_1 et M_2, on a M_1 plus efficace que M_2 et justement, si on agrège les coûts par une analyse coût-bénéfice absolue, M_2 moins coûteuse que M_1. Elles ne sont donc pas comparables au sens de l'agrégation coût-efficacité parétienne.*

3.2. *Pour ce qui est de l'agrégation coût-efficacité en moyenne, les coûts par unité d'efficacité sont respectivement de 230/13,3 = 17,30 pour M_1 et de 220/11,4 = 19,30 pour M_2. On a donc, pour cette procédure : $M_1 \geq M_2$.*

3.3. *Les informations données laissent à penser que l'on peut estimer que « au voisinage de 13,3 » pour M_1 d'une part, « au voisinage de 11,4 » pour M_2, d'autre part, la variation du coût en fonction de l'efficacité est dans chacun des deux cas modélisable par une fonction affine.*
Pour M_1, cette fonction est de la forme
Coût = $a_1 \times$ efficacité + b_1
et les informations dont nous disposons permettent de dire que pour la valeur 13,3 de l'efficacité le coût est de 230 soit :
$230 = a_1 \times 13{,}3 + b_1$(1)
et que une unité supplémentaire d'efficacité augmente le cout de 4 (UM) soit :
$230 + 4 = a_1 \times (13{,}3 + 1) + b_1$(2).

Des équations (1) et (2) on déduit aisément que :
$a_1 = 4$
$b_1 = 176{,}8$

et donc que la liaison entre efficacité et coût est, pour la stratégie M_2, « au voisinage de 13,3 » de la forme :
coût = 4 × efficacité + 176,8.
Un travail exactement analogue mené avec la stratégie M_2 conduit à établir que, pour la stratégie M_1, « au voisinage de 11,4 » la liaison entre l'efficacité et le coût est de la forme :

coût = 5 × efficacité + 163,0.

Pour un niveau d'efficacité de 13, et si l'on considère que cette valeur est « assez proche de 13,3 » et « de 11,4 » alors les coûts pour chacune des deux stratégies sont les suivants :

	Stratégie M_1	*Stratégie M_2*
Coût	*4 × 13 + 176,8 = **228,8***	*5 × 13 + 163,0 = **228,0***

Si donc les hypothèses d'approximation affine sont valides, alors au niveau 13 d'efficacité, il vaut mieux choisir la stratégie M_2.
On peut d'ailleurs vérifier que, jusqu'au niveau 13,8 (cf. graphique ci-dessous) d'efficacité, M_2 est moins coûteuse que M_1 ; à 13,8 M_1 et M_2 ont le même coût, au delà de 13,8 M_1 est moins coûteuse ; tout ceci évidemment sous réserve que les hypothèses de comportement affine restent valides…

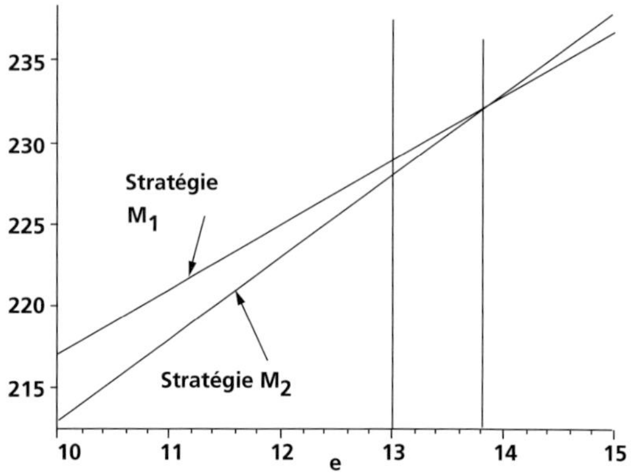

4.1. *Supposons qu'il existe deux réels α et β ($\alpha > 0$) tels que :*

$$u_1(.) = \alpha\, u_2(.) + \beta.$$

Appliquée aux deux loteries qui donnent les résultats certains E_0 et E_3, cette relation permet d'établir que :

$u_1(E_0) = \alpha u_2(E_0) + \beta$, soit encore d'après le tableau : $1,5 = \alpha + \beta$,

et

$u_1(E_3) = \alpha u_2(E_3) + \beta$, soit encore d'après le tableau : $0,25 = \beta$.

De ces deux résultats on tire donc que :

$\beta = 0,25$

$\alpha = 1,25$.

Par suite on doit avoir $u_2(E_1) = (1/\alpha)\, u_1(E_1) - \beta/\alpha$, soit $= 0,8 - 0,2 = 0,6$ ce qui est bien le cas (tableau de l'énoncé).

4.2. *On doit donc avoir :*

$$u_2(E_2) = 0,8 \times 0,8 - 0,2 = 0,44$$
$$u_2(E_4) = 0,8 \times 0,00 - 0,2 = -0,2$$

ce qui donne le tableau complété suivant :

Obtenir avec certitude	E_0	E_1	E_2	E_3	E_4
$u_1(.)$	1,50	1,00	0,80	0,25	0,00

Obtenir avec certitude	E_0	E_1	E_2	E_3	E_4
$u_2(.)$	1,00	0,60	0,44	0,00	– 0,20

4.3. *Le traitement M_0 conduit à la loterie ℓ_0 suivante :*

$\ell_0 = (0, 0, 0, 0.2, 0.8)$

dont l'utilité (on peut prendre $u_1(.)$, mais le résultat final serait le même avec $u_2(.)$) est :

$u_1(\ell_0) = 0.2 \times u_1(E_3) + 0.8 \times u_1(E_4) = 0,050$.

Le traitement M_1 conduit à la loterie ℓ_1 suivante :

$\ell_1 = (0, 0, 0.6, 0.3, 0.1)$

dont l'utilité $u_1(.)$ est

$u_1(\ell_1) = 0.6 \times u_1(E_2) + 0.3 \times u_1(E_3) + 0.1 \times u_1(E_4) = 0.555$.

Le traitement M_2 conduit à la loterie ℓ_2 suivante :

$\ell_2 = (0, 0.2, 0, 0.7, 0.1)$

dont l'utilité $u_1(.)$ est :

$u_1(\ell_2) = 0.2 \times u_1(E_1) + 0.7 \times u_1(E_3) + 0.1 \times u_1(E_4) = 0.3750$

La préférence du patient est donc : $M_1 \geq M_2 \geq M_0$

Problème 3

On se propose de comparer deux stratégies de traitement d'une maladie.

La première stratégie, est basée sur l'utilisation d'un médicament A. Ce médicament est administré au patient, pendant une durée parfaitement déterminée, avec un dosage spécifique de 100 mg par jour de traitement. Il apparaît que, au bout de quelques jours de traitement, certains patients montrent des réactions nécessitant l'arrêt du traitement. On notera P_{AA} la probabilité pour qu'un patient soumis au traitement doive l'interrompre.

Pour un patient ayant pu suivre le traitement jusqu'au bout, deux possibilités apparaissent :

— soit le patient est guéri et le traitement se solde donc par un succès en un seul traitement ;

— soit le patient n'est pas guéri et on doit poursuivre la stratégie.

On notera P_{AS1} la probabilité pour qu'un patient soumis au traitement soit effectivement guéri par ce seul traitement et P_{AE1} la probabilité pour qu'il ne le soit pas.

Un patient ayant suivi jusqu'au bout le premier traitement mais sans succès, est soumis à un deuxième traitement, avec le même principe actif, mais avec un dosage plus élevé de 200 mg par jour. Les expérimentations ont montré que tous les patients allaient jusqu'au bout du traitement. À l'issue de ce second traitement, une partie des patients sont guéris, les autres pour lesquels ce second traitement est aussi un échec seront soumis à un troisième traitement. On notera P_{AS2} la probabilité qu'un patient soumis au second traitement soit guéri à l'issue de ce traitement, et P_{AE2} la probabilité qu'il ne soit pas guéri et doive donc être soumis à un troisième traitement.

Les patients qui ont subi les deux premiers traitements sans être guéris sont soumis à un troisième traitement toujours avec le même principe actif, mais avec un dosage à 300 mg.

À l'issue de ce dernier traitement, une partie des patients l'ayant subi sont guéris. Pour l'autre partie, on considère que la stratégie basée sur l'utilisation du médicament A est un échec. On notera P_{AS3} la probabilité pour qu'un patient ayant subi le troisième traitement soit guéri et P_{AE3} la probabilité pour qu'il ne le soit pas.

La seconde stratégie est basée sur l'utilisation d'un médicament B selon un protocole exactement semblable à celui décrit pour le médicament A. On notera P_{BA} (probabilité d'abandon du traitement par le médicament B), P_{BS1} (probabilité de succès du premier traitement par le médicament B), P_{BE1} (probabilité d'échec du premier traitement par le médicament B), P_{BS2} (probabilité de succès du second traitement par le médicament B), P_{BE2} (probabilité d'échec du second traitement par le médicament B), P_{BS3} (probabilité de succès du troisième traitement par le médicament B) et P_{BE3} (probabilité d'échec du troisième traitement par le médicament B), les probabilités correspondant à ce traitement B et analogues à celles décrites plus haut pour le traitement A.

On parlera désormais de la stratégie A pour décrire l'ensemble des modalités du traitement par le médicament A, et de la stratégie B pour décrire l'ensemble des modalités du traitement par le médicament B.

Questions

1. Calculer $P_{AA} + P_{AS1} + P_{AE1}$, $P_{AS2} + P_{AE2}$, $P_{AS3} + P_{AE3}$ qui concernent le traitement A et de même $P_{BA} + P_{BS1} + P_{BE1}$, $P_{BS2} + P_{BE2}$, $P_{BS3} + P_{BE3}$ qui concernent le traitement B.

2. On peut modéliser chacune des stratégies A et B par un arbre de décision. Représenter ces deux arbres de décision en indiquant pour chacune des branches la situation qu'elle représente et la probabilité correspondante.

3. On suppose que N patients sont soumis à la stratégie A.
Exprimer en fonction des diverses probabilités P_{AA}, P_{AS1}, P_{AE1}, P_{AS2}, P_{AE2}, P_{AS3} et P_{AE3} les nombres suivants :
n_{AA}, nombre de patients devant abandonner le traitement par le médicament A
n_{AS1}, nombre de patient guéris par le premier traitement du médicament A
n_{AS2}, nombre de patients guéris en deux traitements du médicament A
n_{AS3}, nombre de patients guéris en trois traitements du médicament A
n_{AE3}, nombre de traitement pour lesquels les trois traitements du médicament A ont été un échec.
Pour N patients soumis à la stratégie B on calcule évidemment les nombres analogues n_{BA}, n_{BS1}, n_{BS2}, n_{BS3} et n_{BE3} en fonction des probabilités P_{BA}, P_{BS1}, P_{BE1}, P_{BS2}, P_{BE2}, P_{BS3} et P_{BE3}.
Quelle que soit la stratégie A ou B, on considère que les patients qui ont dû abandonner le traitement et ceux qui ne sont pas guéris à l'issue du troisième traitement sont des échecs et que les autres sont des succès.

4. Calculer, pour chacune des deux stratégies, et en fonction des divers paramètres introduits jusqu'ici, le taux de succès.

On se propose maintenant d'analyser les coûts des deux stratégies. Ces coûts sont exprimés en unité monétaire UM.

On estime que, pour un patient, les coûts du premier traitement sont respectivement C_{A1} et C_{B1}. En cas d'arrêt de ce premier traitement, on estime que, bien que le traitement n'ait pas été administré jusqu'au bout, le coût final est égal au coût du traitement, en raison de coûts liés à la procédure d'arrêt. On estime à C_{A2} et C_{B2}, C_{A3} et C_{B3} les coûts respectifs pour les stratégies A ou B, du deuxième puis du troisième traitement d'un patient.

5. Calculer, pour la stratégie A, les coûts de traitements suivants :
C_{AA}, coût d'un patient dont le traitement a du être interrompu
C_{AS1}, coût d'un patient guéri en un seul traitement
C_{AS2}, coût d'un patient guéri en deux traitements
C_{AS3}, coût d'un patient guéri en trois traitement
C_{AE3}, coût d'un patient non guéri après trois traitements.
On effectue des calculs analogues pour la stratégie B.

6. Déduire des résultats précédents les ratios coût-efficacité CE_A et CE_B de chacune des deux stratégies.

Pour estimer les différentes probabilités évoquées ci-dessus, on se base sur des résultats publiés de plusieurs essais réalisés dans des conditions analogues pour chacun des deux médicaments A et B.
On dispose de 5 études pour le médicament A.

Les résultats de ces études sont rassemblés dans le tableau ci-après :

Médicament A	*Étude 1*	*Étude 2*	*Étude 3*	*Étude 4*	*Étude 5*
arrêt	76	15	212	105	29
succès 1	74	14	80	90	42
succès 2	56	30	65	143	26
succès 3	45	12	59	60	16
échec	46	15	61	57	18
Total	297	71	416	398	113

Ce tableau donne, pour chacune des études, le nombre de sujets ayant du arrêter le traitement (arrêt), le nombre de patients guéris en un seul traitement (succès 1), le nombre de patients guéris en deux traitement (succès 2), le nombre de patients guéris en trois traitements (succès 3), le nombre de patients non guéris à l'issue des 3 traitements (échec) et le nombre total de patients de l'étude (total).

Pour ce qui est de la stratégie B, on dispose de 4 études dont les résultats sont rassemblés dans le tableau suivant dont la lecture est analogue à ce qui a été dit pour la stratégie A :

Médicament B	*Étude 1*	*Étude 2*	*Étude 3*	*Étude 4*
arrêt	103	54	293	153
succès 1	89	25	145	132
succès 2	68	27	108	163
succès 3	87	12	64	78
échec	32	15	52	41
Total	379	118	610	526

7. Estimer, à partir de ces informations, les diverses probabilités suivantes :

P_{AA}, P_{AS1}, P_{AE1}, P_{AS2}, P_{AE2}, P_{AS3} et P_{AE3}
P_{BA}, P_{BS1}, P_{BE1}, P_{BS2}, P_{BE2}, P_{BS3} et P_{BE3}

Les coûts pour le traitement A sont connus et sont les suivants :

$$C_{A1} = 2\,500$$
$$C_{A2} = 3\,800$$
$$C_{A3} = 4\,900$$

Le traitement B étant nouveau, le laboratoire qui produit ce médicament se propose de déterminer des valeurs de C_{B1}, C_{B2} et C_{B3} qui assurent un meilleur critère coût-efficacité pour son produit. Le laboratoire estime que la relation suivante :

$$C_{B2} = C_{B1} + x$$
$$C_{B3} = C_{B1} + 2x$$

avec C_{A1} égal à 2 900 et x au moins égal à 1 000 relie ces divers cours.

8. Calculer C_{EB} pour $x = 1000$ et comparer avec C_{EA}.

Réponses

1. *On établit facilement que $P_{AA} + P_{AS1} + P_{AE1} = 1$, $P_{AS2} + P_{AE2} = 1$, $P_{AS3} + P_{AE3} = 1$. On a les mêmes résultats pour la stratégie B.*

2. *Voici l'arbre de décision pour la stratégie A. Celui de la stratégie B est tout à fait semblable.*

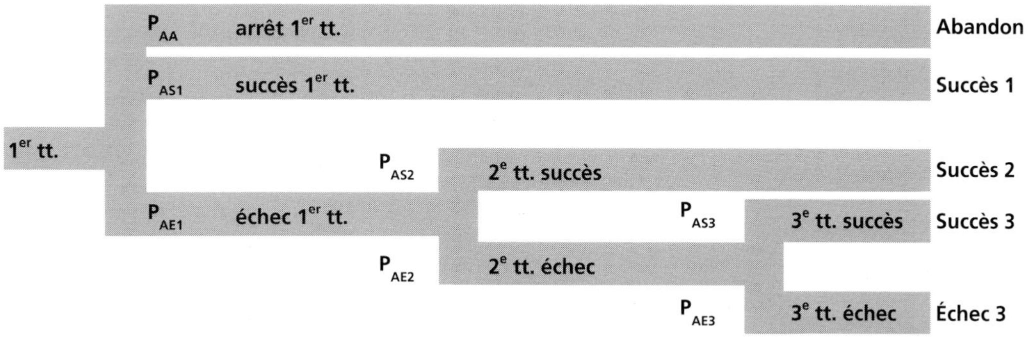

3. *En s'inspirant de l'arbre, on établit que l'on a :*

$n_{AA} = N \times P_{AA}$
$n_{AS1} = N \times P_{AS1}$
$n_{AS2} = N \times P_{AE1} \times P_{AS2}$
$n_{AS3} = N \times P_{AE1} \times P_{AE2} \times P_{AS3}$
$n_{AE3} = N \times P_{AE1} \times P_{AE2} \times P_{AE3}$

On a des résultats analogues pour la stratégie B.

4. *Les succès correspondent au sorties SUCCÈS 1, SUCCÈS 2 ou SUCCÈS 3 de l'arbre.*
Par suite le taux de succès pour la stratégie A est : $(n_{AS1} + n_{AS2} + n_{AS3})/N$ soit encore, après simplification par N : $P_{AS1} + P_{AE1} x P_{AS2} + P_{AE1} x P_{AE2} x P_{AS3}$

5. *On a :*

$C_{AA} = C_{A1}$
$C_{AS1} = C_{A1}$
$C_{AS2} = C_{A1} + C_{A2}$
$C_{AS3} = C_{A1} + C_{A2} + C_{A3}$
$C_{AE3} = C_{A1} + C_{A2} + C_{A3}$

6. *On en déduit, pour le traitement de N patients par la stratégie A, que le coût total est C_{TA} :*

$C_{TA} = C_{AA} \times n_{AA} + C_{AS1} \times n_{AS1} + C_{AS2} \times n_{AS2} + C_{AS3} \times n_{AS2} + C_{AE3} \times n_{AE2}$

$= N \times [C_{A1} \times P_{AA} + C_{A1} \times P_{AS1} + (C_{A1} + C_{A2}) \times P_{AE1}\ x\ P_{AS2} + (C_{A1} + CA2 + C_{A3}) \times P_{AE1} \times P_{AE2} \times P_{AS3} + (C_{A1} + C_{A2} + C_{A3}) \times P_{AE1} \times P_{AE2} \times P_{AE3}]$

$= N \times [C_{A1} \times P_{AA} + C_{A1} \times P_{AS1} + (C_{A1} + C_{A2}) \times P_{AE} \times P_{AS2} + (C_{A1} + C_{A2} + C_{A3})\ x\ P_{AE1} \times P_{AE2}]$

L'efficacité étant égale au nombre de succès N_{SA} qui est :

$N_{SA} = n_{AS1} + n_{AS2} + n_{AS3}$
$= N \times [P_{AS1} + P_{AE1} \times P_{AS2} + P_{AE1} \times P_{AE2} \times P_{AS3}]$

D'où le ratio coût-efficacité pour la stratégie A :

$C_{EA} = C_{TA}/N_{SA}$
$= [C_{A1} \times P_{AA} + C_{A1} \times P_{AS1} + (C_{A1} + C_{A2}) \times P_{AE1} \times P_{AS2} + (C_{A1} + C_{A2} + C_{A3}) \times P_{AE1} \times P_{AE2}] / [P_{AS1} + P_{AE1} \times P_{AS2} + P_{AE1} \times P_{AE2} \times P_{AS3}]$

7. *Pour l'estimation des probabilités, et compte tenu du fait que les différentes études sont, semble-t-il comparables, on peut calculer les effectifs de l'ensemble des études.*

Ceci nous donne, pour les deux stratégies, les estimations suivantes pour les diverses probabilités :

	Stratégie A		*Stratégie B*	
	effectif	**probabilités**	**effectif**	**pourcentage**
arrêt	437	$P_{AA} = 0{,}337$	603	$P_{BA} = 0{,}369$
succès 1	300	$P_{AS1} = 0{,}232$	391	$P_{BS1} = 0{,}239$
succès 2	320	$P_{AS2} = 0{,}451$	366	$P_{BS2} = 0{,}490$
succès 3	192	$P_{AS3} = 0{,}494$	241	$P_{BS3} = 0{,}633$
échec	197	$P_{AE3} = 0{,}506$	140	$P_{BE3} = 0{,}367$
Total	1 295		1 633	

8. *On trouve $C_{EA} = 9\,751$ et, pour $x = 1\,000$, on a $C_{EB} = 9\,699$, ce qui met la stratégie B un peu moins coûteuse à l'unité que la stratégie A. Pour $x = 1\,037$ on trouve $C_{EB} = C_{EA}$.*

Problème 4

La résolution de ce problème nécessite le recours à des outils de calcul, tels que calculatrice programmable, logiciel tableur ou, si possible, logiciel de traitement de données statistiques.

On a relevé, dans le tableau suivant, pour un ensemble de 29 pays, les observations suivantes :

Variable	*Notation*
Pourcentage des femmes dans la population totale	% Femmes
PIB par habitant, exprimé en euro par habitant avec parité de pouvoir d'achat	PIB hab
Dépense de santé, exprimée en euro par habitants avec parité de pouvoir d'achat	DS hab
Couverture sociale, exprimée en pourcentage de la population bénéficiant d'une couverture sociale	CS %

Les résultats observés sont les suivants (source : Eco-Santé 2000, OCDE/CREDES).

	% Femmes	*PIB/hab*	*DS/hab*	*CS %*
Allemagne	51,4	17 635,0	1 709,0	92,2
Australie	50,2	17 558,0	1 436,0	100,0
Autriche	51,6	17 882,0	1 440,0	99,0
Belgique	51,1	18 418,0	1 496,0	98,5
Canada	50,5	18 409,0	1 857,0	100,0
Corée	49,7	13 725,0	693,0	100,0
Danemark	50,7	18 415,0	600,0	100,0
Espagne	51,0	12 432,0	941,0	99,5
Etats-Unis	51,2	22 994,0	3 205,0	44,0
Finlande	51,4	14 891,0	1 242,0	100,0
France	51,3	17 779,0	1 724,0	99,5
Grèce	50,6	10 299,0	855,0	100,0
Hongrie	52,1	9 834,0	668,0	99,0
Irlande	50,3	13 367,0	1 040,0	100,0
Islande	49,8	17 535,0	1 450,0	100,0
Italie	51,4	16 708,0	1 429,0	100,0
Japon	50,9	19 276,0	1 272,0	100,0
Luxembourg	50,9	26 082,0	1 750,0	100,0
Mexique	50,9	7 362,0	330,0	67,0
Norvège	50,5	19 940,0	1 607,0	100,0
Nlle-Zélande	50,8	14 038,0	1 017,0	100,0

	% Femmes	*PIB/hab*	*DS/hab*	*CS %*
Pays-Bas	50,6	16 606,0	1 558,0	70,9
Pologne	51,3	7 272,0	468,0	100,0
Portugal	51,8	10 854,0	815,0	100,0
Royaume-Uni	51,1	16 119,0	9,0	100,0
Rép. tchèque	51,4	12 333,0	882,0	100,0
Suisse	51,2	22 016,0	2 059,0	99,5
Suède	50,6	15 722,0	1 405,0	100,0
Turquie	49,4	5 186,0	192,0	66,0

On se propose alors d'expliquer, au moyen d'un modèle économétrique de type linéaire, le niveau des dépenses de santé par une ou plusieurs des autres variables figurant dans ce tableau.
Au préalable, on procédera à une description statistique des observations faites.

Questions

1. Calculer, pour chacune des variables de ce tableau, sa moyenne et son écart-type.

2. Calculer les cœfficients de corrélation de ces variables prises deux à deux.

3. Représenter graphiquement les nuages de points correspondant à la représentation simultanée des variables CS_% et DS_hab d'une part, % Femmes et DS_hab d'autre part, et enfin PIB_hab et DS_hab.
Les résultats obtenus en question 2 pouvaient-ils laisser présager ces graphiques ?

4. On se propose de construire un modèle explicatif de type linéaire, permettant d'estimer, pour un pays donné,
le montant des dépenses de santé par habitant
en fonction du pourcentage de femmes, du PIB par habitant, des dépenses de santé par habitant et du taux de couverture sociale.
Écrire l'équation du modèle envisagé ci-dessus.

5. En utilisant un outil logiciel spécifique de statistique on a obtenu les résultats suivants :

$$R = 0{,}929$$
$$R\text{-deux} = 0{,}863$$
$$F\ (3{,}25) = 52{,}494 \quad P = 0{,}000$$

Quelle est la signification de ce résultat ?

6. Le même logiciel donne les résultats complémentaires suivants :
Quelle est la signification de la colonne « coefficient » ?

	coefficient	*t*	*p-value*	*B. inf. 95 %*	*B. sup. 95 %*
constante	– 5 303,63	– 1,456	0,158	– 12 804,131	2 196,879
%_Femmes	120,443	1,667	0,108	– 28,395	269,282
PIB_hab	0,111	11,980	0,000	0,092	0,130
CS_hab	– 13,351	– 4,126	0,000	– 20,016	– 6,687

7. Quelle est la signification des colonnes « t » et « p-value » ?

8. Quelle est la signification des colonnes B. inf. et B. sup. ?

9. Que vous suggèrent ces différents résultats ?

Réponses

1. *Le résultat est le suivant :*

	Moyenne	*Écart-type*
% Femmes	50,89	0,61
PIB hab	15 540,93	4 725,60
DS hab	1284,79	586,80
CS %	94,31	13,59

2. *Le résultat est le suivant :*

	% Femmes	*PIB hab*	*DS hab*	*CS %*
% Femmes	1,000	0,068	0,142	0,143
PIB hab	0,068	1,000	0,874	0,082
DS hab	0,142	0,874	1,000	– 0,218
CS %	0,143	0,082	– 0,218	1,000

3. *Les graphiques demandés sont les suivants :*

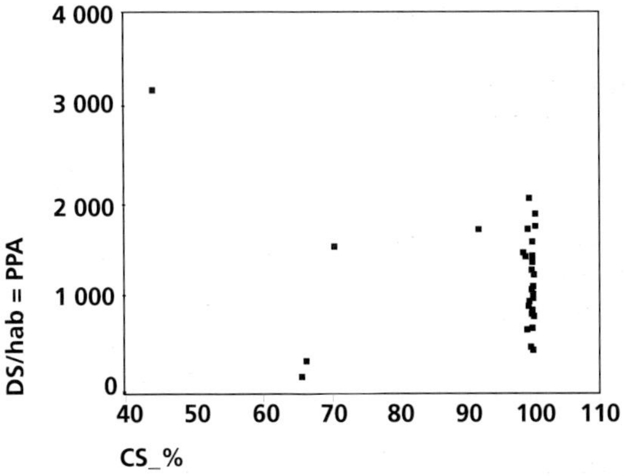

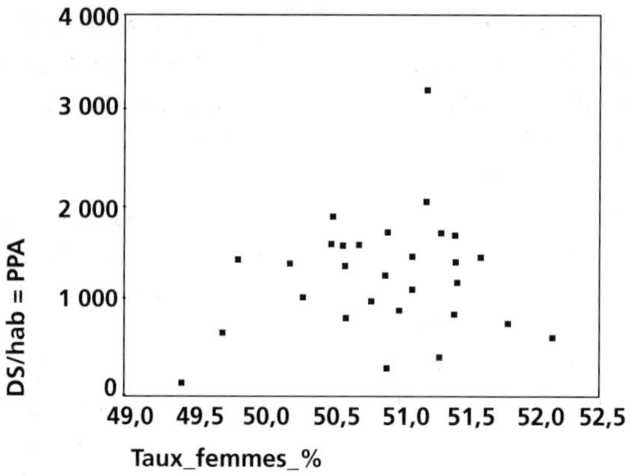

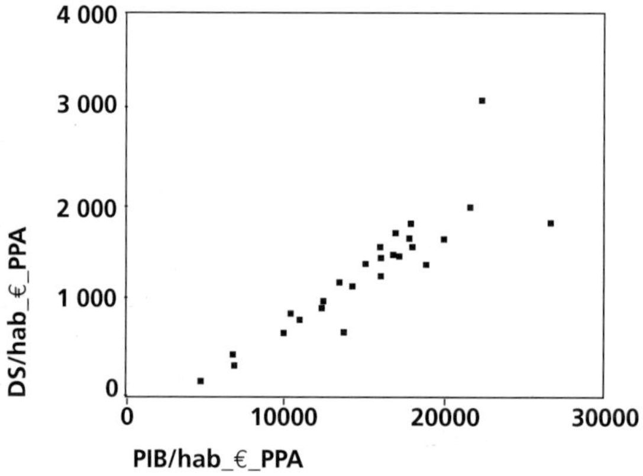

On pouvait s'attendre à de tels graphiques, compte tenu des valeurs des coefficients de corrélation.

4. *L'équation recherchée est de la forme :*

DS_hab(x) = a + b % Femmes(x) + c PIB_hab(x) + d CS %(x) + $\mathcal{E}$(x)
où x désigne un pays donné, DS_hab(x) la dépense de santé par habitant du pays x, PIB_hab(x) le PIB par habitant de x, CS %(x) le taux de couverture de x et $\mathcal{E}$(x) un terme aléatoire dépendant de x, tandis que a, b, c et d sont des nombres réels.

En écrivant cette équation, on dit que l'on a « spécifié un modèle ». Il s'agit en l'occurrence d'un modèle linéaire. Ce modèle sera parfaitement connu lorsqu'on connaîtra les coefficients a, b, c et d qui sont des nombres réels que l'on devra « estimer », en faisant en sorte que « globalement » les $\varepsilon(x)$, que l'on appelle les résidus, soient « les plus petit possible ». Pour ce dernier point, le modèle linéaire propose un critère qui exige que la somme des $\varepsilon(x)^2$ calculée pour l'ensemble des pays x qui figurent dans le fichier de données, soit minimale, ce qui a bien entendu une influence sur les valeurs de a, b, c et d.

5. *Le R-deux (c'est-à-dire R^2) est compris entre 0 et 1, et il est un indicateur de la qualité du modèle linéaire : plus il est proche de 1, meilleur est le modèle. Si le R-deux est nul le modèle n'est pas valable, c'est-à-dire que la spécification faite n'est pas bonne et il faut donc en chercher une autre.*

Le modèle qui se cache derrière la méthode d'estimation des coefficients est *un modèle probabiliste. La valeur obtenue pour R-deux est en fait une estimation ponctuelle. On démontre que, sous l'hypothèse que le modèle n'est pas valable, alors l'expression $f = R_2 (n - p - 1) / p (1 - R^2)$, dans laquelle n est le nombre de pays (n = 29) et p le nombre de variables explicatives (p = 3), est la réalisation d'un variable F (variable de Fischer-Snédécor) de degrés de liberté respectifs p, soit 3, et (n-p-1), soit 25 (on dit une loi F(p, n-p-1) soit ici une loi F (3,25).*

Le calcul donne R-deux = 0,863 et on a donc f = 52,494. On vérifie sur une table que la probabilité qu'une variable F (3,25) dépasse la valeur 52,494 donnée par le calcul du modèle, est très largement inférieure à 0,0001. Cela prouve que la valeur du R-deux est significativement différente de 0 et que le modèle est « globalement » valide.

6. *La colonne « coefficient » donne des estimations ponctuelle (rappelons que l'on est dans un contexte probabiliste) des différents coefficients a, b, c ou d qui figurent dans l'équation de la question 4. L'estimation est :*

a = – 5 303,43 ; b = 120,443 ; c = 0, et d = – 13,351.

7. *Comme pour le R-deux, les valeurs ci-dessus sont des estimations ponctuelles.*

La théorie du modèle linéaire montre que, dans chaque cas de paramètre, si l'on fait l'hypothèse que ce paramètre est réellement égal à 0, alors l'estimation ponctuelle observée est liée à la réalisation d'une loi de Student (appelée, loi T). dont le nombre de degrés de liberté est : nombre de pays – nombre de variable – 1, soit 29 – 3 – 1 = 25.

Ainsi, l'estimation ponctuelle de la constante « a » correspond à la valeur t calculée de la variable de Student associée (à 25 degrés de lberté) égale à – 1,456 (c'est-à-dire t = – 1,456). Or, pour une telle variable de Student, il y a une probabilité de seulement 1 – 0,108 = 0,892 que la valeur observée soit comprise entre – 1,456 et + 1,456.

Si l'on accepte un risque de seulement 5 % de rejeter l'hypothèse a = 0 alors qu'elle serait vraie, il faudrait que le t calculé soit extérieur à l'intervalle [– 2,385 ; + 2,385], intervalle qui contient 95 % des observations d'une loi de Student à 25 ddl. Puisque, pour « a », le t observé (t = – 1,456) n'est pas extérieur à cet intervalle, mais à l'intérieur de cet intervalle, il n'est pas raisonnable de rejeter l'hypothèse a = 0.

En pratique, le nombre de degrés de liberté (ddl) étant entièrement déterminé par le nombre d'observations (ici, le nombre de pays) et le nombre de variables (on a vu que le ddl = nombre de pays – nombre de variables – 1) la seule valeur de t suffirait à dire si, au risque de 5 %, on rejette l'hypothèse a = 0.

En effet, l'intervalle $[- t_1, t_1]$ qui contient 95 % des observations d'une variable de Student dont le nombre de ddl k est connu, est donné par une table de Student, ou par un tableur (ainsi, pour ddl = 25, on a vu que $t_1 = 2,385$). Si donc la valeur de t est intérieure à l'intervalle $[- t_1, t1]$, on ne rejette pas l'hypothèse a = 0 ; si au contraire la valeur de t est extérieur à l'intervalle $[- t_1, t_1]$, on rejette l'hypothèse a = 0 (avec un risque de 5 % de chances de se tromper, c'est-à-dire de rejeter à tort cette hypothèse).

Toutefois, pour faciliter le travail, les logiciels complètent la valeur de t, en donnant un nombre appelé p-value. Cette p-value représente, pour un t calculé, la probabilité pour qu'une loi de Student ayant le nombre de ddl adéquat du modèle (c'est-à-dire ici, répétons-le :

nombre d'observations – nombre de variables – 1), prenne une valeur extérieure à l'intervalle [– t, + t]. Si cette p-value est inférieure à 0,05, on rejette l'hypothèse $a = 0$ (avec le risque de 5 % de chances de se tromper, c'est-à-dire de rejeter à tort cette hypothèse) ; si cette p-value est supérieure à 0,05, on ne rejette pas l'hypothèse $a = 0$.

Dans le cas de l'estimation du paramètre a, on est justement dans cette situation.

Tout ce que nous venons de dire est valable pour les paramètres b, c et d du modèle et, plus généralement, pour tous les paramètres de n'importe quel modèle linéaire dont la spécification est semblable à celle donnée à la question 4.

On a alors les résultats suivants :

pour le paramètre b, pour lequel on a $t = 1,667$ et p-value $= 0,108$ on ne rejette pas l'hypothèse $b = 0$

pour le paramètre c, pour lequel on a $t = 11,980$ et p-value $< 0,0001$, on rejette l'hypothèse $c = 0$, au risque de 5 % de chances de se tromper,

pour le paramètre d, pour lequel on a $t = - 4,126$ et p-value $< 0,0001$, on rejette l'hypothèse $d = 0$, au risque de 5 % de chances de se tromper.

En définitive, il en résulte que seuls les paramètres c et d sont significativement différents de 0.

8. *Les colonnes B. inf. 95 % et B. sup. 95 % donnent, pour chaque paramètre concerné un intervalle [B. inf 95 % ; B. sup. 95 %], dans lequel il y a 95 % de chances que se situe ce paramètre. Si cet intervalle contient la valeur 0, il n'est donc pas exclu que le paramètre puisse prendre la valeur 0. On retrouve les résultats commentés en question 6 et question 7.*

9. *Ces résultats suggèrent de spécifier un nouveau modèle plus simple dans lequel seules seraient prises en considération les variables PIB hab et CS hab.*

Index

A

Actualisation 120, 167
– taux d' 121
Agent 97
– central 97
– périphérique 97
– principal 97
Agrégation 134
Agrégation des préférences 119
Agrégation lexicographique 119
Allemand (système) 6
Analyse des correspondances multiples 159
Analyse des données multidimensionnelles 152
Analyse discriminante 166
Analyse en composantes principales 153
Année de Vie Corrigée du facteur d'Invalidité (AVCI) 137
Arbres de décision 137
Arbres événementiels 137
Audit médical 113
Autrichien (système) 9

B

Bamako (initiative de) 61
Belge (système) 11
Besoins de santé 51
Besoins normatifs 51
Besoins souhaités par la population 51
Bootstrap 141
Britannique (système) 14
Budget global 93

C

Calcul actuariel 121
Capital humain 79
Carte factorielle 156
Centre 97
– opérationnel 173
– de responsabilité 93
Cercle des corrélations 158
Chaîne de Markov 139, 140
Classification automatique 162
Coefficients de corrélation linéaire 158
Coefficients de corrélation linéaire multiple 158
Coercitives (solutions) 86
Condorcet 119
Conférences de consensus 114
Contrôle des coûts 85
Contrôle direct 172
Conventions 89
Coût-bénéfice absolue 134
Coût-bénéfice relative 134
Coût direct 78, 81
Coût-efficacité en moyenne 135
Coût-efficacité marginale 136
Coût indirect 79, 81
Coûts par maladie 78
Critère de regroupement 162

D

Danois (système) 17
Data Mining 152
Defined Daily Dose (DDD)146
Demande de santé 59, 60, 62, 64
Demande de soins 4
Demande induite 65
Départements d'information médicale (DIM) 76
Dépenses de santé 69
Diagnosis Related Groups (DRG) 75, 76
Dictateur 180
Dimension temporelle 120
Distance euclidienne 162
Distribution empirique 143
Dotation globale 93
Double aveugle 169

E

Économétrique (approche)145
Effets intangibles 79
Embranchements 138
Enquêtes 168
Enveloppe « globale » 93
Environnement idéologique 175
Épidémiologique (approche)167
Espagnol (système) 19
Estimateur 141
Éthiques 111, 178
Études analytiques 168
Études coût-avantage 55, 133

Études coût-bénéfice 55, 133
Études coût-efficacité 55, 134
Études coût-utilité 55, 136
Études de minimisation de coût 55
Études de sensibilité 144
Études descriptives 168
Études dites « en situation réelle » 169, 170
Études dites « expérimentales » 169
Études non randomisées 169
Études randomisées 169
Évaluation des plans sanitaires 57
Évaluation médico-économique 117

F

Facteurs culturels 64
Facteurs démographiques 62
Faisabilité éthique 53
Faisabilité légale 53
Faisabilité organisationnelle 53
Faisabilité politique 53
Filières de soins 114
Financement 3
Financement (système de) 59
Finlandais (système) 22
Flux d'information 4
Flux de monnaie 4
Flux de personnes 4
Fonction d'utilité neumannienne 126
Formation des personnels 56
Forme réduite 150
Forme structurelle 150
Fouille de données 152
Français (système) 23

G

Gaspillage des moyens 110
Gratuité absolue 61
Grec (système) 28
Groupes homogènes de malades (GHM) 69, 75, 76

H

Hangars de données 152
Haute technologie 94
Health Maintenance Organization (HMO) 85, 91
Healthy Years Equivalent (HYE) 137
Hypothèses normatives 182

I

Identification du modèle 150
Idéologies 175
Incitatives (solutions) 86, 95
Indicateur de qualité globale 155
Indicateurs de santé 169
Indice de proximité 163
Inefficacité économique 110
Inertie intra-classe 163
Information 96
Instrument de comparaison 117
Irlandais (système) 30
Italien (système) 32

K

Knowledge Discovery in Data Base (KDD) 166

L

Ligne hiérarchique 173
Lits d'hôpitaux (nombre de) 91
Loteries 125, 137
Luxembourgeois (système) 35

M

Marchandage temps 125, 137
Matrice markovienne 139
Medicaid 75
Médicament (marché du) 111
Medicare 75
Méthodes d'analyse des coûts 69
Méthodes de sondages 168
Milieu hospitalier 74
MIMIC 149
Mise en œuvre des programmes de santé 56
Modélisation 137
Monte-carlo (méthode de) 140
Motivation des personnels 56
Multiple Indicator Multiple Causes 149

N

Néerlandais (système) 37
Niveau optimal de qualité 114
Nœuds 138
Nomenclature de l'évaluation 118
Noyaux des classes 163
Nuage de points 154
Numerus clausus 87, 88

O

Objectifs de prestations 51
Offre 59
– de santé 59, 62, 64
– de soins 3
Organisationnelle (approche)171
Over the counter (OTC) 112

P

Pareto 119
Personnes âgées 62
Planificateur 97
Planification de la santé 49
Planning Programming Budgeting System (PPBS) 54, 117
Portugais (système) 41
Pouvoir 96
Pratique libérale 72
Prefered Providers Organization (PPO) 90
Préférence 123
– collective 131
– individuelle 131
Pretium doloris 79
Principal 97
Priorités sanitaires 52
Prix de la vie humaine 80
Problème des tarifications 72
Procédure d'appel d'offre concurrentiel (Vickrey) 104
Procédure d'attribution au « mieux disant » 104
Procédure de contrat « à classes motivantes » 106
Procédure de contrat à marges fixes 105
Procédure de Weitzman 107
Procédures de soins 114
Procédures incitatives 103
Procédures incitatives d'enchère 103
Processus de Markov 140
Production des personnels de santé 86
Programme de Médicalisation du Système d'Information 69, 75
Prospective Payment System (PPS) 91

Q

Qualité de vie 122
Quality Adjusted Life Years (QUALY) 126, 127, 137

R

Rationalisation des choix budgétaires (RCB) 54, 117
Référence médicales opposables 90
Registres épidémiologiques 168
Relation d'agence 97
Réseau 91
Résultats des soins 114
Résumé standardisé de sortie (RSS) 76
Risque moral 101
Risque-adverse 126
Risque-prône 126
Rosser (grille de)129

S

Sélection adverse 100
Simple aveugle 169
Sociétés dites « en voie de développement » 176
Sommet stratégique 173
Standardisation 172
– des tâches 57
Statistique (approche)151
Structures de soins 113
Supervision 172
Suédois (système) 43
Systèmes d'information 75

T

Technostructure 173
Thérapeutique 170
– habituelle 170
Totalitaires (régressions) 177

U

Unités logistiques 173
Utilité 123

V

Variable aléatoire 141
Variable descriptive 167
Variables exogènes 149
Variables latentes 149, 157
Vickrey 103

W

Ware-House 152
Weitzman 103
Willingness to pay 80

400455 - (I) - (2,5) - CSBM 90° - NOC

MASSON Éditeur
120, boulevard Saint-Germain
75280 Paris Cedex 06
Dépôt légal : août 2001

Achevé d'imprimer
sur les presses CORLET Imprimeur S.A.
14110 Condé-sur-Noireau
Dépôt légal : août 2001
N° d'Imprimeur : 2572

Abrégés

A

Abrégé de biochimie médicale Paul Boulanger, Jacques Polonovski

1. Les constituants des organismes vivants
2. Métabolismes et régulations

Abrégé de pathologie infectieuse André Margairaz

Abrégé de psychologie Jean Delay, Pierre Pichot

Abrégé illustré de gynécologie et obstétrique Henri de Tourris, Roger Henrion

Abrégé illustré des maladies des reins et des voies urinaires Dominique Patte

Accidents du travail et maladies professionnelles Alain Harlay

Acupuncture pratique Jean-François Borsarello

Alcoologie Jean-Claude Archambault, Annie Chabaud

Alimentation du sujet âgé Monique Kourdouly

Allergologie pratique Louis-François Perrin

Anatomie cranio-faciale Frédérick Laison, Jean-François Gaudy

Anatomie dentaire Alain Lautrou

Anatomie et physiologie humaines, Y. Raoul

Tome 1. Tome 2

Anatomie générale Jean-Paul Chevrel, Jean-Pierre Guéraud

Anatomie pathologique bucco-dentaire Jean-Claude Kaqueler

Andrologie Henri de Tourris

Anémies (Les) Bernard Longpré

Anesthésie générale Pierre Gauthier-Lafaye

Anesthésie loco-régionale Françoise d'Athis

Angéiologie Bernard Devulder

Anglais odonto-stomatologique Jacques Jeandot, Douglas John Wicker

Antibiothérapie Jean Duval, Claude-James Soussy

Antibiothérapie en pratique clinique Eugénie Bergogne-Bérézin, Pierre Dellamonica

Assistance médicale à la procréation François Olivennes, André Hazout

Associations et interactions des anti-infectieux Maurice Neuman

Asthmologie Philippe Godard, Pascal Chanez, Jean Bousquet, Pascal Demoly, Jean-Louis Pujol, François-Bernard Michel

Attachements et prothèses composites Louis-François Martini

B

Bactériologie bucco-dentaire Christian Mouton, Jean-Claude Robert

Bases biologiques de l'antibiothérapie Eugénie Bergogne-Bérézin, Jean-Marie Brogard

Bases physiques et évolution de l'imagerie radiologique Jacques Giron

Biochimie clinique Richard F. Ludeña

Biochimie et nutrition des activités physiques et sportives Paul Pilardeau

1. Le métabolisme énergétique
2. Eau et électrolytes, vitamines et oligoéléments

Biochimie génétique, biologie moléculaire Jacqueline Étienne

Biochimie structurale et métabolique Roland Perlès, François Percheron

1. Bioénergétique, protides, enzymologie, acides nucléiques
2. Chromoprotéides. Glucides. Glycoprotéines. Lipides. Oxydations biologiques. Interrelations métaboliques

Biologie cellulaire Marc Maillet

Biologie du développement Albert Le Moigne

Biologie et pratique sportive Henri Lamendin, Daniel Courteix

Biomatériaux dentaires Gérald Burdairon

Biophysique Dominique Ducassou, Alain Bertrand

1. Physico-chimie. Électrophysiologie
2. Utilisation médicale des rayonnements. Vision. Audition

Biophysique. Tome 1 : radiobiologie, radiopathologie Pierre Galle, Raymond Paulin

Biophysique des radiations et imagerie médicale Jean Dutreix, Alex Desgrez

Biophysique du neurone Michel Burgeat, Danièle Kayser

Botanique Jean-Louis Guignard

Brûlures (Les) Christian Échinard, Jacques Latarjet

C

Cancer du sein Jacques Saglier, Eric Antoine

Cancérologie clinique Nicolas Daly-Schweitzer

Cardiologie clinique Wilhelm Rutishauser

Champignons – Mycologie fondamentale et appliquée (Les) Philippe Bouchet, Jean-Louis Guignard, Patrick Regli, Geneviève Madulo-Leblond

Chimie analytique Michel Hamon, Michel Guernet

1. Chimie des solutions
2. Méthodes de séparation
3. Méthodes spectacles et analyse organique

Chimie générale Gérard Germain

Chimie organique Marcel Miocque, Claude Combet-Farnoux

1. Généralités, série aliphatique, biomolécules
2. Série cyclique. Biomolécules

Chimie organique avec exercices et tests Vincent Loppinet

Chimie physique Philippe Courrière

Chimiothérapie anticancéreuse Jacques Chauvergne, Bernard Hoerni

Chirurgie ambulatoire Christian Mansat, Philippe Banco

Chirurgie digestive Patrick Boissel

Chirurgie esthétique plastique Guy Jost

Cholestérol et athérosclérose Gérard Luc, Jean-Michel Lecerf

Conduites d'urgence Florent Arcadio, Abdeljalil Moulay

Conseils à l'officine Jean-Paul Belon

Consentement (Le) Bernard Hoerni, Robert Saury

Contention médicale (La) Christian Gardon-Mollard, Albert Adrien Ramelet

Contraception David Serfaty

Criminologie clinique Henri Nhi Barte, Georges Ostaptzeff

D

Déontologie médicale Raymond Villey

Dermatologie clinique et vénéréologie René Touraine, Jean Revuz

Dermatologie infectieuse Bruno Halioua

Dermatologie pédiatrique Marc Larrègue, Jean Maleville

Développement et maladies de l'enfant Bernard Grenier, Francis Gold

Développement normal du nourrisson et ses variations (Le) Inge Flehmig

Développement psychomoteur de l'enfant Ronald S. Illingworth

Diabète et maladies métaboliques Léon Perlemuter, G. Collin de l'Hortet, J.L. Selam

Diagnostic différentiel en médecine interne R. Ferlinz

Diagnostic en parasitologie Marc Gentilini

Dialyse rénale Pierre-Marie Simon

Dictionnaire commenté d'économie de la santé Jean-Paul Auray, Ariel Beresniak

Dictionnaire des termes odonto-stomatologiques Louis Verchère, Pierre Budin, Madge Verchère

Diététique et nutrition Marian Apfelbaum, Claire Forrat, Paul Nillus

Diététique infantile Bertrand Chevallier

Doppler transcrânien Heykel Kchouk, Olivier Boespflug

Douleur, soins palliatifs et infection par le VIH Véronique Mailland, Henri Vinti

E

Échocardiographie Christophe Klimczak, Gérard Drobinski

Échocardiographie fœtale Nadine David

Échographie André Bonnin, Paul Legmann

Échographie cardiaque du stress Christophe Klimczak

Économie de la santé Ariel Beresniak, Gérard Duru

Électromyographie clinique Guy de Bisschop, Jean Dumoulin

Embryologie humaine Ferechté Encha-Razavi, Estelle Escudier

Endocrinologie Jean Hazard, Léon Perlemuter

Enfant et la pratique sportive (L') Henri Bensahel

Enfant normal (L') Ronald S. Illingworth

Épilepsies Pierre Thomas, Alexis Arzimanoglon

Ergonomie Hugues Monod, Bronislaw Kapitaniak

Essais thérapeutiques et études cliniques Léon Perlemuter

Éthique et déontologie médicale Bernard Hœrni

Évolution de l'organisation animale Jean Bailenger

Expertise dentaire et maxillo-faciale (L') Alain Béry, Gérard Creusot

Expertises médicales. Dommage corporel, assurances de personne, organismes sociaux Gérard Creusot

F

Fœtus et nouveau-né de faible poids Francis Gold

Formulaires administratifs, certificats médicaux Marie-Claire Roure-Mariotti

G

Génétique Jean-Luc Rossignol

Génétique médicale Alan E. H. Emery

Gestion du cabinet dentaire Paul Flandrin

Gestion du cabinet médical Jean Robin

Graphologie (La) Suzanne Brésard

Guide d'interprétation en scanner Lionel Arrivé

Gynécologie Jean-Robert Giraud, Alain Brémond

H

Hématologie Jean Bernard, Jean-Paul Lévy

Hépatites virales Jean-François Quaranta, Jill-Patrice Cassuto

Hépatologie Catherine Buffet, Gilles Pelletier

Histologie dentaire Monique Triller

Histologie moléculaire Jacques Poirier

Homéopathie Alain Sarembaud

Hygiène et asepsie au cabinet dentaire Marie-Dominique Lecolier, Lucien Brisset

Hypercholestérolémie Gérard Turpin, Eric Bruckert

Hypertension artérielle, physiopathologie et pharmacologie Bernard Delbarre, Gisèle Delbarre

Hypnose clinique Jeannot André Hoareau

I

Imagerie de la pathologie mammaire Armelle Travade

Imagerie du foie, des voies biliaires et du pancréas Denis Régent

Imagerie du tube digestif et du péritoine Denis Régent

Imagerie nucléaire fonctionnelle Jean-Luc Moretti, P. Rigo

Imagerie par résonance magnétique Dominique Doyon

Immunologie dentaire Gilbert Faure, Marie-Christine Béné

Immunologie générale Philippe Letonturier

Immunopathologie clinique Louis-François Perrin, Philippe E. Laurent

Implantologie Marc Bert, Bernard Picard

Infections nosocomiales Pierre Veyssier

Information en médecine (L') Bernard Hœrni, Michel Bénézech

Informatique médicale Patrice Degoulet

L

Législation et réglementation du laboratoire d'analyses de biologie médicale Jérôme Fernandez, Henri Mion

Législation psychiatrique Régis Goumilloux
Lésions précancéreuses et cancéreuses de la muqueuse buccale (Les) Pierre Bertoin, Martine Baudet-Pommel

M

Main (La) Raoul Tubiana, Jean-Michel Thomine
Maîtrise de la contamination au cabinet dentaire (La) L. P. Samaranayake, Flemming Scheutz
Maladie d'Alzheimer Marie-Noëlle Magnié, Pierre Thomas
Maladies de l'appareil digestif Jean-Philippe Barbier, Christophe Cellier
Maladies infectieuses Stig Cronberg, Jean Beytout
Maladies inflammatoires Eric Hachulla, René Marc Flipo
Maladies parasitaires Jean-Jacques Rousset
Maladies sexuellement transmissibles André Siboulet, Jean-Pierre Coulaud
Maladies transmises par voies sexuelles Marc Dolivo, Jeanine Henry-Suchet
Maladies tropicales Patrice Bourée
Maltraitance à enfants Didier Gosset, Valéry Hedouin
Management hospitalier pour le praticien Pierre Lachèze-Pasquet
Manipulations vertébrales Emmanuel Rageot
Matériel de maintien à domicile Jacques Callanquin, Christian Camuzeaux
Matière médicale Michel Paris, Monique Hurabielle
1. Généralités. Monographies (1re partie)
2. Monographies (2e partie)
Médecin salarié (Le) Louis Melennec
Médecine d'assurance Jean-Jacques Barat
Médecine d'urgence Jon L. Jenkins, Richard Braen G.
Médecine de catastrophe René Noto, Pierre Huguenard
Médecine du sport Élisabeth Brunet-Guedj, Bernard Moyen
Médecine du travail Pol Dyèvre, Daniel Léger
Médecine esthétique Isaac Jacques Parienti
Médecine interne Bernard Devulder, Pierre-Yves Hatron
Médecine préventive et d'hygiène Gabriel Blancher
Médecine psychosomatique André Haynal, Willy Pasini
Médecine vasculaire Bernard Devulder
Médicaments à usage homéopathique Alain Sarembaud, Bernard Poitevin
Ménopause (La) Roland Taurelle, Alain Tamborini
Mésothérapie Isaac Jacques Parienti
Mésothérapie pratique Michel Pistor
Mycologie générale et médicale Philippe Bouchet, Jean-Louis Guignard
Mycologie médicale Dominique Chabasse

N

Néonatologie Jean Laugier, Francis Gold
Néphrologie Marcel Legrain, Jean-Michel Suc
Néphrologie et troubles hydroélectrolytiques Alain Kanfer, Olivier Kourilsky
Neuro-anatomie Vincent-Jean Meininger
Neuro-psychiatrie infantile Pierre Debray-Ritzen, Paul Messerschmitt
Neurologie Jean Cambier, Maurice Masson, Henri Dehen
Neurologie pédiatrique Pierre Landrieu, Marc Tardieu
Neurophysiologie générale Aimé Limoge
Neuropsychologie Roger Gil
Neurotransmetteurs Jean-Marie Meunier, Alexandre Shvaloff
Nutrition et alimentation Bernard Jacotot

O

Obésité Jacques Fricker
Odonto-stomatologie et assurance maladie Jacques Préél, Jean-François Viale
Odontologie globale Michel Yardin
Oncologie Jacques Rouessé, François Turpin
Oncologie radiothérapique P. Michel-Langlet, Y. Raoul
Ophtalmologie Henry Saraux
ORL François Legent, Pierre Fleury, Philippe Nacy, Claude Beauvillaire
Orthopédie pédiatrique Henri Bensahel
Oto-rhino-laryngologie Michel Portmann, Didier Portmann

P

Parasitologie clinique Pierre Jacquemin, Jean-Louis Jacquemin
Parodontologie Pierre Klewansky
Pathologie cardio-vasculaire François Jan
Pathologie maxillo-faciale et stomatologique Jean-Pierre Lézy, Guy Princ
Pathologie médicale Gilles Bouvenot, Bernard Devulder
1. Pneumologie, néphrologie, cancérologie, nutrition
2. Immunopathologie, allergologie, maladies infectieuses, parasitologie, gériatrie
3. Cardiologie, angiologie, maladies neurologiques et musculaires, psychiatrie, toxicomanie
4. Gastro-entérologie, hépatologie, hématologie
5. Dermatologie. Rhumatologie. Endocrinologie. Toxicologie
6. Situations cliniques. Thérapeutiques particulières. Index général
Pathologies iatrogènes Philippe Arlet
Pédiatrie Antoine Bourrillon
Pédiatrie en maternité Francis Gold, Corinne Lionnet
Pédiatrie sociale Gérard Creusot
Pédodontie Jean-Pierre Fortier, Christiane Demars-Fremault
Petite chirurgie Philippe Détrie
Pharmacie galénique Alain Le Hir
Pharmacocinétique Jean-Pierre Labaune
Pharmacologie Maurice Moulin
Pharmacologie Yves Cohen
Pharmacologie médicale Paul Lechat, Philippe Lechat
Pharmacologie odontologique Pham Huy Dien
Phlébologie Albert-Adrien Ramelet
Physiologie circulatoire et ventilatoire, anesthésie réanimation Yves Louville

Physiologie de la manducation Jean Azerad
Physiologie du sport Hugues Monod, Roland Flandrois
Physique (cours, exercices, tests) Claude Ernst, Marc Gabriel, Gérard Germain
Physique et biophysique pharmaceutiques Philippe Courrière
1. Électricité – Magnétisme – Optique
2. Biophysique sensorielle – Biophysique de la matière – Physique nucléaire
Physique nucléaire Daniel Blanc
Pneumologie Jacques Chrétien, Jean Marsac
Pneumologie Bruno Housset
Pneumologie pédiatrique Guy Tournier, Armelle Baculard
Podologie Alain Goldcher
Podologie pour le pharmacien orthésiste Jacques Callanquin, Pierre Labrude
Polytraumatisé : conduite précoce (Le) Jean Eugène Murat
Poumon et infection par le VIH Christophe Faraut, Jean-François Quaranta
Pratique de l'expertise psychiatrique Louis-Paul Roure, Jean-Paul Renard
Pratique diététique courante Chantal Thoulon-Page
Préparation aux fonctions hospitalières Jean-Paul Belon
Proctologie Jean-Claude Sarles, Roland Copé
Prothèse adjointe partielle Evelyne Batarec, Danielle Buch
Psychiatrie à l'usage de l'équipe de soins Henri Nhi Barte, Louis-Paul Roure
Psychiatrie de l'adulte Thérèse Lemperière, André Féline
Psycho-pharmacologie Bernard Delbarre, Gisèle Delbarre
Psychologie dynamique et psychanalyse Alain Braconnier
Psychologie médicale Philippe Jeammet, Michel Reynaud
Psychologie pathologique théorique et clinique Jean Bergeret
Psychomotricité André Calza

R

Radiodiagnostic Jean-Pierre Monnier, Jean-Michel Tubiana
Radiologie de l'appareil locomoteur Michel Runge
Radiologie de l'appareil urinaire Sébastien Lange
Radiologie du thorax Jacques Frija
Radiologie interventionnelle Philippe Soyer
Radiopédiatrie Philippe Devred
Réanimation en pathologie cardio-vasculaire François Jan, Gilbert Pochmalicki
Réanimation et médecine d'urgence Georges François, Pierre Carli
Réanimation médicale Maurice Goulon
Rééducation des lésions du genou chez le sportif Yves Chatrenet
Rééducation gériatrique André Thevenon, Bruno Pollez
Relaxation thérapeutique Jean-Pierre Meyer
Risques et maladies liés aux médicaments Camille Heusghem, Georges Lagier

S

Santé publique André Lévy, Michel Cazaban
Sciences humaines et sociales Guy Lazorthes
Secret médical (Le) Bernard Hœrni, Michel Bénézech
Secrétariat médical Alain Harlay, Hélène Harlay
Sécurité sociale Liliane Daligand
Sémiologie médicale Maurice Bariéty, Robert Bonniot, Jean Bariéty
Sexologie Gérard Zwang
Sexologie clinique Eric Trimmer
Sida et infection par le VIH Jill-Patrice Cassuto, Alain Pesce
Soins d'urgence Jean-François Cavellat, Jean-Luc Chassevent
Statistique au PCEM, avec exercices Catherine Huber-Carol
Stérilité du couple Jean-René Zorn
Stratégies de l'imagerie en traumatologie du sport Bernard Roger
Stretching. Auto-entretien musculaire et articulaire Michèle Esnault
Surveillance et thérapeutique obstétricales Jean-Robert Giraud, Michel Tournaire
Syndrome des sensations de brûlure buccale (Le) Isäac Van Der Waal

T

Tabagisme (Le) Yves Martinet, Abraham Bohadana
Techniques en neurosciences Jean-Marie Meunier, Alexandre Shvaloff
Thérapeutique cardiovasculaire Pierre Djiane, Michel Bory
Thérapeutique stomatologique et maxillo-faciale Maurice Grellet, Pierre Laudenbach
Thérapeutiques en orthopédie pédiatrique Henri Bensahel
Thérapeutiques médicales non médicamenteuses Christian Boissier, Jean-Louis Guilmot
Thérapeutiques médicamenteuses en gériatrie Marie-Agnès Manciaux
Thérapie comportementale et cognitive Robert Ladouceur
Toxicologie d'urgence Jean-Charles Hachet
Toxicomanies Pierre Angel, Denis Richard, Marc Valleur
Traitements médicaux des cancers Antoine Thyss
Transplantation d'organes Philippe Wolf, Jacques Cinqualbre
Traumatologie Alain Patel, Francis Honnart
Traumatologie du sport Raymond G. Danowski
Trisomie 21 : aides et conseils Monique Cuilleret

U

Urgences chirurgicales Bernard Chiche
Urgences chirurgicales Pierre-Louis Fagniez
Urgences du sujet âgé Pierre Pras, François Bertrand
Urgences en médecine du travail Jean-Charles Hachet
Urgences médicales Alain Larcan, Marie-Claude Laprévote-Heully
Urgences psychiatriques Henri Grivois, S. Dauchy, P. Mathieu
Urologie Bernard Debré, Bertrand Dufour

V

Virologie humaine Hervé J.A. Fleury